教育科学出版社
·北京·

目　录

序

　　艺术教育是素质教育的重要组成部分，其对人的全面发展的价值越来越得到教师、家长乃至全社会的认同。伴随着《幼儿园工作规程》《幼儿园教育指导纲要（试行）》《3—6岁儿童学习与发展指南》等纲领性文件的相继颁布，中国幼儿教育进入了改革的新时代，课程改革也成为实施高质量幼儿教育的必由之路。幼儿园综合艺术教育课程是北京市第一幼儿园园本课程建设的结晶，凝聚了一幼人多年来在幼儿园艺术领域教育实践与改革创新的心血。

　　很荣幸，我和我的博硕研究团队从2011年开始加入到一幼综合艺术教育研究成果的梳理工作中，见证了一幼综合艺术教育课程的验证、调整修改、充实完善的全过程。在这个过程中，我们感受到了一幼深厚的研究底蕴、浓郁的研究氛围、严谨的研究作风。我们看到了教师的努力与认真，更看到了综合艺术教育给孩子们带来的快乐与发展。如果不是亲眼看到、亲身参与，很难相信一所幼儿园能够研究出如此系统和成熟的课程框架与课程方案。

　　一幼的综合艺术教育以人文性的主题活动为基本模式，它不是教育活动的大拼凑，不是艺术活动的大混搭，更不是没有理论根基与实践验证的"拿来主义"。它是基于生态教育及多元智能等理论提出的，注重小、中、大班教育的阶段性与连续性，注重艺术门类之间以及艺术领域与其他领域的有机关联，注重幼儿艺术能力与情感的激发，注重幼儿对艺术活动的欣赏感受与创造表现，最终通过综合艺术活动的实施促进幼儿艺术能力与人文素养的全面整合发展。

　　走进一幼，我们能够感受到它六十多年积淀下来的那种成熟、沉稳、亲切、包容的气质。在合作中，我深深地感动于一幼人的勤奋与扎实，感动于一线教育工作者的研究热情，感动于一幼教师对研究成果的继承与创新。在课程的验证阶段，教师针对一个环节、一句活动中的指导语、一首音乐、一句孩子的回应、一件教学材料的准备和确定等展开讨论甚至是激烈辩论的场景不时在我脑海中浮现。正是这些以幼儿发展为中心的思想碰撞，使一些原本无形的教育理念变得直观；正是这些和幼儿的互动，使一些原本陌生的理论词汇变得浅显易懂。在一次次的验证、反思、再验证的过程中，教师对综合艺术教育理念的理解和认同、活动的组织与指导能力不断提升，为综合艺术教育活动方案的发展与完善奠定了坚实的基础。欣赏综合艺术活动，于我们是一种享受。孩子们自由的舞蹈、悦耳的歌声、自信的笑容，一切是那么的美好！

教育改革没有尽头，实践探索没有止境，教育工作者应该朝着正确的方向不断地前进。相信一幼的综合艺术教育课程也会与时俱进，继续创新与发展！

一幼拥有一支乐于钻研、敢于探索、勇于创新的干部队伍，拥有一批热爱孩子、热爱艺术、热爱教育事业的教师，拥有一群幸福、阳光、快乐的孩子。希望大家能够通过本套书了解一幼，分享成果，认识综合艺术教育，开拓幼儿园综合艺术教育探索与实践思路，让更多的孩子萌发对艺术的热爱与敏感，童年更加丰富多彩、幸福快乐！

霍力岩

前　　言

　　课程改革是教育改革的核心，因为课程集中体现了教育者的教育思想和观念。《幼儿园教育指导纲要（试行）》与《3—6岁儿童学习与发展指南》的出台（以下分别简称《纲要》《指南》），给了幼儿园广阔的课程开发空间和思路，同时也明确要求幼儿园坚持实事求是的原则，从具体情况出发，切忌搞"一刀切"。

　　北京市第一幼儿园近些年来一直针对幼儿园艺术领域教育进行研究，形成了综合艺术教育园本课程。在这个过程中，我们发现、遇到了很多问题，并针对这些问题展开了一些思考、研究和实践活动。

一、在思考中行走，确定课程建设的目标及思路

（一）思考一：为什么要进行综合艺术教育课程的研究？

　　随着教育改革的不断深入，作为幼儿全面发展教育重要组成部分的艺术教育，该如何在幼儿的全面发展中充分发挥作用，越来越引起教师、家长以及全社会的关注。研究表明，当前我国的幼儿艺术教育存在以下两种情况。

　　第一，艺术教育分科进行。即将艺术教育划分为美术、音乐两个学科进行教学，后又把语言领域中的儿童文学以及戏剧纳入其中，这是最传统的艺术教育方法。这些艺术科目各自有独立的大纲和进度，教育者只需根据大纲的要求和幼儿的年龄特点制订计划并实施即可，教学中不用考虑这些艺术学科之间的内在联系。

　　第二，艺术教育技能化、专业化。这种情况最早出现于20世纪80年代。

当时，各种艺术考级、培训班、舞台演出都有幼儿参加，许多地方还办起了艺术幼儿园，对幼儿进行高难度的艺术基本功训练，把艺术能力的培养作为专业技能训练来进行。这种做法是把艺术教育等同于"技艺教育"，丢掉了艺术的灵魂——情感，束缚了幼儿的自由创造、自由表现，把具有自由创造特性的艺术教育活动变成了专业化的训练活动，使艺术教育趋向技能化、专业化。

（二）思考二：为什么要在艺术活动中强调"综合"？

从最基本的体验来讲，人生活的空间本身就是一个综合的环境，正所谓大千世界，包罗万象。同时，人的发展是综合的，人对艺术的感知感受也是综合的。如音乐虽然是听觉艺术，但演奏乐器需要手指的精细动作，演唱需要、发声的控制，指挥家需要体态语言的表达，音乐欣赏更需要想象、联想等高级心理活动的参与等。既然艺术本身具有综合的特点，那么在开展艺术教育时，我们就不能只单纯地追求某一种艺术技能的表现，而应重视培养幼儿的综合艺术素养。

多年来，一幼一直在进行艺术教育方面的研究，但过去很长一段时间内，对于如何激发幼儿参与艺术活动的兴趣，如何使艺术教育的过程成为幼儿愉快学习的过程，如何利用艺术教育培养幼儿健全的人格、丰富的情感、想象力和创造力，怎样将艺术领域与其他领域（健康、社会、科学、语言）相互沟通和融合，从而发挥幼儿园艺术教育的整体优化效应，还缺乏系统的研究。基于上述原因，我们开展了幼儿园综合艺术教育课程建设的实践研究。

（三）思考三：综合艺术教育课程建设的目标及思路是什么？

教育改革带来的机遇与挑战促使我们不断思考教育的本质：我们要培养什么样的孩子？要为孩子提供什么样的教育？如何使我们的教育适应儿童发展和时代进步的需要？带着这样的问题，我们认真学习了《纲要》与《指南》等纲领性的文件，同时也对课程、园本课程等一系列问题进行了较为深入的梳理与学习，树立大课程观，探索园本课程建设的路径，以期建设一个支持幼儿发展的课程体系。

园本课程建设要在园所的培养目标下，立足幼儿的需要，认真分析本园特点，挖掘自身的优势与课程资源，确定目标，在"想做什么"与"能做什么"之间取得一种平衡。我们把"为孩子拥有快乐的人生奠基"作为办园理

念，其内涵是：让自信自主成为孩子的人生态度，让探究创新成为孩子的思维方式，让审美愉悦成为孩子的性格品质。这是我们的"想做什么"或者说是我们的培养目标。我们"能做什么"就是要分析自身条件，确立课程目标和课程研究内容。明确的办园目标加上切实有效的执行，才能有效丰富办园内涵，落实教育目标，这是园所长久发展的重要保障。我们对综合艺术教育课程建设的研究重点围绕以下几个方面。

1. 课程目标——突出"艺术"与"人文"

教育目标是我们开展一切教育活动的出发点和归宿，是预期获得的某种效果。有了教育目标，活动设计与安排、组织与开展就有了依据；有了教育目标，教育活动的内容选择、方法运用、效果评价也有了原则和范围。

一幼从"八五"至今，一直致力于艺术领域教育的改革实践，先后进行了快乐的音乐活动研究、中华民族传统艺术启蒙教育研究、幼儿园艺术教育"四性"的实践与研究、幼儿园综合艺术教育指导策略的研究、在幼儿园艺术领域开展戏剧活动的实践研究等。基于多年的实践研究基础以及对幼儿需求的了解、对《纲要》和《指南》的认真领悟，我们提出以艺术教育为载体开展综合艺术教育课程的开发与建设，从幼儿的兴趣出发，从幼儿的生活经验起步，从幼儿的情感体验入手，以音乐、美术、戏剧、舞蹈四种艺术门类为手段，通过对各领域教育目标的整合、教育内容的丰富、教育方式方法的多样运用，发挥艺术教育的合力，把促进幼儿人文素养与艺术能力全面发展作为课程总目标。

人文素养是指一个人的内在素质和修养。发展人文素养的核心就是学会做人——做一个有道德、有智慧、有修养的人。艺术能力是人对艺术要素感知、创造、反思的能力。艺术能力的发展能有效地促进个体思维能力的发展，也有利于个体良好个性的形成。一个具有良好艺术修养的人不仅能深刻感受生活中的美，还拥有乐观、开朗的个性品质。因此，在目标制订上，综合艺术活动把以往以知识技能的传授为主变为注重人文素养与艺术能力的整合发展。在此基础上，我们依据教育对象的身心特点提出"四性"，作为对综合艺术教育课程理论的内涵理解。

教育目标突出人文性。综合艺术活动的教育目标更关注幼儿整体人格的发展，关注幼儿艺术学习的兴趣、感知与体验、表现与创作、交流与合作等基本能力和人文素养（即尊重、关怀、友善、分享、合作等）的整合发展，强调以幼儿发展为中心，淡化学科知识体系，突出幼儿情感体验、想象创造、交流与合作，力求与《纲要》提出的幼儿园教育总目标联系起来，促进幼儿的可持续发展。

教育内容突出综合性。综合艺术活动在教育内容上注重多样化，提倡提供与幼儿的生活环境、情感、文化、科学密切相关的人文主题和不同艺术表现形式的作品等，紧紧围绕艺术与生活、艺术与文化，调动幼儿各种感官，丰富幼儿的艺术感受体验，发挥综合艺术的教育效果，同时与其他领域内容相互融合、相互支持、相互加强，形成一种生态关系，获得整体优化效应。

教育过程突出愉悦性。综合艺术活动运用丰富有趣、符合幼儿年龄特点的艺术游戏，丰富幼儿的艺术情感体验，培养幼儿参与艺术活动的兴趣，引导幼儿体验艺术活动带来的快乐，最终快乐自主地学习。

教育方法突出游戏性。综合艺术活动重视组织形式、方法的多样化，提倡体验式、探究式、情境式、生成式、互动式的教学方法，发扬传统教学方法的优点，通过集体、小组、家园结合等多种活动形式进行学习。

2. 课程结构——体现综合与均衡

人的发展是综合的，人对艺术的感知感受是综合的。综合是《纲要》和《指南》组织实施教育活动的要求。这意味着，课程结构的设计要注重领域之间的有机整合，形成内容、形式和范围更广的课程概念。综合艺术课程要以艺术活动为载体，将五大领域的目标、内容融入艺术活动之中，通过对各领域教育目标的整合，加强艺术与生活、艺术与情感、艺术与环境、艺术与科学的关联和沟通。

3. 课程组织——强调自主与探究

课程组织方式更关注的是学习方式的转变。我们提出，课程要充分发挥幼儿的主体性，给幼儿充分的空间，营造勇于提问、勇于探索的环境，重在引导幼儿从探索性实践活动中获得感悟和体验，让幼儿成为学习的主人，培养幼儿的学习责任感，养成终身学习的愿望和能力。

4. 课程内容——注重过程与经验

《纲要》和《指南》倡导的课程内容更多地体现了幼儿的生活经验和社会实践，突出了幼儿的自我感受。课程内容应该包括幼儿在幼儿园环境中进行

的、旨在促进幼儿身心全面发展的各种活动（包括教学活动、一日生活、家园活动、环境创设等），既包括显性课程，又包括隐性课程。

5. 课程评价——着眼多元与发展

幼儿园课程应该是面向每一个幼儿的课程，是为每一个幼儿终身发展打基础的课程，而不是培养精英和遴选人才的课程。所以，教师更要关注每个幼儿在艺术学习过程中学习兴趣、态度、艺术能力和人文素养在原有基础上的提高，强调：评价主体多元化，注重开放性评价；评价取向多元化，注重形成性评价；评价内容多元化，注重综合性评价；评价方法多元化，注重多样性评价。总之，尊重个体差异，采用发展性评价，充分发挥评价的激励作用。

二、在问题中探索，注重研究的过程和实施的效果

园本课程的构建需要在实践中逐步完善，课程方案的实施过程实际上就是行动研究的过程，是经历着实践—检验—完善—再实践这样一个不断反复发展的过程。在课程的实施过程中，我们遇到了许多的问题。在解决问题的过程中，我们的课程也在不断丰富与成熟。

（一）问题一：活动目标的制订成为制约教师有效实施课程的瓶颈

课程开发初期，通过孩子们的表现和教师们的反馈，我们发现教师在设计活动时常出现活动目标过大、过泛，操作性不强，人文素养和艺术能力的培养目标不能有机整合等问题。因此，目标的制订成为制约教师有效实施课程的瓶颈。于是，我们认真分析实践中活动目标制订方面出现的问题，开展了相应的研究，最终总结出活动目标制订要注意"六性"。

1. 目标的制订要体现整合性

将人文素养与艺术能力进行有机整合，落实以人为本的理念，在发展幼儿艺术能力的同时培养幼儿的内在素质和修养，这是综合艺术教育最核心的价值。因此，教师们在制订目标时头脑中要有两条主线，一条是人文素养，一条是艺术能力。

2. 目标的制订要体现发展性

幼儿是不断发展的个体，教育作为推动幼儿发展的主要因素，应适合幼儿的发展，并善于利用幼儿的最近发展区，使教学走在发展的前面。为了真正实现教育的这一功能，教师既要保证活动目标适合幼儿年龄特点，又要使

活动目标对幼儿具有一定的挑战性；既要研究和把握本班幼儿身心发展的实际水平，又要确定幼儿进一步发展的潜力、方向和步伐。为此，教师要观察、了解幼儿发展的现状和内在需求，使目标处于幼儿的最近发展区内，并促进幼儿现实水平向潜在的发展水平过渡。目标的发展性应是适度地超越原有的生活经验，是幼儿的认知水平所能及的。

3. 目标的制订要体现适宜性

目标的制订要符合幼儿身心发展的特点和认知规律。幼儿的成长受生理和心理成熟机制制约，其身心发展有一定的顺序，这种顺序是由先天因素决定的。这种发展规律表现为到一定的年龄，幼儿会做一定的事情。因此，在制订活动目标时，教师要结合本阶段幼儿身心发展的特点，同时还应遵循幼儿的认知规律，让幼儿有更多自主、游戏的时间和空间。从目标制订角度，还应考虑对幼儿可持续发展是否有真正的价值。

4. 目标的制订要体现实效性

在艺术活动中要发展和促进幼儿哪些能力，培养幼儿的哪一种情感，都要有较明确的说明，否则活动目标就失去了它的指导作用，使得活动组织起来比较困难。因此活动目标应突出重点，不能过于泛化。这种目标的制订能使教师有效引导幼儿活动，为活动评价提供依据。目标的操作性强，教师容易掌握。在实践中我们得出结论：要把大目标细化为具体的小目标，使目标变成一个个艺术教育的发展点。

5. 目标的制订要体现系列性

艺术活动目标制订的系列性，指一个主题下的艺术活动内容从小、中、大班，由浅入深，由单一到全面，幼儿的艺术能力、审美意识和审美情趣及尊重、关怀、交流、合作、分享等人文素养也随之得以深入发展，从而变得更加系统，最终达到幼儿艺术能力与人文素养的整合发展。

6. 目标的制订要体现层次性

综合艺术教育活动目标的层次性体现在由大到小、由概括到具体、由面到点层层深化、层层落实目标的过程上。

第一层面——主题。主题是依据《纲要》《指南》的要求，特别是艺术领域目标的要求，结合幼儿的发展需要、兴趣而设计，体现艺术与生活、与情感、与文化、与科学的关联。

第二层面——单元。单元是根据主题发展的需要、脉络进行分解，分解后的单元目标明确、具体，针对性强。

第三层面——活动。活动是围绕单元目标需要设计的丰富多彩的教育内容，目标明确，内容具体，形式多种多样。

（二）问题二：综合艺术教育课程中如何体现综合？如何有机联系五大领域内容？课程实施过程中怎样平衡五大领域之间的关系？

综合艺术教育强调的是整合的思想。如何体现综合，如何有机联系五大领域内容，怎样平衡五大领域之间的关系，是综合艺术教育研究的重点及难点。

《北京市贯彻〈幼儿园教育指导纲要（试行）〉实施细则》中明确指出："重视艺术教育与其他领域的横向联系，要通过艺术与其他领域的整合，促进幼儿全面、健康成长。""幼儿是在听觉、视觉、肢体及言语的充分感知下获得艺术体验。""在幼儿的生活中综合地实施教育，把各领域综合、完整地呈现在幼儿的生活和各种活动中。"

这一整合的教育思想明确了我们的探索方向：在进行艺术教育时，教师要调动幼儿多种感官的协调运用，形成通识通感，有效地促进幼儿审美认知能力的提高。在综合艺术教育活动中，音乐、美术、戏剧、舞蹈等不同的艺术门类不是互相割裂、互不相关的，而是以生态的方式相互交叉、彼此相通、互生互补、有机融合的，这构成了综合艺术教育活动内容综合的第一个维度。第二个维度则是指在每一种艺术门类的每一次活动中，教师都可以自然、适当地渗透初步的艺术欣赏和创造的内容。综合可以通过"一领域切入，兼及数领域"的方法，也可以通过"一日活动综合"（大综合）的方式来具体实现。

因此，综合艺术教育要根据幼儿身心发展特点，结合《纲要》中五大领域的教育目标，依据从幼儿的兴趣出发、从幼儿的生活经验切入、从幼儿的情感体验入手的原则，将多领域有机融合，挖掘艺术教育价值，达到幼儿艺术能力、审美意识和情趣的逐步提高。

综合艺术教育活动与以往的艺术活动的区别就在于，它不仅注重幼儿艺术技能的培养，更注重幼儿的情感需要，注重培养幼儿的人文素养。为此，我们针对综合艺术教育在操作层面综合什么、怎样综合等问题进行了实践探索。

在研究中，我们发现综合艺术教育课程中的"综合"主要有三方面的特点：一是艺术教育内容要丰富多彩，艺术教育形式要多种多样；二是注重艺术领域与其他领域的联系与交流；三是注意同一艺术门类间的相互联系与沟通。因此，在综合艺术活动中，我们注重艺术门类间、艺术与其他学科间的融合与沟通，强调艺术作品的丰富多彩、艺术手段的多种多样、艺术要素的相互融通，从而形成艺术教育合力，形成艺术上通识通感。

1. 课程内容及结构体现综合

我们以艺术为主线，用主题的形式合理组织、联结各领域的教育内容，并渗透于幼儿的一日生活中，综合考虑各种教育因素，使教育目标、教学内容、教学方法、教学过程以及教学环境达到和谐统一，形成合理的有机联系的教育体系。综合艺术教育活动既包括显性的教学活动等，又包括隐性的环境创设等。因此，综合艺术教育的课程内容及结构是全方位的，是幼儿在园活动的总和。

2. 主题活动方式呈现综合

基于多年研究基础以及自身的特点，我们把园本课程定位为"人文主题统领下的单元综合艺术教育活动"。这是以人文性的主题为线索，主题下分成若干个单元，每个单元之下通过不同门类的艺术活动来完成总的教育目标。活动形式不局限于集体教育活动，还根据单元目标的要求设计了区域游戏活动、一日生活活动、亲子活动等，使主题教学达到更好的效果。

教育活动的呈现以主题活动网络图为基本框架，以音乐、美术、戏剧、舞蹈等多种艺术形式为手段，通过对教育目标的整合、教育内容的丰富、教育方式方法的多样化运用，进而促进幼儿全面发展。综合艺术活动的设置并不是把各学科内容简单拼凑在一起，而在于强调融合与和谐。我们把综合艺术活动看作一个完整的系统，各年龄班之间、各学科之间、不同内容之间、各种教学方法之间密切联系。

3. 人文主题的关联明确综合

人文主题统领下的单元综合艺术教育活动的关键是主题的确定。在主题内容的选择上，我们从幼儿发展的角度出发，从幼儿的生活经验入手，围绕"人与人""人与社会""人与自然"，以幼儿的社会实践为线索，挖掘艺术教育价值，突出四个关联，即"艺术与生活""艺术与情感""艺术与文化""艺

术与科学"，实现幼儿艺术能力与人文素养的整合发展。以大班上学期单元主题安排为例。

大班上学期单元主题安排

	艺术与生活	艺术与情感	艺术与文化	艺术与科学
人与人	快乐的小剧场	亲亲一家人	中华民族艺术园（上）	/
人与社会	国旗飘飘	我和快乐交朋友	小戏迷（上）	/
人与自然	/	动物宝贝	/	秋天的图画

以"快乐的小剧场"这个主题为例。有生活的地方才有剧场，剧场是生活的一种体现，而剧场里的演员是人，观众是人，服务人员是人。这个主题是艺术与生活、人与人的关联。也可以讲，"艺术与生活""人与人"这两个方面横纵交叉，产生了"快乐的小剧场"这个主题，因此，这个主题重点在艺术与生活、人与人。主题的关联性使每个主题既突出综合，又突出重点，既不盲目综合，又防止挂一漏万的现象。综合艺术教育课程中的主题全部都体现了关联性。

4. 多领域的融通促进综合

教学活动是课程建设的重要途径，在教学活动中如何有效地整合五大领域的教育目标及内容是综合艺术教育研究的关键问题。通过研究我们认识到：任何一个领域的活动都不是孤立存在的，它们之间是相通的。因此，我们的教育要找到各领域间及本领域各门类间的相通点、相近点、相连点、相似点，形成一个相互渗透、相互整合的整体，使得在一次活动中最大限度地促进孩子的发展。艺术讲究通识通感，因此，各领域间、艺术领域各门类间的相互融通融合是一种能够最大限度体现综合教育思想、最有效地促进幼儿和谐发展的手段。

5. 一日生活中渗透综合

生活是艺术的源泉，艺术根植于日常生活。艺术教育要走进幼儿的一日生活，就要让幼儿从生活中感知和体验，通过潜移默化的影响、循序渐进的渗透，在充满艺术气息的环境中和无数次的艺术活动中得到发展。所以，我们把幼儿一日活动中的各个环节视为综合艺术教育课程的一部分，让艺术与生活融会贯通。

抓住一日生活环节。起床、盥洗、如厕、进餐、收放玩具、饮水等各个环节是幼儿一日生活的重要组成部分，教师要抓住这一时机，将艺术活动融入幼儿一日生活之中。

巧用"艺术欣赏十分钟"。为了实现艺术教育渗透到幼儿的一日生活中的理念，我们巧妙地抓住每天10分钟的时间开展艺术欣赏活动。我们算了一笔账：一天10分钟，一周50分钟，一个月200分钟（近3.5小时），一年按10个月计算，共有35个小时，3年有100多个小时。这是多么大的一笔时间财富！为此，老师们作了小诗一首：艺术欣赏十分钟，艺术教育日常功。持之以恒终不懈，日积月累事竟成。

（三）问题三：活动过程中怎样引导幼儿获得积极的情感体验？

在综合艺术教育实践中，我们曾经一度出现了艺术活动中幼儿缺乏积极主动性、艺术教育没有情感的投入等问题。为此，我们反复琢磨综合艺术教育中的"愉悦性"该如何理解、如何体现、如何落实。"愉悦性"即突出艺术教育的核心价值——陶冶情操（激情—动情—感情—表情—真情），这是艺术教育的真谛，是让幼儿在活动中感知、获得情感的体验。因此，我们注重从幼儿兴趣出发，从幼儿生活经验切入，从幼儿情感体验入手，探索如何引导幼儿获得积极的艺术情感体验与感受，调动其参与艺术活动的兴趣，使幼儿在艺术活动中体验成功、感受快乐。

1. 艺术活动要以艺术的内容和手段去感染、激发幼儿

在一段时期内，我们突然发现艺术活动走样了，有些地方像语言、科学活动。原因是什么？问题出现在哪里？通过反复推敲，我们认识到其原因归根结底还是没有遵循艺术教育的特点，忽略了艺术要素在活动中的价值体现。为此，我们总结音乐、舞蹈、美术、戏剧等艺术门类的艺术要素，以便教师在指导活动时，头脑中要明确两条主线：一是人文素养的培育；二是艺术经验的积累。同时，艺术活动保持艺术性还必须具备三个条件：一是艺术活动必须以生动的艺术作品为载体；二是要尽量运用丰富的艺术手段去感染；三是艺术教育的内容必须以幼儿的日常生活为背景。只有这样，才能不断引导幼儿发现、观察、感悟身边的美好事物，从而产生表现美的冲动，获得艺术能力、人格素养的整体发展。

2. 活动内容要丰富，激发幼儿参与活动的兴趣

在开展综合艺术活动中，我们强调活动内容的选择是为活动目标服务的，以幼儿发展为中心，提供多角度、多层面、多渠道的情感体验。

《纲要》中对艺术教育的目标进行了明确的规定："能初步感受并喜爱环境、生活和艺术中的美；喜欢参加艺术活动，并能大胆地表现自己的情感和体验；能用自己喜欢的方式进行艺术表现活动。"要使艺术教育回归幼儿生活，教师应当充分利用幼儿的生活经验，深入挖掘生活中美的教育资源，充分利用园内外的社会及自然环境，选择与幼儿生活紧密联系的艺术教育内容，设计具有情趣、生活化的艺术教育主题活动。如听故事、看戏剧是孩子们最喜欢的艺术活动之一，而充满童趣且寓意深刻的故事又将伴随着孩子们快乐成长。我们设计的"快乐的小剧场"主题，就是为孩子们参与戏剧表演、表现故事的人物造型特点积累欣赏经验，同时激发幼儿参与戏剧性表演活动的兴趣，体验表演活动的乐趣。

另外，在内容选择上我们还注重艺术与情感、文化、社会、科学等方面的关联，通过激发幼儿对艺术的兴趣，丰富幼儿的感知经验，从而更好地发展幼儿的思维，培养幼儿高尚的情操和能力。活动内容的选择也伴随幼儿知识经验的不断丰富、知识技能的不断积累，逐渐由单一到全面，由浅表到深入。如在"快乐的小剧场"系列单元活动中，幼儿3年间能欣赏到12个不同艺术表现形式的戏剧作品。

3. 活动方法强调游戏性，尊重幼儿玩中学的天性

游戏是幼儿喜闻乐见的活动形式，也是综合艺术活动的一种有效的教育方法。我们根据单元目标、单元活动内容的要求，创编了大量的艺术游戏，将教育目标融入游戏之中，使幼儿在玩中学、学中玩，在此过程中获得发展与提高。

4. 活动形式强调探究创新，帮助幼儿成为艺术活动的主人

活动过程在注重趣味性与游戏性的同时，更加注重幼儿在活动中自由自主地探索与发现。如中班活动"八十八棵树"请幼儿先在钢琴上找一个有趣的声音，以自由探索钢琴声音的方式，引导幼儿关注自己在钢琴的什么位置上弹奏了什么颜色的琴键，发出的声音像什么。这种引入方式给予幼儿自由探索与感受的机会，激发幼儿对后续活动环节的学习兴趣。另外，教师还通

过设置问题情境，引发幼儿去发现、解决问题。

在组织活动过程中，我们还总结出了许多有效的教育指导方法，如对比发现法，即通过对比，引导幼儿发现作品的相同和不同之处；把两种不同性质的音乐放在一起，从节奏、节拍、速度、情绪上培养幼儿分析比较的能力。又如多媒体互动法，即运用多媒体技术形、声、光、色兼备的特点，调动幼儿的多种感官，提高学习兴趣，优化教学过程。

（四）问题四：如何发挥环境的隐性教育作用？

"幼儿艺术学习需要环境熏陶""幼儿园的园室环境应服务于幼儿的审美和创作的需要"，因此，在综合艺术教育实践中，我们先后提出了以下操作层面的策略：① 注重将艺术教育目标物化到环境创设之中；② 将艺术要素融入一日生活各环节；③ 强调环境创设的教育性、互动性、引导性和艺术性；④ 为幼儿搭建欣赏美、感受美、表现美和创造美的发展平台。

在环境创设中，我们非常重视幼儿的参与，为幼儿提供感受美和体验美的支持性环境，为其提供丰富多彩的艺术材料，例如：全园每班每天定时艺术欣赏；班内的生活环节播放背景音乐；园内定期组织电影、歌舞、动画片、木偶剧欣赏等；年级定期开展歌舞、诗歌、故事等表演；班内定期组织综合艺术教育的亲子活动等。多样化的环境与活动的充分，支持、引导孩子们在艺术活动的实践中富有个性地成长。

同时，我们还注重人文大环境的创设，整合、利用与幼儿生活有密切联系的教育资源，共同促进幼儿艺术能力和人文素养的综合发展。一幼取胜于环境美，人人皆知：垂花大门，琉璃影壁；带有苏式彩绘的小花园；四檩八柱的朱漆殿堂；教学楼内，衣柜干净、整洁，排列两旁，各种民族工艺品展示在楼梯两侧……一步一景，交相掩映。在环境创设的过程中，我们也注意体现综合艺术的理念，表现为"三多"。一是工艺门类多。有刺绣、木刻、剪纸、摄影、蜡染、泥塑等，绘画又分为国画、油画、年画、刮蜡画、儿童画等。二是表现题材多。展示的艺术作品既有表现人物、动物的，还有表现风景、民俗、故事、抽象等题材的。三是作品层次多。艺术展览品中既有名家名作，也有教师作品、家长作品及幼儿作品。

环境是外在的，而氛围则是潜在的。我们用心去营造一种充满真情与关爱的人文教育氛围，使良好的教育得到最切实的保障，建立和谐的师幼关系、

家园互动关系，增强师幼之间、亲子之间、家长和教师之间的理解与关爱。

（五）问题五：如何发挥家园共育的艺术教育合力？

在综合艺术教育实践中，如何调动家长的积极性和主动性是我们始终思考的问题。我们本着尊重、合作、平等的原则，与家长在互动中建立起科学育儿的共同体。

1. 活动有的放矢，争取家长主动配合

家长和幼儿园有联系的纽带和共同的目标，家园共育应该是一件非常愉快的事情。特别是在综合艺术教育活动中，我们更应该有的放矢地把教育目的告知家长，最大可能地让家长积极配合。实践中针对有些家长不重视对幼儿进行艺术教育，有些家长又偏重艺术知识、技能技巧的培养，忽视幼儿个性、兴趣等具体问题，我们开展了全园性的"六个一"活动，即家长与幼儿同看一部戏，同看一次美展，同听一场音乐会，同唱一首歌，同跳一支舞，同作一幅画。此项活动的开展充分挖掘了家庭的教育资源，发挥了教育的整体性作用。家长通过参与"六个一"活动，转变了教育观念，了解和关注幼儿对艺术的兴趣、态度，爱好、需要，使自己走进孩子的内心世界。教师也获得了更加丰富的教育资源和有力的教育支持，在与家长的共育沟通中更加默契、和谐，艺术教育效果也更加突出。

2. 利用家长资源，形成艺术教育合力

幼儿家长中"藏龙卧虎"，不乏有一些画家、音乐家、舞蹈家等，还有一些艺术爱好者，这些都是我们宝贵的教育资源。我们遵循"人尽其才"的原则，充分挖掘家长的职业优势和个性魅力，利用家长的不同经历、职业、特长，邀请家长参与我们的艺术活动。

在一幼艺术教育集体活动、环境创设、欣赏十分钟等活动中，我们都能看到家长积极参与的身影。充分发掘家长的教育资源，使我们的艺术教育活动锦上添花，事半功倍。

3. 利用亲子艺术活动，沟通家园、家人间的情感

我们的艺术活动目标之一就是要注重发展幼儿的人文性，丰富他们的情感体验，加强亲情教育。亲子活动有益于家长与孩子之间、家长与教师之间、家长与家长之间、孩子与孩子之间的情感交流与自然沟通。教师利用班级亲子活动让家长与孩子在一起玩耍，使孩子在轻松愉快、无拘无束的氛围中接

受艺术教育，可以增强亲子间的亲近感和亲密性，更有助于教育目标完成。

（六）问题六：如何评价课程实施的效果？

1. 从多元的角度看幼儿

《纲要》中明确指出，"教育评价是幼儿园教育工作的重要组成部分"，是"调整和改进工作，促进每一个幼儿发展，提高教育质量的必要手段"。长期以来，量化评价普遍被人们推崇，但是量化评价却忽略了被评价者的个性和丰富的情感体验。我们在课程评价过程中关注幼儿的发展，关注教师在实施课程过程中的反思与提高。如我们采用艺术档案夹等形式真实记录幼儿在活动中的学习过程，利用反馈表的形式了解教师在教学实践以及教研过程中的反思、收获、疑问及建议等。

艺术档案夹是重要的幼儿艺术评价方式。这里所说的幼儿艺术档案夹，主要是以档案的形式收集幼儿参与艺术活动的各种成果，其目的不仅仅在于收集，更是展示每个幼儿在艺术活动中的努力、进步和成长过程中的各种珍贵资料。幼儿艺术档案夹的创建、制作和使用的过程，不仅是一种教育教学的活动过程，更是艺术教育研究的重要内容。

评价关注幼儿的兴趣与主体性。我们的综合艺术教育是以幼儿发展为本的艺术教育，倡导幼儿是艺术活动的主体，是艺术感受、体验、表现创作的主体，评价的关键点是看幼儿在艺术的感知与体验、表现与创造、评价与反思中是否具有较强的自主性，是否敢于想象、表现、不断地创新，是否养成了艺术活动的良好习惯，是否获得了健康愉悦的情感体验，最终是否激发了幼儿参与艺术活动的兴趣，是否让幼儿学会了相互尊重、友善相处、关怀与合作、分享等，是否促进了幼儿的身心和谐发展。

幼儿也是艺术评价与反思的主体。自评与互评、自我激励与同伴激励的方式，使评价过程更具实效性。同时，教师们感悟出"艺术表现无对错"等观点。我们还针对教师们的评价语进行了研究，总结了评价语使用方式方法，如评价语应具体到位，不应冗长、含糊、没有重点、无所指等。

2. 多元评价，促进教师的成长与发展

评价不仅要关注教师的工作成绩，而且要挖掘教师多方面的潜能，了解教师发展中的需求，帮助教师建立自信，促进教师在原有水平上的提高。园本课程建设要求对教师的评价要以促进教师的专业发展为根本目的。因此，

我们在人事制度改革时，就教师的评价做了有益尝试，建立了促进教师发展的多元评价标准。具体来讲，多元体现在以下几个方面。

第一，评价主体多元。在评价过程中，教师、家长、幼儿、园长都是评价的主体。其中，被评价者通过参与到评价过程中的自我评价，能够更深入地认识自己与评价要求的差异，能够自觉地去达到评价者的要求。

第二，评价标准多元。评价标准是为被评价者设定的前进目标和发展方向。对于不同的教师，目标和方向是不同的，因而，评价标准也有不同的层次，这为被评价者的个性发展提供了空间。一幼的评价标准也在实践运用的过程中不断调整，并成为探索解决被评价者在发展过程中的困惑、疑问的途径。

第三，评价方法多元。要改变只顾结果而不顾过程、只顾目的而不顾手段的评价思路，积极倡导动态、过程的评价。每次的教研、交流学习中，我们都会为教师发放反馈表，请教师把自己的收获、建议与困惑及时记录下来，在每个学期末整理、梳理教师们在反馈表中的成长与困惑。从中，我们能够看到教师教育观念的变化轨迹，这也成为我们之后改进工作方法、调整工作思路的重要依据。

除了日常的教学评价外，我们还针对教师的不同情况，为每位教师建立了成长档案，使教师置身于被关爱、被理解、被信任的教研氛围中，激发教师的工作激情与智慧，让每位教师在自身纵向的评价过程中获得自信，关注自己在获得成功的过程中的点滴进步。

三、在管理中强化，管理者要为课程建设保驾护航

（一）管理者要成为课程建设的带头人

在园本课程建设中，我们还深深地体会到，管理者在课程建设中的作用体现在：一是应成为研究的带头人，深入实践，身体力行，做出榜样；二是应成为研究的积极倡导者、引领者、支持者。管理者深入实践是对教师的极大鼓舞。管理者要以身作则，积极深入实践，从教育目标、教育内容、教育环境、教育途径、教育组织形式等多个角度进行探索，把自己置于和教师一样的主人翁位置，和教师共同探索如何解决教育实践中的问题，如何实现真实、有效、快乐的教育。

（二）精细化制度体系是课程建设的有力保障

课程建设是一项系统性工程，涉及课程文化、制度等深层的宏观事项。为此，我们提出"以研带教，以研兴园"的发展思路，确立"园所是基地，教师是主体，问题是载体，发展是根本"的目标定位，建立园本课程建设的精细化制度保障体系，包括园本教研制度、课题管理制度、科研资料收集制度、教科研激励制度、保教管理制度等近40项150余条。我们力图通过科学、规范的教科研制度保证园本课程建设的顺利开展，为教师搭建专业化成长的平台，促进办园质量的提升。

（三）创设教师自我发展的成长空间

我们在课程建设中积极为教师创设自主发展的空间，鼓励教师在活动过程中关注幼儿的需要与发展，鼓励教师发展思维的独立性与实践的创新性，并根据幼儿的实际情况生成新的有价值的活动内容，让课程建设落实在幼儿的发展上，管理者不以任何形式、任何权威来压制教师个人的见解。

我们认为园本课程建设研究是否得出一个结果并不重要，重要的是教师作为一名教育者，其发现问题的能力和反思素质是否提高，是否有愿望在课程建设中获得双赢——幼儿发展、教师发展。教师们在这个没有封顶的发展空间中不断地实践、反思、感悟、总结，碰撞出了如下精彩的火花。

艺术活动多起点。兴趣不同，切入点不同；需要不同，支持程度不同；发展水平不同，教育起点不同。幼儿是发展中的主体，他们存在差异性、特殊性，因此，教师应该作为活动的引导者、支持者，因材施教，帮助不同层次的幼儿成为艺术活动的主人。

艺术表现无对错。孩子有孩子的观察角度和行为方式，不存在对错。孩子说"太阳是黑的"，可能当时是戴着墨镜看的；说"爸爸和天一样高"，可能当时是仰着头看的。艺术表现也是这样，视角不同，兴趣不同，认知也会不同。尤其是处在心智发育初始阶段的幼儿，一切皆是童心童趣的体现，教师绝不能以成人的对错观去评判。

总之，在园本课程的建设与运行过程中，我们要始终以孩子、教师以及园所的发展为检验课程实施效果的主要指标。综合多年学习与实践，我们认为，人文性、综合性、愉悦性、游戏性是人文主题统领下的单元综合艺术教育活动模式的主要特色，人文主题统领、自然渗透综合、丰富的活动指导策

略是该模式的主要优势，个性化的艺术教育评价是该模式探索中的难点，而能否尽快培养出一批能够理解综合艺术教育并能参与综合艺术教育创造的优秀教师队伍，则是该模式探索成败的关键。

幼儿园课程建设是一个动态的、不断完善的过程。在园本课程建设的过程中，我们走过许多的弯路，遇到过许多的问题，但在探索过程中积累的经验更加宝贵。我们欣喜地看到了孩子们的成长、教师们的发展，更见证了园所教育质量的提升。

在此，要特别感谢北京市教委学前处、北京市早教所和北京市东城区教委学前科室的指导与帮助，更要感谢李军老师的亲临指导，北师大霍力岩、杨立梅教授的专业引领，及霍力岩教授团队的支持与帮助。感谢教育科学出版社白爱宝老师及各位编辑们给予这本书的具体指导与帮助。

综合艺术教育研究的成果构成了一幼的园本课程，丰满了一幼的办园特色，但我们的研究只是刚刚迈出了第一步，还存在着一些欠缺，甚至有不少欠妥之处，诚恳地希望得到广大幼儿教师、学者和专家的批评指正。

冯惠燕

课程使用说明

　　幼儿园综合艺术教育课程是北京市第一幼儿园近20年园本课程研究的成果，是指向幼儿园艺术教育实践改革的尝试与探索。它以幼儿园教师熟悉的主题活动形式呈现，把综合艺术的教育理念用通俗、生动的语言融入每个活动方案之中。

　　幼儿园综合艺术教育课程以主题—单元—活动的层次展开，我们称之为"人文主题统领下的单元综合艺术教育活动"。该课程共43个人文主题，其中小班13个，中、大班各15个。每个主题包括两到三个单元，每个单元设计有若干形式多样的综合艺术活动，活动注重艺术门类即音乐、美术、舞蹈、戏剧之间的综合以及艺术领域与其他各领域之间的有机结合与渗透，共计综合艺术活动423个。人文主题的选择围绕人与人、人与社会、人与自然确定，并以幼儿的社会实践为线索，挖掘艺术教育价值，突出四个关联，即艺术与情感、艺术与生活、艺术与文化、艺术与科学，实现幼儿艺术能力与人文素养的整合发展。

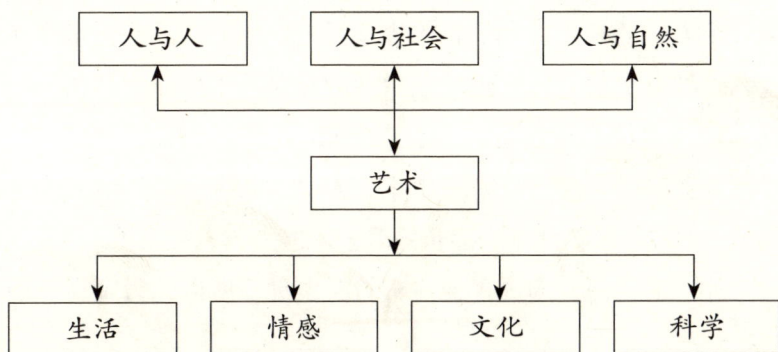

```
┌───────┐   ┌─────────┐   ┌─────────┐
│ 人与人 │   │ 人与社会 │   │ 人与自然 │
└───────┘   └─────────┘   └─────────┘
        ↑        ↑        ↑
        └────────┼────────┘
             ┌──────┐
             │ 艺术 │
             └──────┘
        ┌────────┼────────┬────────┐
        ↓        ↓        ↓        ↓
   ┌──────┐ ┌──────┐ ┌──────┐ ┌──────┐
   │ 生活 │ │ 情感 │ │ 文化 │ │ 科学 │
   └──────┘ └──────┘ └──────┘ └──────┘
```

一、课程设计的特点

（一）主题设置注重系列性与递进性

我们在主题的选择与设计中，强调各主题间的纵向联系，注重主题的系列性与递进性。如动物主题，我们根据幼儿的发展水平，在小班开展"可爱的小动物"主题，引导幼儿在观察、模仿、表现中发现小动物独特的形态、神态、声音、动态等特点，引发幼儿对小动物的关注与关爱；在中班开展"我们的动物朋友"主题，引导幼儿感受动物丰富多彩的造型特征、鲜明的角色特点及神奇的本领，引发幼儿对不同动物角色的艺术想象和表现，加深幼儿对动物与人类相互联系、相互依存的伙伴关系的认识；在大班开展"动物宝贝"主题，引导幼儿发现动物宝贝的可爱与珍贵之处，了解其美好的象征和特殊的寓意，丰富幼儿对色彩、形状、纹饰、设计、造型等艺术要素的感知，鼓励幼儿创造性地用不同的艺术形式表达、交流自己的感受与体验，同时引发幼儿对珍稀动物的关注与关爱，体验人与动物、动物与动物之间的真情实感，加强对动物的保护意识。

这种系列性与递进性，确保了幼儿知识经验与相关知识技能的不断积累。

（二）内容选择注重适宜性与艺术性

在活动内容的选择上，我们注重从幼儿的兴趣及能力出发，选择艺术性强、易于幼儿接受与理解的内容。如在"小戏迷"主题活动中，我们选择了猴戏《大闹天宫》《十八罗汉斗悟空》，其特点是布景优美、场面宏大、服饰华丽、人物众多，孙悟空翻筋斗干净利落，十八般兵器样样精通，整个武打场面精彩刺激，出神入化，京剧艺术特点得到了充分体现。我们还选择幽默诙谐的丑角剧目《三岔口》《时迁盗甲》，引导幼儿欣赏丑角的化妆特点，感受其表演带给人们的快乐。我们在内容选择上，还非常注重艺术作品的艺术感染力及艺术教育价值，用贴近幼儿生活的经典艺术作品为载体来丰富幼儿的审美体验，拓展他们的视野。如在三年里，幼儿会通过"快乐的小剧场"系列主题，欣赏包括《拔萝卜》《小蝌蚪找妈妈》《小熊请客》《三个和尚》在内的不同形式的12部经典戏剧，逐步提升艺术能力与人文素养。

除此之外，活动内容的选择更注重与时俱进，所以，教师在开展相关主

题活动的过程中可以根据本班幼儿的年龄特点、兴趣以及时代特点，灵活选择、调整使用。

（三）过程注重幼儿的情感体验与个性表达

艺术教育的核心价值即感知感受，陶冶情操（激情—动情—感情—表情—真情）。我们的艺术活动注重从幼儿兴趣出发，从幼儿生活经验切入，从幼儿情感体验入手，探索丰富幼儿的艺术情感体验与感受，调动其参与艺术活动的兴趣，使幼儿在艺术活动中体验成功、感受快乐。在活动过程中，我们注重给幼儿提供充分的空间，营造敢于提问、积极探索的氛围，让幼儿在探索性实践活动中获得丰富的情感体验，乐于自由大胆地表现，成为学习的主人。如在大班剪纸活动"好朋友手拉手"中，教师引导幼儿采用探索学习五步法，即猜一猜、试一试、齐分享、再尝试、共提高，探索二方连续拉手小人的折、画、剪方法，鼓励幼儿在解决问题中发展独立思考的能力。

在活动设计中，我们也根据单元目标、活动内容的要求，创编了大量的艺术游戏，将教育目标融入游戏之中，引导幼儿在游戏中快乐自主地学习，富有个性地表达。

二、课程写作框架说明

（一）关于主题概述及主题活动网络图

主题概述用来说明此主题的由来、围绕主题可挖掘的教育价值、围绕主题教育价值设计的单元以及每个单元要开展的丰富多样的活动及其目的等。

每个主题通过主题活动网络图总揽主题下的所有单元及活动。网络图以同心圆的形式设计，所有的单元、活动目标都要围绕主题目标这个中心。

（二）关于活动形式

1. 集体活动

集体活动名称后面注明所属的主要艺术活动形式，如在"小小的船（歌唱活动）"中，"歌唱活动"说明活动的基本形式。集体活动的类型涉及各个艺术门类的不同活动形式，如绘画活动、舞蹈创编、戏剧欣赏等。

艺术讲究通识通感，所以，每个集体活动虽然都有一个所属艺术门类，但是活动内容并不局限于某一艺术门类，也不仅局限于艺术领域，而是注重艺术门类之间的融通，以及艺术领域与其他领域的结合。如小班"青蛙与荷叶"活动虽然是音乐游戏，但在活动中除了艺术领域中关于音乐性质的对比与感受外，还在适当的时机自然地涉及其他领域的内容，如荷叶的形、色，小露珠的形、色、数量及数量的变化等，并在活动前期经验准备活动中让幼儿积累关于青蛙捕食、跳跃动作、听声音等自然科学的知识。

集体活动中还有一类比较综合的活动，如节日庆祝活动、故事或童谣欣赏活动，这类活动教师可以灵活开展。

2. 家园活动

一个主题或一个单元的开始或者进行过程中，需要家长协助，并与教师一起完成某一教育目标的活动，用来帮助孩子积累后续活动的相关经验。这类活动注重培养孩子们善于观察的能力，学习收集资料的方法，树立分类整理的意识。如收集丰富的艺术作品、观察大自然的变化、参观某个博物馆、欣赏某种演出等，包括园外的亲子活动以及园内的家园配合活动。

在每次家园活动之前，教师都要组织家委会研究、制订方案，并发布活动倡议书等，让家长更加明确活动的目的、意义，以便更好地发挥家园教育的合力。

3. 区域活动

区域活动常常是与家园活动和集体活动紧密联系的。如家园活动开展以后，常常紧接着就是引导孩子们在区域活动中进行欣赏、交流与讨论。区域活动有些是集体活动的准备，有些是集体活动的延伸，还有些是与环境创设相结合的，如在美工区制作的作品会布置到班上的墙饰中。

家园活动与区域活动的活动方案均是建议形式，旨在为教师开展此类活动提供一些思路与方法。所以，教师可根据各班级不同的情况灵活开展相应的活动。

4. 艺术欣赏十分钟

艺术能力的形成不是一朝一夕就可以完成的，而是一个漫长的过程。艺术欣赏可以充分陶冶幼儿的情操，帮助幼儿积累审美的体验。我们的"艺术欣赏十分钟"活动就是抓住一日生活中灵活的环节开展的艺术欣赏活动。它是一种日常活动，这比集体活动在时间与内容上更加灵活与随意。在内容选择上，我们可选择同一艺术门类中的不同艺术作品，如同属于视觉艺术的国画、油画、水墨画、素描、民间艺术作品、雕塑与建筑等，也可以选择不同

艺术门类如听觉艺术、视觉艺术、表演艺术等中的艺术作品。虽然属于不同门类，但它们的艺术之美却是相同的。艺术作品的来源与出处可以是多渠道的，可以是教师选择的，幼儿喜欢的、感兴趣的，也可以是家长提供的，甚至是幼儿和家长共同制作的作品等。

（三）关于活动目标

幼儿园综合艺术教育课程根据《纲要》及《指南》以及幼儿身心发展特点，把艺术教育还原到完整的艺术情境或文化氛围中，把粗浅的艺术知识技能渗透到某个人文主题的艺术活动中，使教学与游戏更有趣、更容易、更自然，实现人文内容和艺术知识技能的沟通，改变传统艺术教育中情感与技能、人文素养与艺术能力的分离现象。本课程强调艺术教育的整体性、整合性，淡化学科体系，重视通过兴趣态度、艺术技能和情绪情感的三维整合培养幼儿的审美情趣和通识通感，提高幼儿综合艺术能力。

在目标上，本课程更关注幼儿整体人格的发展，强调幼儿对艺术学习的兴趣、感知体验、表现创作、交流合作等基本艺术能力和人文素养（即尊重、关怀、友善、分享、合作等）的整合发展，以幼儿发展为中心，提供多角度、多层面、多渠道的情感体验，促进每个幼儿富有个性地发展。在具体的目标制订中，我们多从孩子发展的角度采用"学会""尝试""感受""体验""喜欢"等词汇进行描述。

艺术能力是艺术活动的主要显性目标，人文素养是伴随着艺术能力的提升中的隐性目标，只有二者有机结合，才能使幼儿的发展更和谐。所以，我们在具体的目标制订上，强调艺术能力培养与人文素养的有机结合，认知能力与情感体验并重。如在小班音乐游戏"青蛙与荷叶"活动目标的制订中，在艺术能力发展方面提出"感受音乐的强弱变化，有初步的角色意识"，在情绪情感体验方面提出"能够快乐地参加艺术活动"。

（四）关于活动过程

综合艺术教育课程的每个活动基本包括导入—欣赏感知—探索发现—展示表现—结束等几个环节。在活动过程后，我们把活动中教师可以灵活调整的、需要重点注意的或者一些可开展的延伸活动以活动建议的形式作出了说明。另外，还附有活动中使用到的一些资料。

三、关于活动开展的时间安排

在具体的活动时间安排上，教师可根据本园或本班情况，有选择地开展有关主题及活动，可以与其他领域的内容穿插进行，也可以把其他领域的内容渗透到主题中开展；可以每天都开展一次综合艺术活动，也可以一周两到三次。

四、关于光盘内容

书后附的光盘是本课程中精选的13节各种形式的集体活动实录，其中大班6节、中班4节、小班3节。光盘中还有9个"艺术欣赏十分钟案例"活动，大、中、小班各3个。

《纲要》指出"环境是重要的教育资源"。主题墙饰作为班级环境创设的一个重要组成部分，一直受到教师的关注。光盘中还有主题环境创设的介绍，教师从主题环境创设的背景、思路以及环境在主题活动开展过程中的作用等方面做了较为详细的介绍。

主题环境的创设除了强调参与性、教育性等要点外，更结合"综合艺术教育"这一理念，突出体现了艺术性、综合性与互动性。"艺术性"主要是从视觉欣赏的角度而言，主题墙饰的创设也具有美感，做到色彩搭配和谐、制作环保安全、构图合理美观，从而使幼儿看到就产生美的感觉，起到一个良好的艺术引导作用。"综合性"是指环境创设中所用的材料、形式、手段、内容要丰富而广泛，使幼儿在欣赏的过程中能够开阔视野、积累经验。如同是制作树，但每种树的造型、制作材料以及制作方法都不同，树干可以是用纸、布、刨花、厕纸筒组合而成。"互动性"则指幼儿参与环境创设的全过程，在参与环境创设及与环境的互动过程中获得进步与提高。

最后，需要说明的是，本课程所有活动方案都经过幼儿园实践验证，而我们也将会不断地在实践中去继承、丰富、发展与创新这些综合艺术教育活动。

上 学 期

主题一

国旗飘飘

主题概述

　　鲜艳的五星红旗是中华人民共和国的象征。它美丽庄严的色彩、精美独特的造型设计以及背后感人肺腑的故事，让幼儿的内心无比激动与感慨。当五星红旗冉冉升起时，幼儿不由感到自豪、勇气与力量。《纲要》中也提到："要充分利用社会资源，引导幼儿实际感受祖国文化的丰富与优秀，激发幼儿爱家乡、爱祖国的情感。"为此，我们设计了"国旗飘飘"这一主题。

　　本主题设计了"美丽的五星红旗""祝福祖国妈妈""中国心"三个单元。"美丽的五星红旗"单元通过家园活动，引导幼儿感知并了解国旗的色彩、造型、布局特点，知道五星红旗是中国的象征，体验升国旗时庄严、神圣的气氛；运用歌唱、制作、表演等艺术手段，引导幼儿感受和表达对国旗赞美、崇敬的情感，学习升旗时的各种礼仪。"祝福祖国妈妈"单元运用制作、绘画、表演等艺术手段，引导幼儿大胆表达对祖国妈妈的热爱之情。"中国心"单元运用故事欣赏、歌舞等艺术手段，引导幼儿感受中国的美丽与伟大，体验作为中国人的自信与自豪，萌发爱国之情。

　　本主题可结合国庆节开展，在幼儿园可以设立升旗日。如果有条件，可以把武警叔叔请到幼儿园一起开展升国旗活动，让幼儿通过各种活动感受国旗的庄严、祖国的伟大，萌发热爱祖国的情感。

主题活动网络图

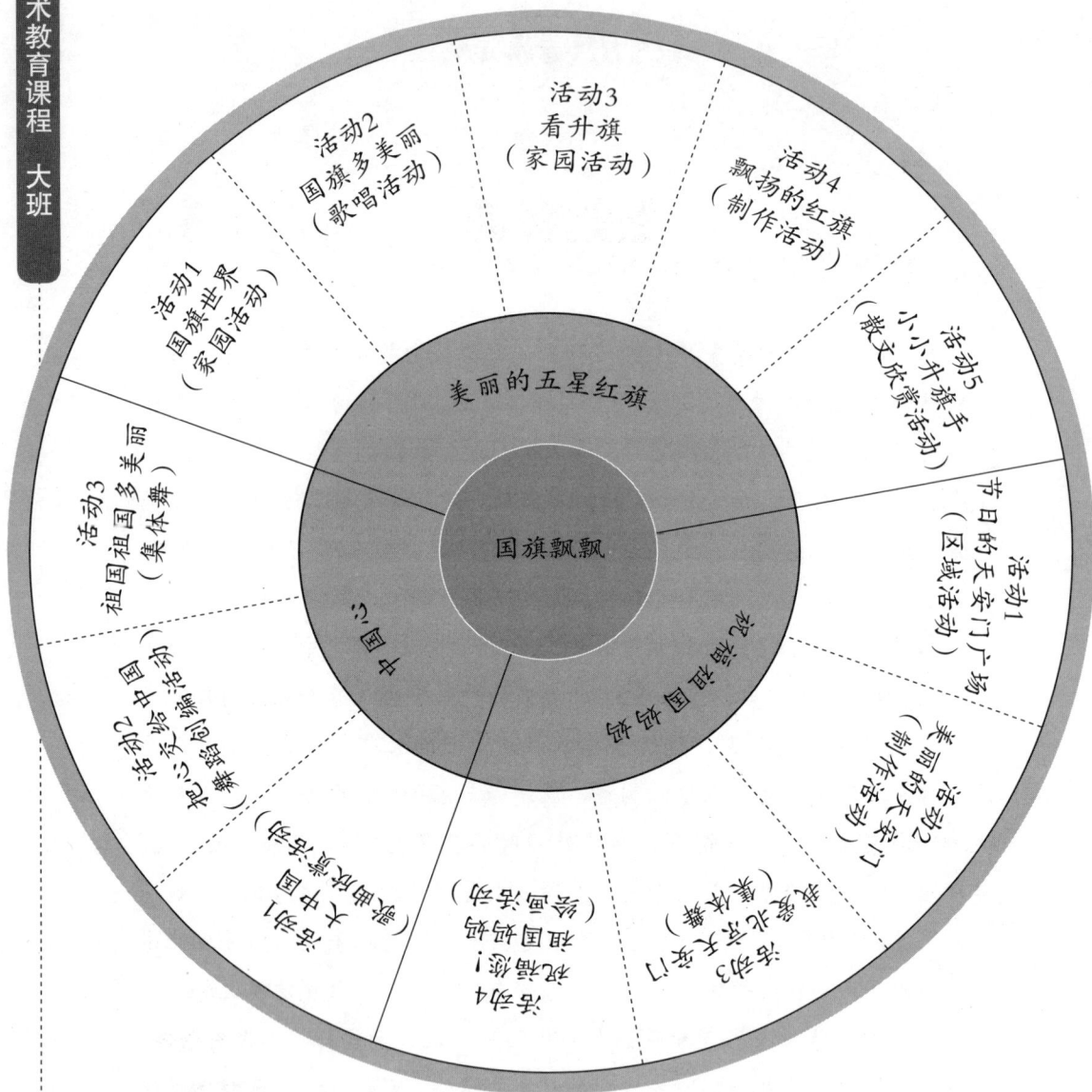

活动2
国旗多美丽
（歌唱活动）

活动3
看升旗
（家园活动）

活动4
飘扬的红旗
（制作活动）

活动1
国旗世界
（家园活动）

活动5
小小升旗手
（散文欣赏活动）

活动3
祖国祖国多美丽
（集体舞）

美丽的五星红旗

活动1
节日的天安门广场
（区域活动）

国旗飘飘

活动2
美丽的天安门
（制作活动）

活动2
把心交给中国
（舞蹈创编活动）

我爱中国

我爱祖国妈妈

活动3
春姑娘来到天安门
（集体舞）

活动1
十月的北京
（散文诗活动）

活动4
祖国妈妈，
我爱你（诗歌活动）

综合艺术活动

单元一 美丽的五星红旗

活动1 国旗世界（家园活动）

活动目标

1. 了解不同国家国旗的色彩、造型、布局特点。

2. 知道五星红旗是中国的象征。

活动准备

家长带孩子收集有关国旗的艺术作品并带到幼儿园分享。

活动建议

1. 学期初家长会上，教师向家长介绍本主题的艺术教育价值。

2. 建议家长在收集国旗资料过程中，引导幼儿观察不同国家国旗的造型与图案的布局，感受国旗色彩的丰富，为后面的活动积累经验。

3. 师幼一起将收集到的有关中国国旗和其他国家国旗的照片、故事、实物等艺术作品进行分类，在过渡环节进行欣赏与交流。也可以组织国旗世界展，供所有大班的幼儿一起参观，丰富幼儿有关国旗的经验。

4. 通过幼儿与教师一起创设班级"国旗"墙饰，帮助幼儿了解有关国旗的知识，引导幼儿知道国旗是一个国家的标志，五星国旗是中国的象征。

活动2　国旗多美丽（歌唱活动）

活动目标

1. 能用自然的声音演唱歌曲，初步学习领唱。
2. 尝试运用有力和连贯的声音歌唱，表达对国旗的赞美、崇敬之情。

活动准备

国旗实物或图片，天安门升旗仪式视频；幼儿已基本掌握歌曲《国旗多美丽》（常瑞词，谢清白曲）。

活动过程

1. 导入。教师出示国旗，引导幼儿欣赏五星红旗。

☆ 教师：这是哪个国家的国旗？

☆ 教师：你觉得五星红旗美丽吗？

2. 欣赏感知。幼儿观看升旗仪式视频，感受升旗时庄严的气氛，萌发歌唱兴趣。

☆ 教师：你们去天安门看过升旗仪式吗？今天老师请小朋友欣赏一段天安门广场国旗班叔叔升旗的视频。

☆ 教师：看完这段视频，你们有什么感受？

3. 探索发现。引导幼儿学习领唱与合唱配合的演唱形式。

（1）复习歌曲，引导幼儿感受对歌曲不同部分进行强弱处理的演唱效果，并鼓励幼儿用连贯的声音模仿演唱。

☆ 教师：大家学过一首关于国旗的歌曲——《国旗多美丽》，今天请你们听一听老师是怎样演唱这首歌的。

☆ 教师：我唱的与你们唱的有什么不一样？我为什么这样唱？

☆ 教师：唱前两句时有力和自豪，表现我们对国旗的尊重；后两句演唱时温柔而抒情，表现我们对国旗发自内心的热爱。

☆ 教师：请小朋友们也来演唱一遍，注意前半部分的演唱要清晰有力，

后半部分的演唱要连贯温柔。

（2）教师介绍领唱的演唱形式，并引导幼儿就歌曲演唱形式的编排进行探索、讨论。

☆ 教师：有一种歌唱形式叫领唱。它是在合唱时，由一个人或几个人单独演唱歌曲中的几句。

☆ 教师：在这首歌曲中，哪句适合领唱？哪句适合合唱？

☆ 教师：在领唱与合唱配合时应注意些什么？

4.展示表现。幼儿尝试运用领唱与合唱的方法演唱歌曲。

☆ 教师：请小朋友们在小组中一起试一试用新方法演唱《国旗多美丽》。

☆ 教师：我们全班一起试一试按领唱与合唱的方式演唱歌曲《国旗多美丽》。领唱应注意自豪而有力，合唱时应注意温柔而抒情，用我们的歌声来表现对国旗的深深情感。

5.结束。

☆ 教师：以后我们还将再次运用领唱和合唱的方法表现歌曲。

活动建议

1.在教唱歌曲的过程中，教师要启发幼儿有感情地演唱歌曲，提醒幼儿有些乐句要唱得有力，有些乐句要唱得抒情，让幼儿在比较中感受不同的歌曲表现方法。

2.本活动可分两次进行，第一次以掌握歌词、曲调和学唱新歌为主，第二次重点引导幼儿有感情地演唱。

3.除此歌曲外，还可以选择其他类型的歌曲进行学习与欣赏，如《国旗红红的哩》《红旗飘飘》《绣红旗》等。

活动3 看升旗（家园活动）

活动目标

1. 体验升国旗时庄严、神圣的气氛。
2. 萌发爱国旗、尊重国旗的情感。

活动准备

照相机、摄像机等。

活动建议

1. 请家长带幼儿参加1—2次升旗活动，帮助幼儿积累参与升旗活动的亲身体验（最好在国庆节前天安门广场已布置好的情况下组织活动。如果受条件限制，不能亲临天安门，教师和家长可以通过看图片、视频等带孩子开展此活动）。

2. 请家长记录活动过程，并在活动后及时了解、记录幼儿的感受。教师收集家长的记录（文字、录音、绘画、录像等形式均可）后可资源共享。

3. 请家长抓住生活中的点滴机会，与幼儿共同发现并观赏盛大节日和重大庆典中国旗飘飘的情景（可以利用摄影的方法及时记录）。

4. 教师和家长可以从其他角度帮助幼儿积累升国旗的经验，如学习相关的儿歌《看升旗》等。

活动4 飘扬的红旗（制作活动）

活动目标

1. 了解国旗的色彩、造型与布局，感受国旗的庄重、美丽。
2. 掌握五角星的折剪方法和五星红旗的制作方法，体会与同伴合作的

乐趣。

活动准备

《义勇军进行曲》（田汉词，聂耳曲）和《红旗飘飘》（乔方词，李杰曲）音频，《红旗飘飘》幻灯片（内容主要是各种有国旗飘扬的场景，如国旗飘扬在珠穆朗玛峰上、运动员得金牌后升国旗等），教师运用剪贴方法制作的国旗范例，长方形大红纸每小组一张，大、小黄色正方形纸每小组一套，教师已剪好的大小五角星，剪刀，胶棒，正方形的废旧杂志。

活动过程

1. 导入。教师请幼儿欣赏《红旗飘飘》幻灯片，感受人们对国旗的热爱，产生对国旗的关注。

⭐教师：请小朋友们一边看幻灯片，一边听一首歌，听完以后说一说这首歌里唱的是什么。

⭐教师：听完这首歌你有什么感受？

⭐教师：为什么说五星红旗是我们的骄傲，我们为她自豪，为她祝福，她的名字比我们的生命还重要？

2. 欣赏感知。教师出示制作好的国旗范例与幼儿讨论交流，共同回忆国旗的特征。

⭐教师：国旗是我们中国的象征，请小朋友说一说国旗是什么样子的？

⭐教师：黄色的星星有几颗？几颗大？几颗小？在国旗的什么位置？

3. 探索制作。教师与幼儿一起探索剪贴五角星、制作五星红旗的步骤和方法。

（1）学习五角星的折剪方法。

⭐教师示范五角星折法。

⭐请幼儿用旧杂志试剪五角星。

⭐针对幼儿试剪结果，教师对共性问题进行指导（如怎样剪才能让星星的五个角更尖，分得更清楚），帮助幼儿探索五角星的剪法，获得成功。

（2）五名幼儿为一组，运用先折后剪的方式合作制作国旗。

⭐教师：怎样才能将四颗小星星剪得一样大？

☆ 教师：制作国旗时应该先贴哪颗星？

4. 展示表现。幼儿分小组表演升国旗。

☆ 教师：每组请一名小朋友做升旗手，其他小朋友做观看升旗的人，我们一起将国旗高高升起。在国歌的伴奏下，幼儿以小组为单位，用自己制作的国旗表演升国旗，体验升旗仪式的神圣。

5. 结束。请幼儿将制作好的国旗布置到主题墙上。

活动建议

1. 播放幻灯片时可配上《红旗飘飘》的音频。

2. 活动中可以用国旗实物替代教师事先做好的范例，帮助幼儿巩固有关国旗的知识经验（重点：国旗的形状、颜色、造型、标志、内涵），丰富对五星红旗的认识。

3. 指导幼儿掌握五角星的制作方法时，可提供步骤图，指导幼儿看图例进行学习。在幼儿试剪过程中，幼儿会出现剪的角度不同导致星星的五个角的不同（角度越倾斜，星星的角越尖；角度越平缓，星星的角越不明显）。教师要引导幼儿探索、发现五角星下剪的角度与成角的关系。

活动资料

[步骤图]　　　　　　　　　五　角　星

1. 正方形纸对角折

2. 右下角左边中间偏下方折

3. 右边边对边折叠

4. 左下角折叠

5. 用剪刀斜剪

6. 打开五角星

7. 将五角星粘贴到红色长方形纸上

8. 依次剪剩下的四颗五角星，粘上即成

活动5 小小升旗手（散文欣赏活动）

活动目标

1. 了解升旗的场合和礼仪。
2. 体验升旗时神圣、庄严的气氛。

活动准备

天安门升国旗实况录像，《义勇军进行曲》音频，园内旗杆、国旗等升国旗的设备及场地，自编散文《小白鸽看升旗》；幼儿已认识国旗，会唱歌曲《国旗多美丽》。

活动过程

1. 导入。教师朗诵散文《小白鸽看升旗》，引导幼儿倾听、讨论。

☆ 教师：散文里的小白鸽都看到谁升国旗？他们升国旗时都做了些什么

动作?

2. 欣赏感知。欣赏天安门升旗仪式视频,知道升旗时的基本礼仪,并感受升旗时庄严神圣的氛围。

☆ 教师:请大家注意看看,解放军叔叔是怎么升旗的?都做了些什么?

☆ 教师:看了升旗仪式后,你有什么样的感觉?(严肃、精神、神气、认真、神圣、威武)

3. 展示表现。请幼儿自选角色在操场表演升国旗的礼仪。

☆ 教师:刚才散文提到了很多的角色,想一想他们在升国旗时是怎么做的?

☆ 教师:我们分成小组,和自己的小伙伴一起练练升国旗的礼仪,好不好?你想扮演谁?

☆ 教师:我们大家一起来表演升旗仪式,别忘了你扮演的角色是谁,他在升旗时的礼仪是什么样的。

活动资料

[散文]   小白鸽看升旗

蔚蓝的天空中,飘着朵朵白云,一只小白鸽在天空飞翔。它飞呀飞呀,飞到了一所学校,看到许多小学生都在操场上。小白鸽想:"他们在干什么?"于是它停在树枝上,发现原来他们在举行升旗仪式。鲜艳的五星红旗徐徐升起,小学生们把右臂高高地举过头顶,向五星红旗敬了一个少先队队礼。

小白鸽接着往前飞,飞呀飞呀,飞到了绿色的军营。解放军战士聚在一起,正在举行升旗仪式。美丽的五星红旗迎风飘扬,解放军战士们把右手举起,向国旗敬了一个军礼。

小白鸽又继续往前飞,飞到了天安门广场上。广场上一派热闹的景象,原来这里也在进行升旗仪式。大家的眼睛望着国旗,戴帽子的人还把帽子拿下来,向国旗行注目礼。庄严的五星红旗在蓝天的映衬下,显得分外夺目,小白鸽围绕着国旗快乐地飞翔。

(北京市第一幼儿园/文)

单元二　祝福祖国妈妈

活动1　节日的天安门广场（区域活动）

活动目标

尝试选择适宜的材料绘画和制作，表现节日里的天安门广场。

活动准备

各种绘画工具、粘贴工具，不同材质的纸张，废旧材料及剪刀等，家长和孩子一起收集的有关国庆节天安门广场的照片、图片。

活动建议

1. 教师和幼儿共同欣赏收集的资料，教师通过提问帮助幼儿回忆、总结节日里天安门的美丽、热闹。

2. 教师引导幼儿关注节日的色彩、人物以及气氛（如彩旗、花坛等）。

3. 幼儿进行自由分组制作，例如，在建筑区运用积木及辅助材料搭建节日的天安门（可参考收集的照片合理布局），在美工区利用多种废旧材料制作花坛、喷泉、彩树、彩灯等。幼儿在制作过程中出现的一些问题，教师要针对不同情况，鼓励幼儿主动探索解决问题。

4. 在班级活动中创设"节日的天安门广场"主题墙饰，可以请幼儿轮流或请教师分别担任解说员，用生动、优美的语言向大家介绍。也可以进行"大带小"活动，带领小班和中班的弟弟、妹妹参观主题墙。

活动2 美丽的天安门（制作活动）

活动目标

1. 发现天安门城楼对称的建筑特点，尝试用对称剪的方法加以表现。
2. 用语言大胆表达自己对天安门、对祖国的热爱之情。

活动准备

天安门图片，歌曲《我爱北京天安门》（金果临词，金月苓曲），天安门剪纸图，铅笔，剪刀，胶棒，水彩笔，红色手工纸，半个天安门轮廓形的模板；幼儿前期积累了一些对天安门的认知经验。

活动过程

1. 导入。幼儿结合自身经历，相互交流对天安门的认识。

☆ 教师：你们知道天安门吗？天安门是什么样子？

2. 欣赏感知。教师引导幼儿欣赏天安门图片，观察发现城楼中心对称的建筑特点。

☆ 教师：让我们一起仔细看看天安门城楼。

☆ 教师：你看到的天安门城楼是什么样的？

☆ 教师：天安门城楼有金黄色的琉璃瓦，有两个飞檐，飞檐上有不同的装饰；底座是梯形的，给人一种稳重的感觉；有五个门洞，中间的最大，四个小的在两边，左右对称。

3. 探索发现。幼儿观察教师的示范操作，探索对称剪纸的步骤及方法。

☆ 教师：用什么样的方法能剪出对称的天安门？

☆ 教师：用对折剪的方法首先要先画半个天安门，那半个天安门应该怎么画呢？从哪里开始到哪里结束？教师引导幼儿寻找天安门的对称轴。

☆ 教师：我们一起来说一说要想剪出一个完整的天安门应该怎么做。教师引导幼儿探索总结对称剪纸的步骤及方法：正方形纸对折——用铅笔画出外轮廓图（共三层、两个半门洞）——沿轮廓线剪下——贴到一张彩色纸上。

☆ 教师：在剪纸的过程中，我们还应注意些什么？

☆ 教师：对折时要对齐，只剪轮廓线，中间大门洞只画半个。

4. 展示表现。幼儿独立尝试完成天安门剪纸作品。

幼儿尝试完成剪纸作品，教师巡回指导。

5. 结束。幼儿共同演唱歌曲《我爱北京天安门》。

☆ 教师：你想对天安门说句什么样的话？我们为天安门唱一首歌吧！

活动资料

[步骤图]　　　天 安 门

1. 把长方形纸对折

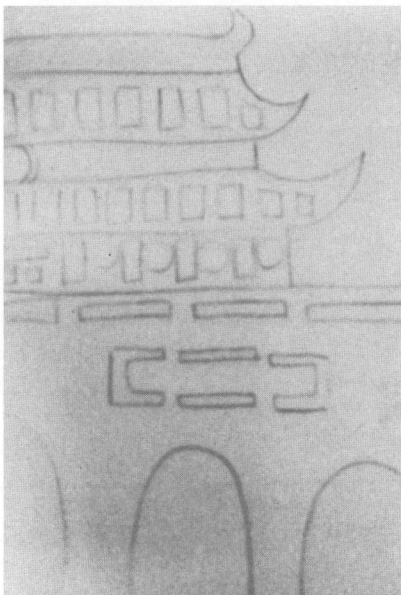

2. 用笔画出半边天安门轮廓

3. 镂空剪

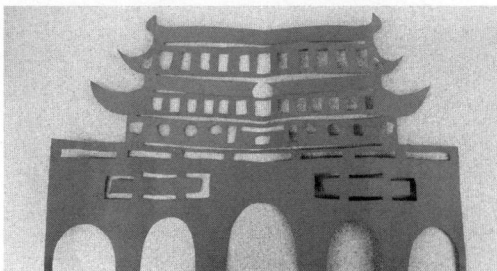

4. 打开

主题一　国旗飘飘

活动3 我爱北京天安门（集体舞）

活动目标

1. 尝试运用跑跳步、进退步等表演集体舞。
2. 体会大家一起跳舞的快乐节日气氛，表达对天安门的热爱之情。

活动准备

体现天安门广场载歌载舞的幻灯片，教师自行录制舞蹈《我爱北京天安门》视频；幼儿基本掌握跑跳步、进退步，了解国庆节相关知识。

活动过程

1. 导入。教师引导幼儿欣赏幻灯片中天安门热烈喜庆的场面，观察人物的表情及节日盛装。

☆教师：这是在哪儿？他们在干什么？

☆教师：他们的表情是什么样的？穿什么服装？

☆教师：国庆节到来时，大家都要跳起欢乐的舞蹈。

2. 欣赏感知。欣赏《我爱北京天安门》集体舞视频，感受节日情绪。

（1）完整欣赏舞蹈视频，感受舞蹈欢乐的情绪。

☆教师：老师也准备了一段国庆舞蹈，名叫《我爱北京天安门》，咱们一起来欣赏吧。

☆教师：看了舞蹈你有什么感受？老师和爸爸妈妈在跳舞时，心情是什么样的？从哪儿看出来的？

（2）再次欣赏并观察舞蹈中的动作与队形变化，尤其是重点舞步如踏点步、进退步、后踢步、侧踵步等。

☆教师：舞蹈中有哪些队形变化？

☆教师：你喜欢哪个动作？是怎么跳的？我们也来试一试。

3. 探索发现。尝试模仿舞蹈中的基本动作及队形变化。

（1）分乐句学习集体舞动作，学习重点舞步如踏点步、进退步、后踢步、

侧踮步等。

（2）队形学习，掌握单圈、双圈的变化（双圈时分清左右方向，都从右侧开始做动作）。

4．展示表现。在天安门背景图的映衬下，集体表演舞蹈，感受舞蹈欢乐的喜庆情绪。

☆ 教师：你们看，我们现在就站在天安门广场上，大家一起跳舞吧。

5．结束。幼儿唱着歌曲《我爱北京天安门》，活动自然结束。

活动4　祝福您！祖国妈妈（绘画活动）

活动目标

1．了解国旗和国歌是国家的象征。
2．通过绘画表达自己对祖国的热爱之情。

活动准备

多种绘画工具、不同材质、颜色的纸张，运动员比赛、领奖的视频，国旗和国徽的图片，歌曲《把心交给中国》（陈越词，闫正伟曲）；幼儿前期收集并欣赏了大量有关中国的国旗、国徽、风光、古迹等资料。

活动过程

1．导入。观看运动员比赛和领奖时的视频，引发对国旗、国歌的关注。

☆ 教师：这是哪个国家的运动员，你是怎么知道的？你听到了什么？看到了什么？

2．欣赏感知。教师展示国旗的图片，引导幼儿欣赏、交流。

☆ 教师：为什么运动员得了冠军之后，要奏国歌、升国旗？

☆ 教师：国旗、国歌代表什么？

☆ 教师：除了在领奖时会升国旗、奏国歌，你还在什么时候、什么地点看到过国旗，听到过国歌？

主题一　国旗飘飘

17

3. 探索发现。教师引导幼儿了解祖国多彩的文化符号。

☆ 教师：除了国旗国歌，还有哪些东西能代表中国？

☆ 教师：能代表中国形象的东西可以是建筑、艺术、文字等，但这些东西都必须是只有中国有的。

4. 展示表现。在背景音乐《把心交给中国》的伴奏下，鼓励幼儿通过绘画表达作为中国人的自豪感和对祖国的热爱之情。

☆ 教师：当你看到升国旗、听到奏国歌时，你有什么样的感觉？

☆ 教师：人们都说祖国像妈妈一样。你想对祖国妈妈说些什么？做什么？

☆ 教师：请把你们对祖国的祝福与赞美画下来，我们在班级中办一个祝福祖国的画展。

5. 结束。教师组织幼儿进行作品展示，并相互评价。

☆ 教师：请你说说喜欢谁的作品，为什么？

☆ 教师：你画的是什么？怎么画的？用什么工具？

☆ 教师：你想对祖国说一句什么祝福的话？

活动建议

1. 除绘画方法外，还可以鼓励幼儿运用歌曲、舞蹈、语言等表达对祖国妈妈的祝福（注意平时帮助幼儿理解、掌握素材）。

2. 本次活动还可以组织成一个主题联欢会，让所有的幼儿都获得展示的机会。

单元三 中国心

活动1 大中国（歌曲欣赏活动）

活动目标

1. 理解歌曲内容，体验歌曲热烈的气氛，尝试运用绘画的形式去表达对歌曲的感受。

2. 萌发作为中国人的民族自豪感。

活动准备

中国地图，《美丽的中国》幻灯片，背景音乐《大中国》（高枫词曲）；幼儿在前期活动中积累了大量对国家、国旗、天安门的认识。

活动过程

1. 导入。用谜语引发幼儿参与活动的兴趣。

☆ 教师：今天，我为小朋友们带来了一个谜语，请你猜猜它是什么？一只大公鸡，昂首站这里。东北是鸡头，西藏是鸡尾，我们住这里，幸福又神奇。（谜底：中国地图）

2. 欣赏感知。幼儿欣赏中国地图，教师鼓励幼儿回忆描述自己去过的地方。

☆ 教师：这是什么？看起来像什么？

☆ 教师：咱们的家在哪里？你还去过中国的哪些地方？在地图上找一找。那些地方的风景怎么样？

☆ 教师：在地图上我们找到了自己的家，找到了我们去过的地方，还有好多地方是我们没有去过的。我们的祖国很大，景色也很美丽，有一首歌唱的就是我们中国的广大与美丽，名字就叫《大中国》，现在咱们就一起来欣赏。

3. 探索发现。幼儿倾听歌曲，感受歌曲热情、自豪的情绪。

（1）第一次倾听歌曲《大中国》，引导幼儿注意歌词中的中国元素。

☆ 教师：歌曲中都唱了什么？引导幼儿理解歌曲内容、感受旋律。教师可随机播放PPT中相应图片，并根据图片内容渗透其他领域的教育。

（2）第二次请幼儿边看《美丽的中国》幻灯片，边欣赏歌曲《大中国》，引导幼儿自主表达观赏后的感受。

☆ 教师：听完歌曲，欣赏了图片，你有什么感受？

☆ 教师：歌中唱道"中国，祝福你！"，我们大家要祝福中国什么呢？待幼儿充分发表感受后，教师进行总结。

4. 展示表现。播放背景音乐《大中国》，幼儿创作绘画，并相互欣赏交流。

☆ 教师：请小朋友们将自己对美丽祖国的热爱用绘画的形式表现出来。

☆ 教师：请小朋友相互介绍自己的作品，并引导幼儿欣赏其他小朋友的作品。

活动建议

1. 幼儿在绘画中，会出现不同的表达形式。如有的幼儿在绘画中以简笔画的形式表现，有的则用色彩表达。对不同的感受，教师都要给予理解与肯定。

2. 根据活动的需要还可以进行相关音乐作品、绘画作品的欣赏。如歌曲《红旗飘飘》《我爱你，中国》《歌唱祖国》《我和我的祖国》《今天是你的生日，中国》以及油画《开国大典》、宣传画《民族大团结》等，激发幼儿对祖国的热爱之情。

3.《美丽的中国》幻灯片可包含以下内容：表现祖国的大好河山，如长城、黄河、珠穆朗玛峰、长江、故宫、现代建筑等；表现我国重要活动及事件，如国庆阅兵式、北京奥运会的开幕仪式、国旗飘扬在珠穆朗玛峰、中华健儿勇夺金牌等；展现各个民族人民的幸福生活及民族文化等；中国地图。

活动2 把心交给中国（舞蹈创编活动）

活动目标

1. 尝试运用已掌握的基本舞步、队形变化合作创编舞蹈。
2. 感受歌曲表现的对祖国的深深情意。

活动准备

歌曲《把心交给中国》及其舞蹈视频（可上网搜索），绢花；幼儿在过渡环节中听过该歌曲，对歌曲旋律与内容较熟悉。

活动过程

1. 导入。教师请幼儿倾听歌曲《把心交给中国》，理解与感受歌曲的主

要内容与情感。

☆ 教师：请小朋友们欣赏一首歌曲，名字叫《把心交给中国》。请大家仔细听歌曲中唱了些什么。

☆ 教师：听了歌曲后你有什么感受？

2. 欣赏感知。请幼儿欣赏歌舞视频，了解舞蹈中的动作和队形变化，引发幼儿的学习愿望。

☆ 教师：这首歌还有一段美丽的舞蹈，请小朋友们欣赏。

☆ 教师：这段舞蹈给你什么样的感受？为什么？

☆ 教师：这个舞蹈是由许多小朋友表演的，这样的舞蹈叫什么舞？

☆ 教师：在表演过程中，小朋友们使用了什么道具？

3. 探索发现。尝试运用所学的基本舞步、队形变化合作创编舞蹈。

（1）教师通过引导幼儿讨论交流，鼓励幼儿运用已掌握的舞步和舞蹈动作进行创编。

☆ 教师：这个舞蹈中使用了什么舞步？请你来学一学。

☆ 教师：还可以运用什么舞蹈动作和舞步？

☆ 教师：舞蹈使用了哪些队形变化？还可以使用哪些队形变化？

（2）教师引导幼儿自由结组，合作创编舞蹈。

4. 展示表现。幼儿以小组为单位，分组表演自己创编的舞蹈。

☆ 教师：请小朋友跳舞时注意用表情表现对祖国的热爱。

☆ 教师：你喜欢哪组小朋友表演的舞蹈？为什么？

活动3　祖国祖国多美丽（集体舞）

活动目标

1. 能够根据动作图谱学跳舞蹈。

2. 体验合作成功的喜悦。

活动准备

歌曲《祖国祖国多美丽》（王玉田词曲），自制歌曲动作图谱（每个乐句下配相应的动作简笔画）；幼儿学过歌曲《祖国祖国多美丽》，基本掌握踏点步动作。

活动过程

1. 导入。伴随乐曲《祖国祖国多美丽》，教师带领幼儿做踏点步进教室。

2. 欣赏感知。复习歌曲《祖国祖国多美丽》的旋律与歌词。

☆ 教师：这是我们学过的哪首歌曲的音乐？这首歌曲给你什么样的感觉？

☆ 教师：请小朋友们用欢快、活泼、好听的声音把这首歌曲唱出来。

3. 探索发现。教师鼓励幼儿根据动作图谱学习舞蹈动作。

（1）出示歌曲《祖国祖国多美丽》图谱，引导幼儿学习舞蹈的兴趣。

☆ 教师：《祖国祖国多美丽》还有一个好看的舞蹈呢，请小朋友们仔细欣赏歌曲图谱，看看都有哪些舞蹈动作？

（2）在《祖国祖国多美丽》歌曲的伴奏下，教师按照图谱进行动作示范。

☆ 教师：现在老师按照大家的发现，根据图谱试着跳一遍。

☆ 教师：整个舞蹈脚下的动作有什么特点，是什么舞步？手上动作是一样的吗？

（3）教师引导幼儿根据图谱动作顺序，逐一学习舞蹈动作。

（4）在《祖国祖国多美丽》歌曲的慢速伴奏下，教师带领幼儿根据图谱动作顺序试跳两遍。

☆ 教师：请小朋友们围成一个圆圈，听着歌曲一起跳一跳，看看谁的动作最完整，表情最可爱。

（5）教师示范双人舞蹈《祖国祖国多美丽》。

☆ 教师：这个舞蹈除了自己跳，还可以和好朋友一起跳，请你们欣赏我和××老师的合作表演，看看和一个人跳时有什么不一样的地方。

☆ 教师：组织幼儿交流欣赏后的新发现。

4. 展示表现。教师引导幼儿分男女里外双圈进行舞蹈练习。

☆ 教师：和你的小伙伴跟着音乐一起跳起来吧。

☆ 教师：两个小伙伴在跳舞时应该注意什么？

活动建议

1. 在幼儿熟练掌握双圈、固定舞伴的动作后，可以为他们增加难度，在最后一句歌词图谱上增加新的符号（表示里圈人不动，外圈向前踏点四步找到新的舞伴），引发幼儿思考（图谱中的这个符号表示什么意思，踏点步原地做了几拍，向前行进走几拍）。

2. 学习舞蹈动作的同时，教师的关注点放在动作的同时，还要关注幼儿的表情，引导幼儿充分感受歌曲的快乐及舞蹈活动的优美。

活动资料

[动作说明]　　　　　　**祖国祖国多美丽**

第一句：祖国 祖国｜多美 丽｜

☆ 教师：第一句歌词对应的是什么舞蹈动作，是怎样做的，请你学一学。

☆ 教师：这个动作是新疆舞中的托帽位，右手托在右耳边，左臂向前上方伸直。大家试着做一做这个动作。

（动作说明：两个舞伴做右手托帽位，左臂伸直互搭在一起，随音乐节拍脚下做踏点步，头自然左右动）

第二句：党的 阳光｜照大 地｜

☆ 教师：这句歌词的动作与第一句歌词的动作有什么不一样？队形发生了什么变化？

☆ 教师：小舞伴位置发生了什么变化，脚下是什么动作？

（动作说明：小舞伴上肢动作不变，脚下做后踢步互换位置）

第三句：我们 苗壮｜成长 在｜您的 怀抱｜里—｜

☆ 教师：这句歌词的动作有什么特点？

（动作说明：重复前面两句的动作、队形）

第四句：0来｜来.来来｜来来来来来｜来.来｜来来来来｜

☆ 教师：这句歌词的手位动作是什么？方位上有什么变化？大家一起试一试。

（动作说明：高低手位做手腕花动作，左右各四个，脚下做踏点步，向后退四步，再向前四步）

第五句：<u>我们</u> <u>茁壮</u> | <u>成长</u> 在 | <u>您的</u> <u>怀抱</u> | 里— |

☆ 教师：这句歌词的手位动作又发生了什么变化？

（动作说明：双臂上举一个手心向上，一个手心向下手指轻搭在一起，按节拍左右手交替互换动作，左肩相靠，眼神交流，脚下踏点步六拍互转一圈，第七拍原地不动，上肢恢复右手托帽位，左臂互搭在一起）

主题二

我和快乐交朋友

主题概述

　　幽默的语言、滑稽的动作、欢快的舞步、开心的笑脸……只要拥有善于观察的眼睛，就会发现快乐无处不在。让幼儿和"快乐"交上朋友，与朋友共享快乐，让欢笑伴随他们幸福成长，是我们共同的愿望。为此，我们设计了"我和快乐交朋友"这一主题。

　　根据大班幼儿的认知水平与年龄特征，我们设计了"快乐我知道"和"朋友多真快乐"两个单元。在"快乐我知道"单元，幼儿会通过不同的内容和活动来感受幽默，感受快乐（如颠倒歌、双簧、小丑等）；通过欣赏、歌唱、绘画等艺术手段，表达自己的快乐情感，并能与他人分享交流自己的快乐感受。在"朋友多真快乐"单元中，我们运用歌唱、音乐游戏、剪纸、表演等手段，引导幼儿理解朋友多真快乐，鼓励幼儿主动寻找朋友，关心朋友，体验与朋友共同游戏的快乐。

　　通过本主题活动，我们希望引导幼儿理解什么是快乐，怎样才能快乐，不快乐的时候怎么办，怎样去表达、传递快乐，让他们更好地了解并尝试管理自己的情绪，去做一个快乐的人。

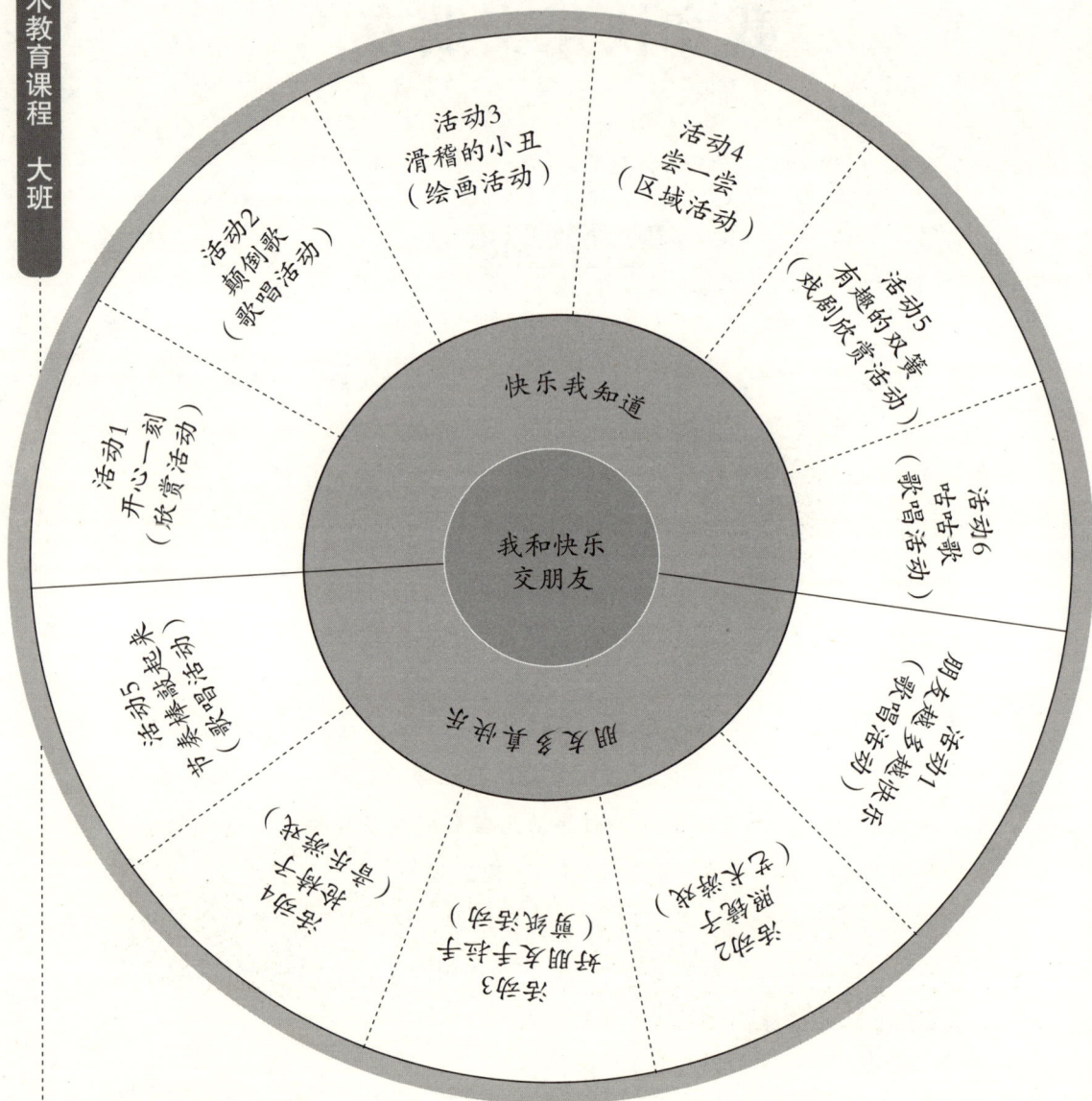

活动3
滑稽的小丑
（绘画活动）

活动4
尝一尝
（区域活动）

活动2
颠倒歌
（歌唱活动）

活动5
有趣的双簧
（戏剧欣赏活动）

快乐我知道

活动1
开心一刻
（欣赏活动）

我和快乐
交朋友

活动6
哈哈歌
（歌唱活动）

活动5
老鼠娶亲抬花轿
（歌唱活动）

朋友多多快乐
（歌唱活动）

活动4
最棒的小孩
（音乐游戏）

活动3
好朋友手拉手
（舞蹈活动）

活动2
踏浪板子
（美术活动）

朋友多多乐多

综合艺术活动

单元一　快乐我知道

活动1　开心一刻（欣赏活动）

活动目标

1. 欣赏不同形式的幽默作品，体验作品中的快乐情绪。
2. 与他人分享快乐的感受。

活动准备

视频《变装芭蕾》（可上网搜索），各种漫画、相声和小品视频，纸，彩笔。

活动过程

1. 导入。教师请幼儿回忆听过、看过的小品，引发幼儿感知幽默的含义。

☆ 教师：请小朋友说说，你看过或听过什么小品？演的是什么内容？你觉得哪儿最有意思？你有什么感受？

2. 欣赏感知。幼儿欣赏小品，体验幽默带来的乐趣。

（1）幼儿欣赏小品。

☆ 教师：你觉得什么地方最有意思？

（2）幼儿欣赏漫画。

☆ 教师：请小朋友看几张和我们平时看到的不一样的绘画作品，看完后说一说你觉得作品中最好玩的地方在哪里。

☆ 教师：这样的绘画方式叫漫画。漫画夸张而幽默，很有趣！

（3）幼儿欣赏《变装芭蕾》。

☆ 教师：这段表演有什么特点？你们为什么笑得这么开心？

3. 展示表现。幼儿自由结伴，交流快乐感受。

（1）幼儿自由结伴讲述趣事。

☆ 教师：你们在平时也会遇到一些好玩儿的事情，请你和小伙伴讲一讲，共同分享其中的乐趣。

（2）幼儿向集体讲述。

☆ 教师：刚才大家相互分享了自己身边有趣的事情，谁能清楚、完整、大胆地讲给大家听一听？

（3）交流讨论。

☆ 教师：当你特别高兴的时候，你会怎么样？喜欢做什么动作？习惯说一些什么话？如果遇到不高兴的事情，你会怎么做让自己高兴起来？

4. 结束。幼儿在区域活动中绘画、表演"我今天高兴"等相关内容。

☆ 教师：请小朋友在区域活动时，画一幅（或表演）《我今天高兴》的漫画（幽默段子）。

活动建议

1. 活动的重点在于体验作品的快乐情绪，所以教师要注意趣味性，并与幼儿互动，切忌将活动变成单一的语言活动。

2. 滑稽幽默的曲艺、语言作品较多，教师可以选择幼儿容易理解、贴近幼儿生活的相声或小品段子作为欣赏内容，如双簧表演、哑剧、绕口令、相声段子等，引导幼儿在欣赏曲艺作品过程中感受演员幽默的对白，体验语言幽默带来的快乐。还可以在区域活动、欣赏环节引导幼儿模仿、表演、创编有趣的语言作品等，激发幼儿活动兴趣，在活动中获得丰富的快乐情绪体验。

3. 漫画欣赏可选择一些幼儿熟悉的名人头部肖像作品，引导幼儿欣赏、体验漫画这种绘画形式夸张的表现特点所带来的乐趣。

4. 可选择《变装芭蕾》中"垂死的天鹅"片段，引导幼儿从作品别出心裁的男扮女装造型和滑稽搞笑的舞蹈动作来感受作品的滑稽，感受快乐。另外教师要注意在欣赏后及时抓住幼儿感兴趣的动作造型引导幼儿进行模仿，让幼儿在学学做做的过程中体验快乐。

5. 与幼儿共同收集丰富有趣、形式多样的幽默作品，利用日常生活环节开展欣赏交流活动，丰富幼儿的经验，提升艺术感知能力。

活动2 颠倒歌（歌唱活动）

活动目标

1. 初步掌握歌曲的旋律与歌词。
2. 了解颠倒歌的特点，感受歌曲的幽默。

活动准备

《颠倒歌》（佚名词曲），根据歌词内容自制图片四张，一段节奏性较强的音乐。

活动过程

1. 导入。教师引导幼儿观察图片，初步了解歌曲的内容大意。

☆ 教师：小朋友们，森林里发生了一件大事，让我们一起来看一看吧。

2. 欣赏感知。教师鼓励幼儿仔细观察图片，感受事情颠倒后的诙谐与幽默。

☆ 教师：在这四幅图中你发现了什么问题，你是怎么发现的？

☆ 教师：为什么会发生这种事情？

☆ 教师：这就是《颠倒歌》里说的事情，你觉得有意思吗？

3. 探索发现。教师进行夸张、幽默的示范，幼儿欣赏、学习。

（1）教师按节奏说歌词，幼儿欣赏。

☆ 教师：这几幅图片讲的是森林里发生的可笑的事情。让我们一起来听一听森林里究竟发生了什么事情。

（2）教师指导幼儿按节奏说歌词。

☆ 教师：请所有的小朋友用手来伴奏，咱们一起说歌谣。

（3）教师范唱。

☆ 教师：我们将森林里发生的可笑的事情编成了一首好听的歌，这首歌曲的名字叫《颠倒歌》，是这样唱的。

（4）幼儿看图跟唱。

☆ 教师：颠倒歌让我们感到很开心，原本正常的事情如果被颠倒就会闹出很多笑话。现在快来看一看公鸡和母鸡之间、小鱼和小鸟之间会出现什么颠倒的事情，给我们带来怎样的幽默。

☆ 教师：我们看着图片，把这首歌唱一遍，一起来体会歌曲给我们带来的幽默！

4. 结束。音乐游戏"颠倒乐"。

☆ 教师：我们会唱《颠倒歌》了，那让我们来玩一个颠倒游戏吧！游戏的名字就叫"颠倒乐"。

活动资料

[游戏玩法]　　　　　　　颠　倒　乐

幼儿围成圆圈，从任意一名幼儿开始，跟随音乐节奏做一个动作，其他幼儿跟随音乐节奏做一个和他相反的动作。做完后，换下一名幼儿做新动作。

[歌曲]　　　　　　　　颠　倒　歌

$1 = D \frac{2}{4}$　　　　　　　　　　　　　　　　　　　佚名词曲

5 5　3 1 | 5 5　3 1 | 3 6 | 5 — |
小小　老鼠　树林里面　称大　王，
小小　鱼儿　飞呀飞在　蓝天　里，

6 6 6 | 5 6 5 3 | 5 3 | 2 — |
大狮子　害怕那个　小老　鼠，
小鸟儿　游呀游在　大海　里，

3 3　3 2 | 3 0 | 6 6　6 5 | 6 0 |
蚂蚁扛大　树，　大象　没力　气，
公鸡会生　蛋，　母鸡　喔喔　啼，

2 2　2 3 | 5 0　5 3 | 2 2　3 2 | 1 — ‖
事情　全颠　倒，哈哈！　你说　多可　笑！
事情　全颠　倒，哈哈！　你说　多可　笑！

活动3 滑稽的小丑（绘画活动）

活动目标

1. 尝试运用图形与线条装扮小丑的面部。
2. 体验装扮成小丑的快乐情绪。

活动准备

各种小丑图片，音乐《小狗与口哨》(普莱亚曲)，各种颜色的脸部彩绘棒，镜子人手一面；两名小朋友化妆扮演小丑，提前排练好小丑节目。

活动过程

1. 导入。教师以马戏团为题进行提问，引发幼儿的活动兴趣。

☆ 教师：谁看过马戏团的表演？今天老师从马戏团请来两位小演员，给大家表演滑稽舞。

2. 感知欣赏。幼儿欣赏小丑节目，体验幽默。

☆ 教师：我发现小朋友看节目的时候，特别开心，你觉得哪里有趣？

3. 探索发现。教师引导幼儿观察小丑的脸部化妆，感受有趣的装扮。

（1）出示红鼻头、大嘴巴的小丑图片请幼儿欣赏。

☆ 教师：这些小丑的脸上，哪些地方的化妆是一样的？

☆ 教师：为什么他们的嘴巴都很大？

☆ 教师：每个小丑都有一个又圆又大的红鼻头，看起来就像一个大扣子，还有一张嘴角向上扬起的大嘴巴，看起来很开心。

（2）请幼儿观察小丑脸上丰富的图形、线条、色彩。

☆ 教师：这些小丑中你最喜欢哪一个？为什么？

☆ 教师：小丑的脸上还有什么可爱的图形和线条，是什么颜色的？

☆ 教师：小丑脸上的化妆很夸张，尤其是眼睛、鼻子和嘴巴会画成不同的图形和线条。小丑总是给我们带来欢乐。

4. 展示表现。幼儿尝试为自己进行脸部化妆，教师巡回指导，引导幼儿互相帮助。

☆ 教师：我们都来做个欢笑使者，把快乐带给每一个人，好不好？小朋友们可以将自己装扮成一个欢乐的小丑，画上大嘴巴、红鼻子。

☆ 教师：彩绘棒是专门用来在脸上进行绘画的工具，我们大家一起来玩吧！

5. 结束。幼儿即兴自由表演，抒发快乐情绪。

☆ 教师：这么多的小丑在一起，真是一件快乐的事，小丑家族的成员们都跳起来吧！

活动4　尝一尝（区域活动）

活动目标

1. 了解品尝各种不同味道时人的五官变化。
2. 能用不同的线条、形状、颜色表达人们品尝不同味道时的五官变化。
3. 感受游戏与生活中的快乐。

活动准备

蜂蜜、糖、食醋、食盐、柠檬、苦瓜、辣椒、芥末、白酒、胡椒等味道各异的食品，盘子、勺子、牙签、餐巾纸、镜子、彩笔、白纸等。

活动建议

1. 给幼儿创设游戏条件，提供不同味道的食物。
2. 幼儿可自己游戏，也可与同伴共同游戏。如一个人品尝，另一个人观察同伴的表情特点并进行描绘，在相互观察、相互绘画中体验同伴交往带来的快乐。
3. 在过渡环节组织幼儿玩"猜表情"的游戏。

活动5　有趣的双簧（戏剧欣赏活动）

活动目标

1. 初步了解双簧表演的特点。

2. 尝试在即兴合作表演中创造、分享快乐，感受参与双簧表演的快乐。

活动准备

两名教师自编双簧小段《吃糖》，冲天辫、粉扑、面粉等表演道具；幼儿有初步的戏剧欣赏经验。

活动过程

1. 导入。教师面对幼儿，准备进行双簧表演。

☆ 教师：小朋友们，你们看过双簧表演吗？想不想让老师给你们表演一段双簧？

2. 欣赏感知。两名教师表演双簧，引发幼儿对双簧表演的兴趣。

（1）教师简单装扮，引导幼儿观察。

☆ 教师：表演之前我要进行简单的装扮，首先在头上戴上双簧表演专用的头饰——冲天小辫子，然后在脸上抹三块儿白，左眼一块儿，右眼一块儿，最后嘴上再来一块儿。

（2）教师介绍表演搭档和两人的角色分配。

☆ 教师：我装扮好了，请大家用掌声请出我的表演搭档××老师。一会儿××老师将藏在我的身后，做后背演员，我将坐在前面做前脸演员，按照后背演员的台词做动作。

（3）两位教师合作表演双簧《吃糖》，幼儿欣赏。

3. 探索发现。教师引导幼儿了解双簧艺术表演的特点，掌握表演要领。

（1）幼儿学说台词。

☆ 教师：表演中说的哪句话最吸引你？

（2）幼儿学做动作。

☆ 教师：表演中的哪个动作最有趣？

（3）幼儿模仿表演某个片段。

☆ 教师：表演中哪一段最吸引你？想不想试一试？

4. 展示表现。幼儿合作表演，制造、分享快乐。

（1）教师做后背演员，幼儿做前脸演员。

☆ 教师：现在你们都知道我的爱好是吃糖了，我也想知道你们的爱好都有什么。谁能跟我们说一说，做一做？

☆ 教师：现在我了解你的爱好了，咱俩试着配合一下，我做你的后背演员把你的爱好说出来，你在前面做前脸演员用动作来表演你的爱好，好吗？

（2）幼儿做后背演员，教师做前脸演员。

☆ 教师：你的爱好我也了解了，这回你来做后背演员把你的爱好说出来，我来做前脸演员用动作把你的爱好表演出来，好吗？

（3）幼儿分组，尝试表演。

☆ 教师：请好朋友相互说说自己的爱好，然后以一个人的爱好，编一小段双簧。首先两个人要商量好谁做前脸演员，谁做后背演员。看看哪对的台词最有趣，表演最幽默，让观众最开心。

（4）幼儿展示。

☆ 教师：刚才每对小伙伴都讨论得特别热闹，表演得非常认真，现在哪一对好朋友能大胆地到前面来展示你们的成果？

（5）师幼分享交流，加深对双簧表演的感受和体验。可以采用同伴评价和自我评价结合的方式。

☆ 教师：这个表演好在哪里？谁有好的建议让他们的表演更棒？你们对自己的表演哪里最满意？

5. 结束。师幼配合即兴双簧，传递快乐。

☆ 教师：从你们的笑声中，我知道今天大家特别开心。从刚才的掌声中，我又知道好朋友之间的合作表演同样也给大家带来了快乐。现在请所有的小朋友都来做前脸演员，老师做你们的后背演员。让我们试着用双簧表演的形式，向好朋友相互表达谢意，再次把快乐传递吧！

[脚本]　　　　　　　　　　吃　糖

　　我有一个最大的爱好，那就是吃糖。我是白天吃、晚上吃，玩的时候吃，睡着了（两声呼噜）还在吃。说着说着又想吃糖了，找找看，咦水果糖，嗯……嗯，哎哟！哎哟！哎哟！真硬呀……

　　再找找，嘿！巧克力。嗯……嗯……嗯……我的最（长音）爱！再来一块，哇！泡泡糖，我最爱吹泡泡了，给你们吹一个。（噗）哎呀，这可不是我的水平，我吹泡泡的水平可高了，我能吹一个特别特别大的泡泡，你们看着（呜……啪）哎呀……哎呀……哎呀……

　　哎呀！哎呀呀！哎哟、哎哟、哎哟哟，我的牙怎么这么疼呀？大家快帮我想想办法吧！什么，漱口？好的（咕噜咕噜啪……咕噜咕噜啪），哎哟，还是不行！什么？刷牙？好的，我试试（洗刷刷洗刷刷，洗刷刷洗刷刷，洗刷刷洗刷刷，洗刷刷洗刷刷，洗刷刷洗刷刷，洗刷刷洗刷刷，咕噜咕噜，啪，咕噜咕噜，啪）。咦？不疼了！谢谢大家的帮助，希望你们不要像我那样吃太多的糖，要注意保护自己的牙齿！

（蔡涛/文）

活动6　咕咕歌（歌唱活动）

活动目标

1. 了解轮说的特点，探索二声部轮说的方法。
2. 体验与同伴合作学习、舞蹈、游戏的快乐。

活动准备

　　入场音乐《卡布里岛》，根据《咕咕歌》（王世一词曲）歌词自制的图谱；幼儿已掌握歌谣《咕咕歌》、舞蹈《可爱的小朋友》。

活动过程

1. 导入。男孩、女孩各一纵队，两两一组，女孩右手兰花指搭在男孩左手心上，左手叉腰，听音乐脚下做踵趾步行进入场。

⭐ 教师：仔细聆听音乐，看看哪对舞伴的动作最优美，与音乐最合拍，配合得最默契。

2. 感知回顾。复习歌谣《咕咕歌》。

（1）听声音猜动物，引出儿歌内容。

⭐ 教师：今天《咕咕歌》中的四位动物朋友也来了，你们知道它们是谁吗？它们叫起来是怎样的？教师根据幼儿的回答陆续将《咕咕歌》歌谣图谱贴在黑板上。

（2）按节奏说歌谣。教师重点引导幼儿对第四句附点节奏的把握。

⭐ 教师：让我们看着歌谣图谱，打着节奏把《咕咕歌》整齐、完整地说一遍。

3. 探索发现。幼儿探索配合轮说。

（1）欣赏两位教师联合示范。

⭐ 教师：老师说的和你们说的有什么不一样？（两个声部分先后朗诵同一首歌谣的方法叫二声部轮说）

（2）幼儿尝试二声部轮说。

⭐ 教师：刚才第二个声部是什么时候开始说的，请你和身边的伙伴想一想，试一试，看看哪组先找到答案。

（3）借助歌谣图谱提示，了解二声部轮说的特点。

⭐ 教师：原来是第一声部说完第一小节（公鸡叫起来是）后，第二个声部再开始说歌谣（依次出示二声部图谱）。因为每一句第二声部都比第一声部晚说了两拍，所以就会晚两拍结束，最后出现不整齐结束的结果。

（4）幼儿自由结组尝试。

⭐ 教师：请两个小朋友一组，按图谱试着说一说二声部轮说。轮说时每个声部应该注意什么？怎样配合就能把轮说说得很好听？我们一起来试一试。

4. 结束。幼儿结伴共同舞蹈《可爱的小朋友》。

⭐ 教师：今天小朋友与同伴合作尝试了轮说歌谣，现在让我们一起来跳伙伴舞《可爱的小朋友》吧。

活动资料

[图谱]　　　　　咕　咕　歌

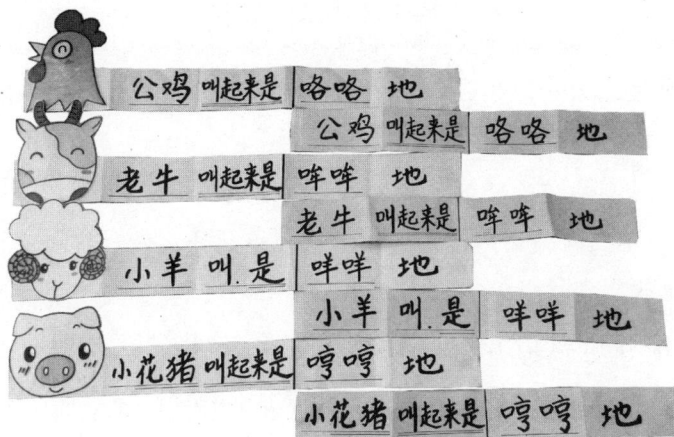

单元二　朋友多真快乐

● 活动1　朋友越多越快乐（歌唱活动）

活动目标

1. 掌握歌曲的旋律，理解歌词内容。
2. 能够用自然的声音表现歌曲的快乐情绪，体验朋友越多越快乐。

活动准备

歌曲《找朋友》（佚名词，林绿曲），歌曲《朋友越多越快乐》（潘振声词曲）；幼儿已会玩"找朋友"的游戏，事先由三位小朋友分别扮演小鸟、小羊、小鸭并会熟练演唱歌曲。

活动过程

1. 导入。集体游戏"找朋友"引出活动内容。

☆ 教师：请小朋友一起玩一个找朋友的游戏。请一位小朋友做邀请者，并随音乐中的歌词内容做动作，请站在圈上的小朋友为被邀请的小朋友拍手唱歌。

☆ 教师：你找到你的好朋友了吗？心情如何？

2．欣赏感知。幼儿欣赏歌曲《朋友越多越快乐》，了解歌词内容。

（1）教师请出第一位小客人"小鸟"。"小鸟"演唱第一段歌曲，引起幼儿活动兴趣。

☆ 教师：老师也有自己的好朋友，你们看这位小客人是谁？

☆ 教师：小鸟在什么地方？怎么唱歌？唱的什么歌？教师重复歌词，幼儿初步了解歌词。

（2）采用不同形式请出第二位客人，初步了解第二段歌词。

☆ 教师：请你听一听是谁在唱歌？他在什么地方？唱的是什么？

（3）教师请出第三位客人，初步了解第三段歌词。

☆ 教师：请你来猜个谜语，看看我的第三位朋友是谁？年岁并不大，胡子一大把，不论见到谁，都爱叫妈妈。

☆ 教师：小山羊在哪里唱歌？歌是怎样唱的？唱的是什么？

（4）教师范唱，幼儿完整欣赏。

3．探索发现。幼儿学唱新歌，掌握歌曲的旋律与歌词。

（1）幼儿学唱歌曲第一段。

☆ 教师：请你来听一听，小鸟的快乐心情到底是什么样的？怎么说的？教师范唱第一段。

☆ 教师：请你也说一说小鸟们的快乐心情好吗？老师说一句，小朋友跟老师学说一句。

（2）幼儿学说歌词，教师引导幼儿咬字清晰，声音放开，保持正确姿势演唱，用分句学说和完整跟说相结合的方法进行。

☆ 教师：请小朋友完整地跟老师一起说一遍歌词。

☆ 教师：你能试着唱一唱吗？幼儿尝试演唱。

（3）教师引导幼儿学唱歌曲第二段、第三段。

4．展示表现。幼儿完整欣赏，演唱歌曲。

（1）幼儿完整欣赏排练好的歌曲表演。

☆ 教师：请三位小客人将这首《朋友越多越快乐》的歌完整地唱一唱。

如果你们也会，可以小声地跟着唱。

（2）幼儿尝试演唱。

☆ 教师：请小朋友和小客人一起听着音乐完整演唱一遍，注意唱的时候咬字清晰，声音放开，姿势正确。

5. 结束。再次游戏"找朋友"，体验朋友多及与朋友游戏的快乐。

活动建议

1. 本首歌曲为C调，最高的音域达到了高音"re"，对幼儿来讲掌握起来有难度，因此可以根据幼儿情况调整为B调或降B调。

2. 在幼儿掌握本歌曲歌词后，教师可以组织相关的活动或者利用过渡时间，请幼儿尝试歌词创编。

3. 为了让幼儿能更好体验朋友越多越快乐的情感，结束环节的游戏"找朋友"可以请多名幼儿到圈内做邀请者，圈上的小朋友拍手唱歌。当唱到"找到一个好朋友"时，邀请者马上停下来找到一个站在圈上的伙伴。相互行礼后，两位幼儿面向同一方向，一前一后，被邀请者将双臂搭在邀请者的肩部，继续随邀请者去找新朋友，最后看哪队找到的朋友多。

活动2　照镜子（艺术游戏）

活动目标

1. 在听辨游戏中发展观察、模仿、创造的能力。

2. 体验与伙伴游戏的快乐。

活动准备

人手一面镜子，音乐《找朋友》，教师自选一首乐曲作为教师的表演音乐；幼儿有对着镜子做动作的经验。

活动过程

1. 导入。幼儿与同伴歌表演《找朋友》，萌发参与活动的兴趣。

☆ 教师：小朋友们，你们今天心情好吗？请你用自己甜甜的笑容、动听的歌声、美丽的舞蹈和周围的小朋友打个招呼吧！

2. 欣赏感知。引导幼儿玩艺术游戏"照镜子"，观察镜子里自己的姿态和动作，体验照镜子的乐趣。

☆ 教师：小朋友们都照过镜子吗？请你对着镜子做个动作，看看镜子里的你是什么样子的？

☆ 教师：小朋友，你看看，他做的是什么动作/表情？请你来学一学。教师请个别幼儿表演。

3. 探索发现。幼儿欣赏教师表演，激发幼儿表演兴趣。

（1）欣赏教师的角色表演。两位教师配合音乐节奏，运用夸张的动作模拟表现镜中、镜外人物的动作。

☆ 教师：老师的动作有什么特点？两个人的动作怎样才能统一？

（2）引导幼儿欣赏乐曲，感受乐曲的性质。

☆ 教师：请小朋友边听音乐边想一想，自己想做什么样的动作？

4. 展示表现。幼儿两两合作，尝试角色游戏。

☆ 教师：我们听音乐一起试一试，看哪两位小朋友配合得最好！

5. 结束。教师播放《找朋友》音乐，活动自然结束。

活动3 好朋友手拉手（剪纸活动）

活动目标

1. 学习二方连续的剪纸方法。
2. 体验与同伴交流的快乐。

活动准备

手拉手剪纸范例、图示、长方形白纸、剪刀、彩笔；幼儿有对称剪纸经

验，会看图示。

活动过程

1. 导入。教师出示剪好的范例，引发幼儿参与活动的兴趣。

☆教师：请小朋友猜猜我剪的是什么？

2. 欣赏感知。幼儿观看范例，猜想制作方法。

☆教师：请小朋友看看现在剪的和以前对称剪的有什么不一样？

☆教师：请你猜猜这是怎么剪出来的？

3. 探索发现。幼儿尝试剪纸。

（1）幼儿用白纸进行第一次尝试。

☆教师：请小朋友自己来试一试，怎样剪出拉着小手的小朋友？

（2）教师出示图示，引导幼儿观察图示并发现问题，鼓励幼儿进行第二次尝试。

☆教师：请你看看图示，你的方法和图示的方法一样吗？你是怎么做的？幼儿发现方法，与教师分享，并再次尝试二方连续剪法。教师可以边示范边提示幼儿要区分开口边和不开口边，画人形时一定要从不开口边起笔，人物轮廓某一部分（手或衣服）要画到不开口边处且不能剪断。

4. 展示表现。幼儿说说自己的好朋友。

☆教师：请你说一说，你剪的好朋友里都有谁？

5. 结束。教师激发幼儿在活动区中继续尝试的兴趣。

☆教师：小朋友剪得都很漂亮，老师还在美工区投放了很多不同模具，请小朋友也去试一试，剪出更多漂亮的剪纸，好不好？

活动建议

1. 引导幼儿掌握二方连续的方法有很多种，教师要结合本班幼儿的学习特点实施教学。如先提供步骤图，鼓励幼儿参照提示进行尝试，这种形式属于模仿学习，可以锻炼幼儿的读图能力。另外还可以让幼儿直接猜测制作的方法，在没有任何提示的情况下进行自我摸索尝试，然后通过经验分享、与步骤图对比来发现问题，找到方法，再次尝试，这种方法属于探索实践法，可以培养幼儿的探究意识，提升发现和解决问题的能力。

2. 教师可提供多种形式的材料支持不同水平幼儿的需求。如用硬纸板做半个人造型的模子，提前在纸上画好虚线，帮助幼儿掌握纸的折法，在折好的纸上画上折印，并在不剪开口处用笔做上记号提示幼儿等。

活动资料

[步骤图]　　　　　　拉 手 小 人

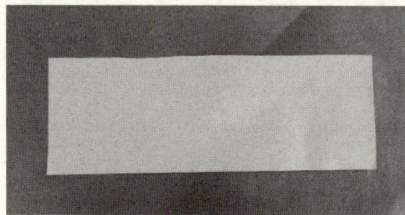

1. 准备长方形纸

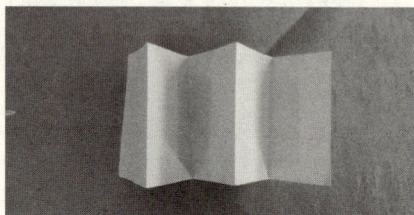

2. 将纸正反折，折成宽一些的小扇子

3. 把小扇子折好，平放在桌子上

4. 用笔画出小人的轮廓，手部要和纸边相连

5. 用剪刀沿人的轮廓剪下来，打开即成

活动4　抢椅子（音乐游戏）

活动目标

1．根据音乐快慢、高低变化，变换舞步。
2．体验与同伴共同游戏的快乐。

活动准备

幼儿掌握小跑步、小碎步、跑跳步、踵趾步等舞步以及蹲走和踮脚走等步伐，熟悉游戏音乐。

活动过程

1．导入。幼儿随音乐做动作进入教室。

☆教师：请小朋友仔细听音乐，跟老师一起做动作进入教室。

2．欣赏感知。教师熟练弹奏一首欢快的钢琴曲，可以在不同的音区弹奏，也可以改变速度弹奏，引导幼儿感知音乐高低、快慢。

（1）教师分别在高音区、低音区弹奏，幼儿欣赏。

☆教师：小朋友，你听听这两段音乐有什么不一样？

（2）教师分别快速、慢速弹奏，幼儿欣赏。

☆教师：小朋友，你听听这两段音乐又有什么不一样？

3．探索发现。幼儿根据音乐性质，选择舞步。

（1）教师弹奏完整音乐，引导幼儿根据音乐的高低快慢选择不同舞步。

☆教师：请小朋友完整欣赏一遍音乐，想一想在音乐中不同的部分你会做什么动作？请你听音乐试一试。

（2）教师与幼儿协商，统一高低快慢音乐部分的舞步。

☆教师：小朋友，我们在高音和低音部分分别选择哪个动作最合适？

☆教师：快的部分和慢的部分分别选择哪个舞步最合适？

4．展示表现。教师介绍规则，幼儿完整游戏"抢椅子"。

☆教师：请小朋友一定要用耳朵认真听音乐做动作，音乐一结束马上找椅子坐下。

5. 结束。幼儿听音乐出教室。

⭐ 教师：今天小朋友玩得都非常开心，我们下节课再来玩这个游戏好不好？

幼儿园综合艺术教育课程 大班

活动资料

[游戏玩法]　　　　　　　　**抢 椅 子**

所有幼儿用自己的椅子围成一个大圈，并站在自己的椅子后面，请一名幼儿搬椅子到圈中，教师交替弹奏高音区和低音区。当出现高音时，站在圈中的小朋友站在自己的椅子后面，圈上的幼儿蹲在椅子后面；当变成低音时，站在圈中的小朋友蹲在椅子后面，而站在圈上的小朋友起立；听到连贯的上行琶音时所有的幼儿转身叉腰，圈中的小朋友也立即插到队伍中，按音乐的变化做相应的舞步。音乐进行中，教师抽出一把椅子。音乐停止，大家立刻去找圈上的椅子坐下，没有抢到椅子的幼儿给大家表演节目。新一轮游戏开始。

活动5　节奏棒敲起来（歌唱活动）

活动目标

1. 探索立体节奏，发展节奏感。
2. 能够模仿、创编简单的节奏短句，体验与同伴合作游戏的乐趣。

活动准备

教师自选一首两拍子乐曲作为进场曲，节奏棒若干；幼儿已掌握歌曲《节奏歌》。

活动过程

1. 导入。

幼儿站成两路纵队，两人一组，伴随进场曲，脚下做左右踱步，手持节

奏棒敲打教师要求的固定节奏型，做行进律动入场落座。

☆ 教师：请小朋友仔细听音乐，随乐曲做左右踵步，同时按照 ×× | ×× × | 这个节奏，看看哪对舞伴的动作最优美，节奏棒敲得与音乐最合拍，配合得最默契。

2. 感知表现。幼儿复习歌曲。

☆教师：请大家一边按照《节奏歌》中的节奏敲起手中的节奏棒，一边演唱。

3. 探索发现。幼儿在欣赏、对比中感知立体节奏。

（1）教师示范。两位教师配合，伴随《节奏歌》一人敲节奏，一人敲节拍，幼儿带着问题安静欣赏。

☆ 教师：我们敲的和你们敲的有什么不一样？

（2）经验梳理。

☆教师：分别用节奏、节拍同时为同一首歌曲伴奏叫作立体节奏。

（3）幼儿分组尝试立体节奏。

☆ 教师：请你和身边的小伙伴按照我们的方法合作试一试。尝试过程中遇到什么问题？应该如何解决？谁愿意帮助他们解决问题？

（4）全体伴随歌曲尝试立体节奏。

☆教师：让我们一边唱歌一边用立体节奏来为歌曲伴奏。

（5）幼儿根据内在节奏尝试立体节奏。

☆ 教师：请你再和小伙伴一个敲节奏，一个敲节拍，再来试一试，不过这回我们可要加大难度啦——两个人嘴里不能出声，只能在心里说歌词或者唱歌词，看看哪组配合得最默契。

☆ 教师：两个人在合作时应该注意什么，节拍和节奏就能敲整齐？

4. 结束。节奏游戏"节奏棒敲起来"。

☆ 教师：请每个小朋友随着音乐的节拍，创编一个节奏，和大家分享。

活动资料

［游戏玩法］　　　　**节奏棒敲起来**

幼儿手拿节奏棒，围成圆圈，由教师指定一位小朋友做第一个打节奏的人。在音乐的伴奏下，幼儿敲击自己创编的节奏，其他幼儿模仿该幼儿的节奏。可换下一个小朋友继续进行。

主题三

快乐的小剧场（上）

主题概述

　　戏剧是一门综合的舞台艺术，具有知识传递、道德教化、群体娱乐、艺术审美等多维的功能。戏剧与幼儿更有一种天然的、和谐的联系。幼儿天生喜欢装扮和幻想，对他们而言，将身体和声音作为表达和沟通的工具，尝试扮演不同的角色、想象情境、揣摩故事就是体验社会、体验生活。为此，我们设计了"快乐的小剧场"这一主题，希望通过戏剧主题活动引导幼儿认识戏剧，喜欢戏剧，感受戏剧带来的成长与快乐。

　　本主题我们选用了哑剧形式的动画片《三个和尚》及童话剧《小熊请客》两个作品。在"三个和尚"单元中，以三个和尚的故事为线索，我们充分挖掘作品的教育价值：挖掘剧目中锣鼓经音乐特色，开展对比欣赏，引导幼儿分析小和尚、高和尚、胖和尚角色的不同特征；挖掘其美术教育价值，引导幼儿泥塑人物形象；挖掘其故事寓意及人物性格的教育价值，开展戏剧表演活动，引导幼儿更好地理解戏剧故事所传达的人文价值。在"小熊请客"单元中，引导幼儿制作表演道具及门票，并运用语言、动作再现角色，激发幼儿参与戏剧表演的兴趣。

　　在本主题活动中，我们希望能够最大限度地发挥戏剧的游戏性，充分挖掘戏剧主题的艺术及人文教育价值，让幼儿在赏戏、"学"戏、演戏的过程中喜欢戏剧，充分发挥主动性及想象力，更好地认识自己、了解社会。

主题活动网络图

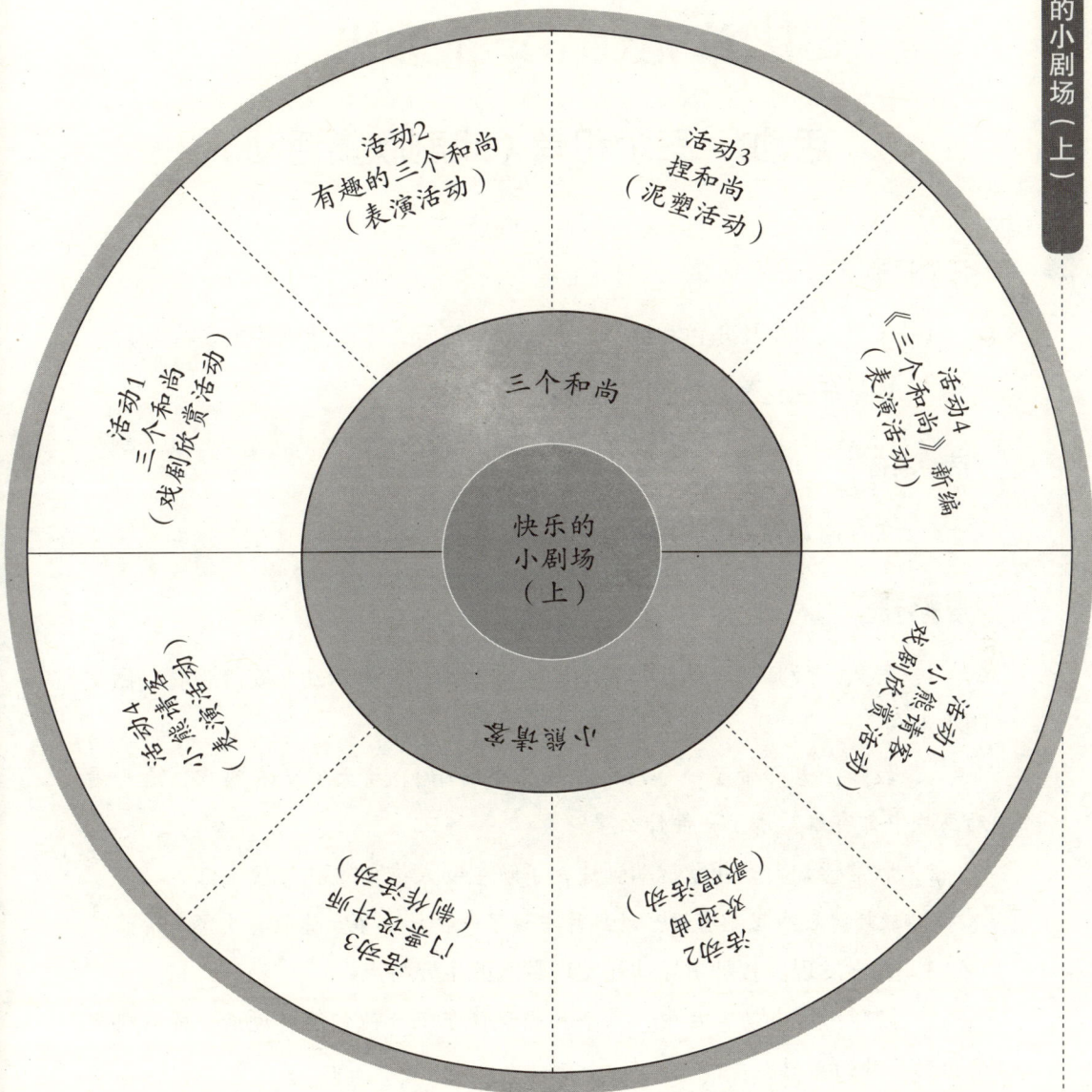

活动2
有趣的三个和尚
（表演活动）

活动3
捏和尚
（泥塑活动）

活动1
三个和尚
（戏剧欣赏活动）

三个和尚

活动4
《三个和尚》新编
（表演活动）

快乐的
小剧场
（上）

活动4
小熊请客
（表演活动）

活动1
小熊请客
（戏剧欣赏活动）

小熊请客

活动3
门铃响了
（制作活动）

活动2
捏动物
（泥塑活动）

47

综合艺术活动

单元一　三个和尚

活动1　三个和尚（戏剧欣赏活动）

活动目标

1. 了解故事主要角色和情节，理解故事寓意，了解默剧的主要特点。
2. 能够安静、专注欣赏，愿做文明小观众。

活动准备

《三个和尚》的动画片和歌曲。

活动过程

1. 导入。教师引导幼儿带着问题欣赏动画片，提示幼儿安静观看，做文明小观众。

☆教师：老师带了一个动画片《三个和尚》。请大家认真欣赏，看一看动画片中都有谁？讲了一件什么事？

2. 欣赏感知。幼儿欣赏动画片，了解主要人物和故事大意。

☆教师：故事里都有谁？动画片中说了一件什么事？你最喜欢哪个情节？

3. 探索发现。教师引导幼儿发现默剧的主要特点。

☆教师：这个动画片中，三个和尚说话了吗？他们没有说话，你从哪里看出动画片的意思？

☆教师：这个动画片中的三个和尚没有台词，只是用音乐和角色的动作来表现，这样的动画片叫默剧。

4. 结束。倾听歌曲《三个和尚》，巩固对故事情节与寓意的理解。

☆ 教师：我们来听一首歌曲《三个和尚》，听听歌曲中三个和尚的故事和动画片中的三个和尚的故事一样吗？这个故事告诉我们一个什么道理？

活动2　有趣的三个和尚（表演活动）

活动目标

1. 体验乐器及其音色与人物形象间的密切关系。
2. 体验戏剧表演的快乐。

活动准备

动画片中三个和尚出场时的音乐片段，三种乐器图片（高音板胡、坠胡、管子）；幼儿欣赏过《三个和尚》动画片。

活动过程

1. 导入。教师引导幼儿回忆故事角色，感知三个和尚造型的有趣。

（1）回忆故事主要角色，唤起幼儿兴趣。

☆ 教师：动画片《三个和尚》中都有谁？三个和尚各自有什么特点？

（2）初步模仿三个和尚的外形特点。

☆ 教师：谁能用动作来表现胖和尚、瘦和尚、小和尚的样子？

2. 欣赏感知。幼儿倾听三个和尚出场的音乐片段，了解演奏乐曲的乐器，体会音乐与人物特点之间的关系。

（1）听音乐、猜乐器。

☆ 教师：想不想知道这个故事是怎样用音乐来表现的？

（2）教师出示乐器的图片，简单介绍乐器的演奏方式和音色特点。

☆ 教师：演奏的乐器有板胡、坠胡、管子、木鱼，我们来看看这些乐器长什么样？

☆ 教师：板胡和坠胡都是拉弦类乐器，木鱼是打击乐器。

☆ 教师：这几种乐器都是咱们国家的民族乐器。你们还在哪里见过这些乐器？它们的声音是什么样的？

3. 探索发现。引导幼儿体会音乐与人物特点的关系。

（1）听音乐，猜角色。

☆ 教师：听听这段音乐有什么特点？像三个和尚中的谁？为什么？教师引导幼儿逐段重点欣赏三个和尚的出场音乐，引起幼儿关注音乐与角色性格的关系。

（2）对比欣赏小和尚、高和尚出场片段，进一步感知音乐与人物性格的关联。

☆ 教师：请你认真听小和尚和高和尚的音乐，哪儿一样？哪儿不一样？

（3）完整欣赏音乐，设计人物动作。

☆ 教师：请大家完整欣赏这三段音乐，听到谁出场时，就设计一个合适的动作。

☆ 教师：请你来表演一下你的动作，我们大家猜一猜你表演的是哪个和尚？教师观察幼儿的动作，引导有代表性或创意的幼儿表演自己的动作，其他幼儿可以模仿。

4. 展示表现。幼儿三人一组进行合作表演。

☆ 教师：请三个小朋友结成一组，来演一演三个和尚。小组成员商量一下，你们每个人都演哪个和尚？大家一起练一练。

☆ 教师：哪个和尚的动作让你印象深刻？为什么？教师邀请几组表演，引导全班进行评价。

活动建议

1.《三个和尚》动画片采用了凸显我国民族特色的管弦乐器进行配乐，运用板胡代表小和尚，坠胡代表瘦和尚，北方的管子代表胖和尚。在活动中，教师重点应放在对比倾听乐曲，感知、分辨、区分乐器的音色特点及与音乐形象的联系上，结合听音色、演角色的形式基础上，帮助幼儿进一步理解音乐与角色间的关联，形成听视同感。教师重点提示两种或三种乐器交替演奏表示两个或三个和尚交流的场景。

2. 在分辨出不同音色后，教师可为幼儿出示相应的乐器实物（如果没有实物，可利用图片代替），供幼儿欣赏，丰富幼儿的知识经验。故此，在倾听

表演的环节，也可在乐器的伴随下进行。

3. 在幼儿表演时教师可以提供一些简单的道具，如扁担、水桶等，让幼儿更好地体会故事情节并加以表现。

活动3　捏和尚（泥塑活动）

活动目标

1. 能按所捏物体的大小适量取泥，用团、搓、捏、粘的技能表现角色的体形特征，发展立体造型能力。

2. 体验泥工活动的乐趣。

活动准备

各色橡皮泥若干，垫板人手一份，陶瓷作品《三个和尚》；幼儿熟悉动画片《三个和尚》故事情节，在活动区进行过简单的捏泥活动。

活动过程

1. 导入部分。欣赏《三个和尚》音乐，引出活动主题。

☆教师：今天老师给小朋友们带来了一段好听的音乐，请你们认真听一听这是哪部动画片里的音乐？

☆教师：三个和尚都是谁？

☆教师：今天我把三个和尚也请到了咱们班，你们想不想见一见？

2. 感知欣赏。引导幼儿欣赏《三个和尚》陶瓷作品，观察其不同的形态造型特征。

☆教师：哪个是胖和尚？你是怎么看出来的？胖和尚的头是什么样的？像一个什么形状？身材是什么样的？

☆教师：哪个是高和尚？高和尚的样子有什么特点？头和身体的形状和胖和尚一样吗？

☆教师：哪个是小和尚？小和尚的样子有什么特点？小和尚的头和胖和

51

尚的头有什么不一样？身体和高和尚有什么不一样？

☆ 教师：你最喜欢哪个和尚，为什么？

3. 探索发现。幼儿探索合理的分泥方法，为泥工制作做好准备。

☆ 教师：小朋友，你们谁知道今天我们请来的这三个和尚是用什么方法制作的？对，是泥，但不是一般的泥，是陶泥，陶泥捏好形象后用高温烧成陶瓷。

☆ 教师：你们想不想也来做三个和尚？

☆ 教师：今天我们用橡皮泥来试一试。那捏之前我们先要做什么？（取泥）我们拿多少泥合适呢？每个和尚身体各个部分用泥一样多吗？哪个部分用泥最多？头比身体用泥呢？胳膊呢？（有几个部位就分几块泥，再根据各个部位的大小来分泥的大小。身体最大用大块，头用小点的，两只手臂用差不多大的泥）

4. 表现创造。幼儿根据自己的兴趣自由创造。

☆ 教师：请小朋友从三个和尚中选择一个自己最喜欢的和尚用橡皮泥捏出来，看看哪位小朋友捏得最像。

5. 结束。幼儿相互进行三个和尚的组合，感受合作造型的乐趣。

☆ 教师：今天我们用橡皮泥制作了三个和尚，以后小朋友就可以用他们讲三个和尚的故事了。

活动4　《三个和尚》新编（表演活动）

活动目标

1. 能利用表情、语言、肢体动作表现续编的故事情节。
2. 在合作表演中体验戏剧表演带来的快乐。

活动准备

教师事先续编三个和尚的故事，简单的道具（扁担、水桶等）、《三个和尚》配乐；幼儿已分组续编故事《三个和尚》，并绘画了相应的剧本。

活动过程

1. 导入。欣赏教师表演的续编故事《三个和尚》，感受续编故事的有趣。

☆ 教师：老师表演的《三个和尚》讲了一个什么故事？和动画片《三个和尚》一样吗？哪里不一样？

☆ 教师：这是老师们新编的《三个和尚》，小朋友觉得新故事怎么样？

2. 感知欣赏。幼儿分组讲述续编故事《三个和尚》，熟悉新剧本。

☆ 教师：你和谁一起续编的故事？请你讲一讲你们组续编的《三个和尚》。

3. 探索发现。教师引导幼儿分组排练新《三个和尚》，解决分组排练中的问题。

（1）引导幼儿排练前先进行讨论交流。

☆ 教师：排练前需要做哪些工作？（分配角色、了解出场顺序、确定上下场的位置）排练时要注意什么？（按旁白的讲述顺序表演，充分运用角色的表情语言和肢体动作，各角色上下场要紧凑、要面向观众）

（2）幼儿自主进行小组排练，教师进行随机指导。

☆ 教师：请小朋友们按组进行排练。

4. 展示表现。幼儿分组表演新《三个和尚》，用表情、语言、肢体动作表现续编故事中的情节及结果。

☆ 教师：哪个小组愿意为大家表演《三个和尚》的故事？

☆ 教师：他们表演得好吗？哪里好？请你给他们提点建议。

5. 活动结束。

☆ 教师：请小朋友们在区域活动中继续表演我们自己续编的故事《三个和尚》。

单元二　小熊请客

活动1　小熊请客（戏剧欣赏活动）

活动目标

1. 对故事中的角色感兴趣，喜欢模仿角色的语言、动作、神态。
2. 能认真、安静地参与欣赏活动。

活动准备

歌舞童话剧《小熊请客》，狐狸、小猫、小狗、小鸡头饰若干；幼儿对《小熊请客》故事情节及人物有所了解。

活动过程

1. 导入。教师引导幼儿回忆《小熊请客》的主要人物和情节。

☆教师：前两天我们欣赏过一部歌舞童话剧，谁还记得叫什么名字吗？

☆教师：故事里都有谁？故事讲了一件什么事情？

2. 欣赏感知。教师引导幼儿分段欣赏歌舞童话剧《小熊请客》。

（1）请幼儿欣赏小动物们初次遇到狐狸，与狐狸对话到狐狸生气地说自己去小熊家的片段，并进行角色分析。

☆教师：故事里是谁先出场的？请你们看一看狐狸出场时在做什么？说了什么？

☆教师：狐狸做了什么动作，让你看出来它是刚刚睡醒呢？

☆教师：狐狸说话的声音是什么样的？我们学一学狐狸说话的声音吧！

（2）分步播放小猫、小狗、小鸡出场时与狐狸的对话，引导幼儿进行模仿。

☆教师：小猫（小狗、小鸡）是怎样出场的？它的表情是怎样的？为什么它这样高兴？它的声音是什么样的？我们一起来学一学吧。

☆教师：狐狸看到小猫（小狗、小鸡）时是什么表情？它是怎样说的？

☆ 教师：小猫（小狗、小鸡）听到狐狸的话又是怎样说的？它说话时的表情跟刚出场时有什么变化？

（3）观看最后狐狸生气的片段，分析狐狸生气时的表情与声音。

☆ 教师：狐狸看到大家都不带它去小熊家，它的心情有什么变化？这时它说话的表情和声音有什么变化？

3. 探索发现。教师引导幼儿初步尝试分角色模仿。

（1）幼儿选择自己喜欢的角色分组模仿，教师念旁白，进行故事讲述。分组时可将演狐狸的分为三组，演其他小动物的分别为一组，请每一组狐狸和一个小动物角色进行搭配表演。

☆ 教师：我们一起来演一演刚才欣赏的片段好吗？你喜欢哪个角色？想一想这个角色说话的声音是什么样的？它的动作和表情又是什么样的？

（2）第一遍模仿表演结束后，请幼儿对表演进行相互评价。

☆ 教师：请你来说一说，你喜欢哪个狐狸的表演？为什么？（小猫、小狗、小鸡同上）

4. 展示表现。教师引导幼儿再次完整表演片段。

☆ 教师：这次我们再来表演一遍，别忘了将刚才小朋友们提的好建议或方法用上哦。幼儿戴上头饰再次完整表演片段，教师重点引导幼儿注意表现角色的表情和语气变化。

5. 结束。教师引导幼儿在表演角继续进行表演。

☆ 教师：小朋友们还想表演吗？我们将这些头饰放到表演角，感兴趣的小朋友可以在区域游戏时继续表演。

活动2 欢迎曲（歌唱活动）

活动目标

1. 了解对唱的歌唱形式，尝试运用分角色对唱的方式演唱歌曲。

2. 体验参与戏剧表演活动的快乐。

活动准备

《欢迎曲》(包蕾词，陈方千曲)，小猫、小狗、小鸡的头饰若干，小鱼、小虫、肉骨头三种食物的图片(或道具)；幼儿欣赏过《欢迎曲》片段。

活动过程

1. 导入。教师引导幼儿回忆歌曲，激发幼儿欣赏的兴趣。

☆ 教师：在《小熊请客》的故事中，小熊是怎样欢迎小客人的呢？

2. 欣赏感知。欣赏歌曲《欢迎曲》，了解歌词内容。

☆ 教师：小朋友都很喜欢《小熊请客》中的《欢迎曲》，我们一起听一听歌曲里都唱了些什么吧！

☆ 教师利用歌词当中的角色及食物道具，提示幼儿复述歌词。

3. 探索发现。幼儿学习歌曲，并掌握对唱的方法。

(1) 请幼儿欣赏《欢迎曲》小熊欢迎小猫的片段，提醒幼儿关注对唱形式。

☆ 教师：刚才剧中的那段歌是谁演唱的？它们是怎样演唱的？

☆ 教师：哪几句是小熊唱的？哪几句是小猫唱的？

☆ 教师：这种两个人一唱一答的演唱形式就叫作对唱。

(2) 教师和幼儿一起尝试用对唱的方法进行演唱。

☆ 教师：我们也来分角色，试一试用对唱的方式来演唱《欢迎曲》吧！

☆ 教师：我来做小熊，小朋友们做小猫，我们一起来试试！

(3) 教师对幼儿在试唱中出现的问题进行引导，重点是两个角色唱段的衔接。

☆ 教师：刚才在演唱中发现了什么问题？怎样才能唱好？我们再来试一试吧！

(4) 请幼儿再次欣赏片段，重点感受角色的情感，并引导幼儿富有感情地演唱歌曲。

☆ 教师：请你看看小演员是怎么演唱这首歌曲的？心情怎么样？我们也来用这种快乐、热情的声音演唱歌曲。

4. 展示表现。幼儿分组，进行对唱表现。

(1) 幼儿根据自己的兴趣选择角色。

☆ 教师：小朋友，你想扮演谁？

（2）教师将扮演同一角色的幼儿组成一组，集体进行完整对唱表演。

☆ 教师：扮演同一种小动物的小朋友组成一个大组，大家一起来唱《欢迎曲》。

☆ 教师：看看哪只小熊是最热情的小主人？哪只小动物是有礼貌的小客人？

5. 结束。

☆ 教师：我们把这段音乐放到表演角，感兴趣的小朋友可以到那里继续表演！

活动建议

1. 将歌曲原调C降到降B，更加适宜幼儿演唱。

2. 在故事中共有五首曲子（《到小熊家里去》《我才不带你》《朋友来了多高兴》《欢迎曲》《赶走大狐狸》），可分为3—4次活动完成，在区域活动、过渡环节中进行复习，在此只详细记录了其中一首歌曲的教学。其他歌曲可根据剧情，结合本班幼儿的实际情况，采用不同的教学形式。

活动3 门票设计师（制作活动）

活动目标

1. 尝试设计和制作门票。
2. 感受合作的快乐。

活动准备

幼儿和家长共同收集的各种门票，彩纸，绘画工具，教师写好剧目、地点的彩色纸条；幼儿表演过《小熊请客》剧目，对角色、剧情有所了解，对门票有初步了解。

活动过程

1. 导入。教师引导幼儿为《小熊请客》制作门票。

☆ 教师：我们班的小剧场现在演什么剧目？

☆ 教师：小班的弟弟妹妹也想欣赏，他们需要什么才能进入我们的小剧场？

☆ 教师：今天我们为《小熊请客》制作门票，送给弟弟妹妹。

2. 感知欣赏。教师引导幼儿观察门票，感知门票特点。

（1）幼儿观察门票实物，了解门票中的基本内容要素，包括剧目名称、时间、地点、座位号、观众须知等。

☆ 教师：为什么去剧场看节目，票是必须要带的？

☆ 教师：门票上都有什么？告诉我们什么？这些内容在门票的什么位置？

（2）对比观察使用过的票与没有使用过的票的区别。

☆ 教师：这两张票有什么不一样的地方？

☆ 教师：副券是做什么用的？

（3）观察门票背面内容。

☆ 教师：门票背面都有什么内容？为什么要这样规定？

☆ 教师：我们每个人都要遵守规则，做文明的观众。

3. 探索发现。引导幼儿解决制作门票中的难点问题。

（1）启发幼儿讨论确定剧目名称、表演时间、表演地点。

☆ 教师：我们来制作门票，剧目名称是什么？可以写在票上。如果你不会写，可以选择老师写好的小纸条贴在票上。

☆ 教师：小朋友想哪一天演？是几月几号？星期几？写在票上。

☆ 教师：我们要在哪演出？要把地点写清楚。

（2）讨论确定座位号并使座位号不重复的方法。

☆ 教师：票上还要写什么？你想写几排几号？如果我和你写的座位号是一样的，可以吗？为什么？

☆ 教师：小朋友怎样写座位号，才能使座位不重复？大家想个好办法吧。

（3）讨论观看规则的设计方法。

☆ 教师：门票上的规则都是用字写的，我们不会写那么多的字，用什么方法告诉小朋友我们的规则？

（4）鼓励幼儿有创意地进行门票制作。

☆ 教师：刚才我们看到的许多门票都很有自己的特点，想一想，《小熊

请客》的票怎样设计，才能更有创意，让观众一拿到票，就非常盼望着欣赏演出？

☆ 教师：我们都做设计师，来设计《小熊请客》的门票。

4. 展示表现。幼儿设计制作门票，教师进行指导帮助。

☆ 教师：老师为大家准备了许多不同的笔，还有彩色纸、剪刀，请大家根据自己的需要选择材料和工具。

☆ 教师：这里有写上字的纸条。你需要写字吗？我来帮助你。

5. 结束。大班小朋友送票，邀请弟弟妹妹欣赏演出。

☆ 教师：我们一起给小班的小朋友去送票，邀请他们来看我们的《小熊请客》！

活动资料

［设计参考］　　　　　　门　票

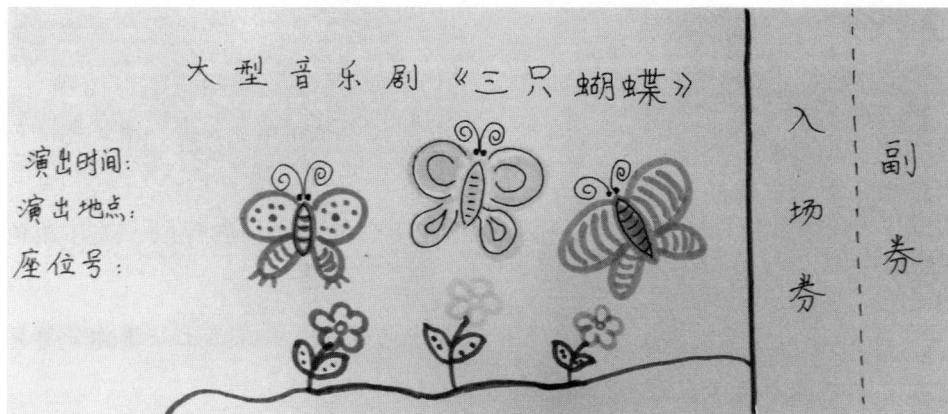

活动4 小熊请客（表演活动）

片段表演（一）——在路上

活动目标

1. 尝试用动作、表情、语言等形式再现故事情节。
2. 尝试用适宜的道具装扮自己，体验参与角色扮演的乐趣。

活动准备

小猫、小狗、小鸡分别出场的三段视频；幼儿已经完整欣赏过歌舞剧《小熊请客》，熟悉故事情节、人物台词、歌曲等。

活动过程

1. 导入。引导幼儿回顾剧目角色、情节，激发幼儿活动兴趣。

☆ 教师：我们这几天一直在欣赏歌舞剧《小熊请客》，说了什么事情？你对哪个角色印象最深刻？

2. 欣赏感知。幼儿欣赏小猫、小狗、小鸡分别出场的片段，关注角色心情。

☆ 教师：今天，请小朋友欣赏一遍其中的片段——在路上。请你安静欣赏后，告诉我，片段中有几个角色？

☆ 教师：每个角色的心情一样吗？有什么不同？

3. 探索发现。回顾故事情节，理解角色的情绪变化与情节间的关联，并尝试运用动作、表情、音色等方式大胆模仿、创造，为进行对手戏表演做准备。

（1）小猫和狐狸出场片段。

☆ 教师：小猫的心情怎样？从哪看出来的？为什么会高兴？学一学小猫开心的样子。

☆ 教师：狐狸的心情怎样？为什么？是怎样表演的？你会怎样表演？

（2）小狗和狐狸出场片段。

☆ 教师：小狗的心情怎样？你从哪看出来的？为什么高兴？

☆ 教师：现在狐狸的心情怎样？为什么？学一学！

（3）小鸡和狐狸出场片段。

☆ 教师：小鸡的心情怎样？你从哪看出来的？你来演一演。

☆ 教师：这次，狐狸的心情怎样？跟刚才有什么不同？你会怎样表演？

（4）讨论模仿三个小动物在声音上的特点。

☆ 教师：小猫、小狗、小鸡去小熊家都很高兴，但是他们见到狐狸时的态度一样吗？说话的声音一样吗？

☆ 教师：我们来学一学！

4. 表现创造。幼儿与教师表演片段——在路上，体验配合表演的乐趣。

☆ 教师与幼儿配合表演。教师演狐狸，幼儿演小猫等。

☆ 幼儿配合表演。一半幼儿演狐狸，一半幼儿演小花狗。之后鼓励幼儿分组表演其他角色，如小鸡、小猫，体会扮演多种角色带来的不同情绪体验。

☆ 幼儿尝试进行小组表演。

5. 结束。

☆ 教师：今天，我们一起合作表演了"在路上"这个片段，大家可以继续在表演区中扮演不同的角色。

片段表演（二）——到小熊家里去

活动目标

1. 运用声音、动作、表情等表现角色，表演故事情节。
2. 体会配合表演的乐趣。

活动建议

1. 在开始环节，教师可结合歌曲《欢迎曲》中的歌词内容，借助实物进行复习，重点是三段歌词的内容以及顺序。

2. 针对较简单的表演动作，可引导幼儿结合自己的理解并大胆创造。如结合小动物的性格特点，展示进入小熊家门的不同动态：小猫平稳地迈进门，表现了小猫温和、娴静的性格特点；小狗双脚并拢直接跳进门，表现了小狗活泼、顽皮的性格特点；小鸡先迈上门槛，再跳进门，表现了小鸡轻盈、小巧的性格特点。"小猫、小狗的进门动作哪不一样？""为什么？""你来学一学。还可以怎么做？"引导幼儿在对比欣赏、模仿中，发现小动物动作的不同，让幼儿在扮演中感受到模仿与创造的乐趣。

片段表演（三）——赶走大狐狸

活动目标

1. 运用歌唱、舞蹈等表现角色情绪，表演故事情节。
2. 体会配合表演的乐趣。

活动建议

1. 可请幼儿欣赏"赶走大狐狸"片段，感知角色的快乐情绪以及所运用的艺术手段，如歌声、舞步等。

2. 可请幼儿自由结组，结合自己的经验，进行大胆的舞步创编，表现快乐、喜悦的情绪。教师可运用启发性提问，引起幼儿对活动的兴趣与愿望，如："你开心的时候，会用什么舞步表演？""小猫呢？用什么舞步最合适？"

3. 在分享交流阶段，可采取教师评价、幼儿相互欣赏评价以及幼儿自评等方式进行，以丰富幼儿的表演经验。教师可重点引导幼儿对同伴间的相互合作进行评价，以加强幼儿的合作意识和能力。

4. 可将活动延伸到家庭中，开展"家庭剧场"活动，鼓励家长制作道具装扮表演，享受亲子共演的乐趣，感受参与艺术活动的快乐，加深对综合艺术活动的认识。请家长将表演道具实物以及表演过程的录像、照片等带到班上共享。

主题四

秋天的图画

主题概述

《纲要》中明确指出要"引导幼儿接触周围环境和生活中美好的人、事、物，丰富他们的感性经验和审美情趣，激发他们表现美、创造美的情趣"。季节的变化为幼儿提供了最直接的亲近和关注自然的大好机会。

秋天是美丽的季节。火红的枫叶、金色的田野、丰收的果实、怒放的菊花……可爱多姿的树叶信使，将秋天绚丽的色彩和丰收的喜悦带到人们的身边，给幼儿带来了无限的遐想，为此我们设计了"秋天的图画"的主题。

在本主题中，我们设计了"多彩的秋""小树的信""飘香的果""快乐出游"四个单元。"多彩的秋"单元通过家园活动、区域活动，引导幼儿观察发现身边自然景色的变化，感受秋天的多姿多彩；运用散文欣赏、绘画、歌唱等手段，引导幼儿表达对秋天的体验。"小树的信"单元主要引导幼儿细致观察、感受秋天的变幻，引发幼儿对秋叶的遐想。"飘香的果"单元运用布贴、舞蹈等艺术手段，调动幼儿利用多种感官充分地表现秋季大地丰收的快乐。"快乐出游"主要引导幼儿充分感受与同伴郊游的快乐。

在以季节变化为线索的主题中，我们希望引导幼儿去亲近大自然，仔细观察大自然的变化，发现变化中的美丽，并鼓励他们用不同的艺术形式表达自己对美的感受。

主题活动网络图

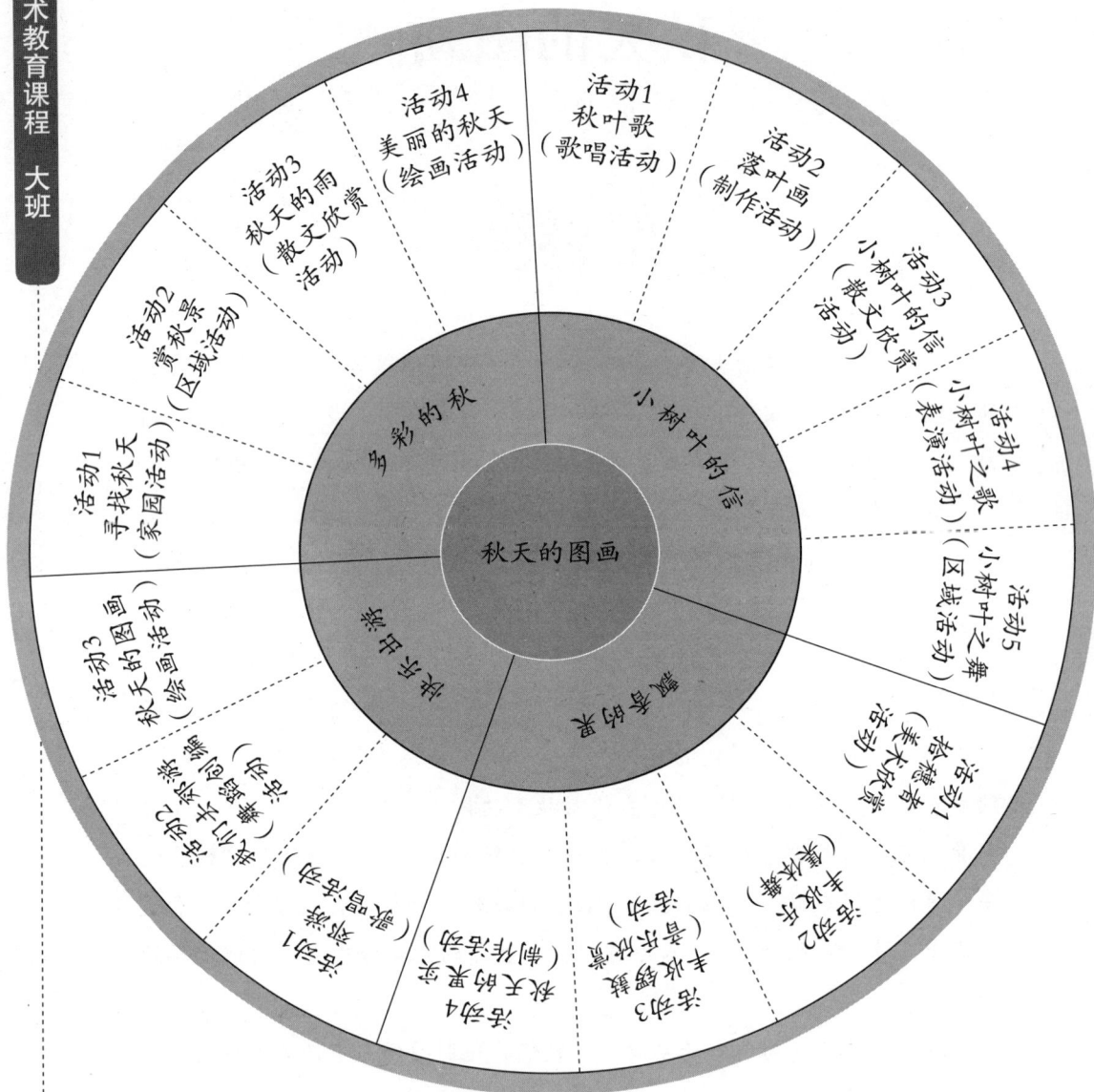

活动4
美丽的秋天
（绘画活动）

活动1
秋叶歌
（歌唱活动）

活动3
秋天的雨
（散文欣赏
活动）

活动2
落叶画
（制作活动）

活动2
赏秋景
（区域活动）

活动3
小树叶的信
（散文欣赏
活动）

活动1
寻找秋天
（家园活动）

活动4
小树叶之歌
（表演活动）

多彩的秋

小树叶的信

活动3
秋天的图画
（绘画活动）

秋天的图画

活动5
小树叶之舞
（区域活动）

丰收的秋

落叶的童话

活动1
摘果子
（美术欣赏
活动）

活动2
落叶娃娃
（手工制作
活动）

活动1
麦浪滚滚
（歌唱活动）

活动4
秋天的果实
（制作活动）

活动3
秋天的舞蹈
（表演活动）

综合艺术活动

单元一 多彩的秋

活动1 寻找秋天（家园活动）

活动目标

了解秋天的特征，感受秋天的美好。

活动准备

倡议书；幼儿有观察、感受大自然的经验。

活动建议

1. 活动前，教师应向家长说明活动的意义，使家长有目的地带领幼儿参与活动。

2. 教师和家长带领幼儿到大自然中观察秋天的美丽景色，捡拾落叶，充分感受秋色、秋景、秋韵，为后面的艺术活动奠定基础。

3. 在与大自然的接触中，教师和家长应用恰当的语言指导幼儿进行观察，例如，秋天是什么颜色的？你最喜欢秋季里的哪种树叶？为什么？教师和家长还应适时地引导幼儿围绕秋景秋色进行联想，抒发美好的情感，丰富艺术感受。

4. 在活动小憩时一起欣赏歌曲《郊游》，丰富活动内容，营造愉悦的氛围，感受郊游的快乐，同时为歌曲的学唱做铺垫。

5. 家长可带领幼儿来到田间观看秋收的场景，例如秋风中起伏的谷穗、收割机工作的情景，也可与幼儿共同采摘水果，亲身体验收获的喜悦。

6. 亲子活动后，家长及时记录、整理幼儿及自己在本次活动中的感受（文字、照片、影像材料、图画），带到班上进行分享交流。

活动资料

倡　议　书

亲爱的家长：

　　您好！

　　秋天来了，树叶像变魔术一样，从绿慢慢变黄、变红，用斑斓的色彩点缀着大地。美丽的树叶以其多彩的颜色、各异的形状为孩子们提供了欣赏自然的载体和艺术创造的空间，为此我们设计了"秋天的图画"这一主题，利用家园活动、区域活动、集体活动等活动形式，引导幼儿充分感受与同伴郊游的快乐，体验秋天的美丽与秋日活动带给人们的喜悦心情。

　　建议您利用休息时间，和孩子一起完成以下活动。

　　1. 收集不同形状、颜色、大小的落叶。在活动中请您鼓励孩子主动寻找和发现周围环境中人与自然的变化。

　　2. 用树叶创作树叶组画、添画。

　　请您用拍照、拍摄、文字等方式记录孩子的活动过程，带到幼儿园，让您的孩子与其他小朋友交流分享。

　　我们也将在美工教室举办展览会，展示亲子作品。

　　感谢您对我们工作的支持！

大班组全体教师

活动2　赏秋景（区域活动）

活动目标

1. 发现秋天的美，体会秋景给人们带来的不同感受。

2．体验表现秋天的艺术作品的意境。

活动准备

表现秋景的不同画作、摄影或视频等作品。

活动建议

1．组织家长、幼儿共同收集以秋为主题的艺术名品，例如凡·高的《向日葵》和《秋景》、米勒的《拾穗者》、李可染的《枯枝秋景黑条》等，以及陕甘风格的农民画如《秋趣》。

2．教师指导幼儿在欣赏作品时，应从秋景入手，感受秋季的色彩、情景，体会丰收、郊游及离别的"秋情"。可利用指导语："看到这幅作品你有什么感受？你想到了什么？你的心情是怎样的？"引导幼儿有目的、有层次性地进行欣赏。教师应明确活动的重点是通过视觉、触觉等感官，丰富幼儿对秋景的全方位感受，加深对秋的体验。

3．教师还可将收集来的各种资料布置到主题墙上。主题墙的内容应广泛、丰富，包括反映秋景的美丽图画、幼儿参与活动的感言等，有景、有情，使主题墙成为一幅具有艺术气息的和谐的图画，达到艺术资源共享，丰富幼儿艺术感知经验的目的。师生要在互动中逐步丰富主题墙，让环境成为艺术教育的资源。

4．主题墙上不仅要有幼儿的创作作品，同时要有高水平、艺术性强的教师作品。教师要尽力为幼儿创设艺术氛围，让幼儿在美的环境中得到熏陶，师幼共同在艺术活动中学习、发展。

5．可以在主题墙内创设秋天的摄影展，鼓励幼儿尝试运用摄影的形式捕捉秋天美丽的风景，进一步丰富、完善主题墙。摄影展可以是以家庭为单位投稿，也可以将家长和幼儿的作品分开展览。另外还可以投放一些专业人士的反映秋的摄影作品，拓展欣赏空间。在展览过程中可以鼓励作品作者（家长、幼儿、教师）充当讲解者，向大家介绍自己作品的创意、特点及要表达的感受。摄影展可以设立几个小奖项，如最佳构图奖、最佳创意奖等。

活动3　秋天的雨（散文欣赏活动）

活动目标

1. 了解秋天是美丽和丰收的季节，是动物和植物准备过冬的季节。

2. 感受秋天的美好，能大胆运用语言、绘画、肢体动作表达对秋天的喜爱。

活动准备

散文《秋天的雨》（陶金鸿文）及根据文意制作的幻灯片，乐曲《秋日私语》，水彩笔。

活动过程

1. 导入。教师说谜语，引发幼儿活动兴趣。

☆ 教师：请你安静地仔细地听谜面，告诉我这是什么？千条线、万条线，落入水中看不见。（谜底：雨）

☆ 教师：你是怎么猜出来的？雨是什么样的？

2. 欣赏感知。欣赏散文《秋天的雨》，鼓励幼儿运用语言大胆表达对秋天的感受。

（1）配着音乐《秋日私语》欣赏散文，感受秋雨的美丽。

☆ 教师：你觉得秋雨美吗？哪里美？

（2）观看幻灯片，理解散文内容。

☆ 教师：秋天的雨为我们带来了什么？

☆ 教师：散文里是怎么说的？

3. 表现创造。鼓励幼儿大胆通过绘画、肢体动作等，表达对秋天的喜爱。

（1）绘画表现。

☆ 教师：请你用画笔画出最喜欢的秋天景象，和大家一起分享吧！

（2）肢体动作表现。

☆ 教师：你想不想进入秋天美丽的图画中呢？我再来朗诵一遍，请你们用喜欢的动作来表现这幅画好吗？

4. 结束。鼓励幼儿大胆用语言自由表述自己对秋天的感受。

☆ 教师：请你用一句话说说你心中的秋天是什么样子的？

• 活动4　美丽的秋天（绘画活动）

活动目标

1. 掌握刮蜡画的基本技法。
2. 能运用适宜的色彩展现秋天的美丽。

活动准备

用白色油画棒涂满底色的白纸以及刮蜡画范画，彩色油画棒，刮画用的牙签，自编故事《小精灵画图画》，用体现秋景的图片制作的幻灯片，轻音乐《云淡风轻》；幼儿前期已欣赏秋季景色及有关艺术作品。

活动过程

1. 导入。教师讲述《小精灵画图画》的故事，引入主题。

☆ 教师：故事里的小精灵遇到了什么困难？

☆ 教师：小精灵画的春天、夏天、冬天分别是什么颜色的？

☆ 教师：小精灵没有画出秋天的图画，我们该怎样帮助他呢？

2. 欣赏感知。教师调动幼儿已有经验，为画秋景做准备。

☆ 教师：你心中的秋天是什么颜色的？为什么？

☆ 教师随机用语言总结幼儿的回答，并点击相应的秋色图片。

3. 探索发现。欣赏教师的刮蜡画范画，鼓励幼儿探索刮蜡画的方法，为进行独立创作做准备。

（1）欣赏教师范画，感知刮蜡画色彩鲜艳的特点。

☆ 教师：你们看，这是用什么方法画出来的秋天？

☆ 教师：和我们平常画的画有什么不一样？

（2）师幼共同讨论刮蜡画的绘制方式。

☆ 教师：孩子们，刮蜡画很特殊，用牙签在上面一划，就会出现美丽的图案。你们知道刮蜡画是怎么做的吗？

☆ 教师：小朋友可以把自己喜欢的表现秋天的颜色涂在已经涂满白色的纸上，涂好后再用牙签刮出你喜欢的秋天的景色。

☆ 教师：在用牙签刮画时要注意什么？（不要在纸上进行反复刮画，以免纸张破损）

4. 创造表现。教师鼓励幼儿大胆运用适宜的色彩表现自己心中的美丽秋景。

☆ 教师：我们一起帮小精灵画出美丽的秋天吧。

5. 结束。教师引导幼儿通过自评和互评的方式，丰富运用色彩的经验。

☆ 教师：请大家看看××小朋友的画，展现了秋天的什么？是用什么颜色表现的？

活动建议

1. 在活动之前教师可以请幼儿欣赏各种有关秋天景色的作品，引导幼儿观察作品使用的丰富的色彩。

2. 幻灯片中可选择一些单一色彩如红色、黄色、紫色等的图片，及一些突出色彩的秋季景色图片，如红红的枫叶、金黄色的麦田、橘色的南瓜等。

3. 可事先制作刮蜡纸，引导幼儿在活动区进行白色油画棒打底的活动，重点提示幼儿把颜色涂匀，这样才不会在进行刮蜡画时，将底色刮落。教师可以为幼儿提供能画出粗线条的工具。另外，为幼儿提供的纸张也不宜过大，方便幼儿较快地涂好色。

4. 在作品展示时，教师可选择在色彩上有代表性的作品进行点评，引导幼儿将重点放在色彩与秋景的有机结合上。例如黄色、橘色可以展现秋收的景象，蓝色可以展现秋高气爽的天空。色彩与秋景两者有机的结合，能更好地展现秋季的美景。

活动资料

[故事]　　　　　　　　　**小精灵画图画**

在森林里，住着一位小精灵。大自然妈妈送给他一盒五彩的颜色，请他为每个季节画一幅画。他画过嫩绿的春天，也画过浓绿的夏天，但等秋天来

到时，小精灵却睡着了，当他再睁开眼睛时已经是冬天了。小精灵很着急，他说："哎呀，我怎么睡着了，我还没有给秋天画画呢。可是秋天到底是什么颜色的呢？"

（北京市第一幼儿园/文）

单元二　小树叶的信

活动1　秋叶歌（歌唱活动）

活动目标

1. 能够理解歌词，并用歌声表现两段歌词的不同情感。
2. 尝试用肢体动作大胆地模仿表现秋叶飘落时的形态与情景。

活动准备

《小树叶》（陈镒康词，茅光里曲）及根据歌词自制的幻灯片；幼儿观赏过秋叶飘落时的情景，倾听过风吹树叶发出的沙沙声。

活动过程

1. 导入。教师请幼儿装扮成落叶，随音乐模仿落叶的动态进教室，引发幼儿参与活动的兴趣。

☆ 教师：我们都来变成一片小落叶，秋风吹来了，小落叶随风飞舞起来！

2. 欣赏感知。教师配合幻灯片进行歌曲的范唱，引导幼儿熟悉歌曲的旋律和歌词，感知体验歌曲的意境，引发幼儿的歌唱兴趣。

☆ 教师：今天，老师为大家带来了一个故事《小树叶》。

☆ 教师：大家刚才听到的歌曲里都唱了些什么？

3. 探索发现。幼儿学习演唱歌曲，尝试表达歌曲中两种不同的情感。

（1）教师引导幼儿回忆歌词，并进一步理解歌词。

☆ 教师：刚才歌曲里都唱了些什么？

☆ 教师：小树叶对大树妈妈说了些什么？

（2）教师运用画面帮助幼儿理解歌词。

☆教师：秋风来了，秋风来了，小树叶离开了妈妈。小树叶，你要飘向哪里？你害怕吗？

☆教师：小树叶沙沙沙，好像在说话，妈妈别难过，春天再来的时候，我会再回来……

（3）教师范唱歌曲《小树叶》，幼儿学习演唱。

☆教师：请小朋友跟着老师一句一句学唱歌曲，看谁唱得最生动。

☆教师：请小朋友和老师一起演唱《小树叶》，注意听前奏，听听谁的声音最好听。

4. 展示表现。教师将幼儿分为男孩组、女孩组，轮流进行演唱。

☆教师：让我们跟随小朋友的歌唱，学学落叶飞舞的样子吧！男孩演唱歌曲时，女孩扮演落叶随音乐进行表演；女孩演唱歌曲时，男孩扮演落叶随音乐进行表演。

5. 结束。幼儿随音乐边唱歌边表演飘落的树叶，碎步出教室。

☆教师：大家一起学小落叶，随着大风飞走啦！

活动建议

教师可根据歌词内容绘制连环画，进行故事讲述。

活动2　落叶画（制作活动）

活动目标

1. 能根据树叶的形状、颜色进行想象，创作树叶粘贴画。
2. 体验利用树叶制作粘贴画的乐趣。

活动准备

分别由两种、三种和多种落叶构成的落叶画范例，不同颜色、大小、形状的树叶，乳胶，棉签，剪刀，图画纸，湿纸巾或毛巾；幼儿在户外活动或

与家长共同进行过收集、整理、欣赏落叶活动，了解不同的树叶有不同的大小、形状和颜色。

活动过程

1．导入。教师依次展示落叶画范例，引导幼儿感知落叶画的色彩和造型美，激发幼儿的创作欲望。

☆ 教师：你最喜欢哪幅作品，为什么？

☆ 教师：这幅作品中使用了什么样的树叶？

2．欣赏感知。教师引导幼儿自选树叶，并大胆发挥自己的想象，根据树叶的形与色进行拼摆设计。

☆ 教师：想一想你准备做什么？需要什么颜色和形状的树叶？

☆ 教师：杨树叶像什么，利用杨树叶的心形可以做什么？

3．探索发现。教师引导幼儿合理使用各种工具，尝试独立或与他人合作，制作树叶粘贴画，感受利用树叶制作粘贴画的乐趣。

☆ 教师：想好了的小朋友可以先在纸上摆一摆，拼一拼，满意后再用胶把它们粘在纸上。

4．展示表现。教师引导幼儿大胆介绍自己的落叶画，鼓励幼儿相互学习，相互欣赏，体会欣赏交流的快乐。

☆ 教师：你的作品是怎样做的？

☆ 教师：请给这幅作品起个名字吧。

5．结束。教师帮助幼儿将祝福的话语写在作品之上，作为礼物送给亲人、伙伴，通过树叶画传情，体验亲情与友情。

☆ 教师：请小朋友说一句祝福的话，送给你想送的人。

活动建议

1．活动前，教师可提出几条要求：① 精心选择树叶；② 认真构思、合理布局；③ 先摆一摆再贴一贴；④ 可自由用剪刀修剪所需的形状；⑤ 正确使用各种工具。

2．在本次活动的基础上，可以进行延伸活动，如尝试学习书签的制法，表达对朋友、亲人的感情。

活动3　小树叶的信（散文欣赏活动）

活动目标

1. 体验散文的意境美和表达的亲情。
2. 能运用形体动作表现落叶的动态美。

活动准备

捡拾的落叶若干，自编散文《小树叶的信》，乐曲《变幻之风》（班德瑞），自选ABA段式音乐；幼儿在日常生活中观察并模仿秋叶飘落的动态，例如上下翻飞、旋转、飘落在地上、快飞、慢飞等，为歌表演积累经验。

活动过程

1. 导入。做落叶律动，唤起幼儿参与活动的热情。

☆ 教师：秋天来了，秋风吹，小树叶纷纷离开了树妈妈，请你想象一下，小树叶是怎样飘落的？

☆ 教师：我们一起来学一学树叶飘落的样子。

2. 欣赏感知。引导幼儿理解散文大意，体验配乐散文如画的意境。

☆ 教师：秋风吹起的时候，树叶宝宝们离开了妈妈。今天，老师捡到了一封小树叶宝宝写给大树妈妈的信，请小朋友们认真倾听。

3. 探索发现。教师引导幼儿在优美的语言中感受小树叶与大树妈妈间浓浓的亲情。

☆ 教师：请你说说听完信的感受。

☆ 教师：信里面说了些什么？小树叶都是怎样离开树妈妈的？

☆ 教师：离开树妈妈后小树叶去了哪里？做了什么事情？

4. 展示表现。幼儿扮演树叶，听ABA段式音乐表现树叶飘落的景象及小树叶对大树妈妈恋恋不舍的亲情。

☆ 教师：如果你是一片小树叶，当秋风吹起时，你想飘向哪里？

☆ 教师：你听，风来了，我们树叶宝宝怎样离开大树妈妈？

5. 结束。教师通过提问引导幼儿大胆想象，丰富他们的表演经验。

☆ 教师：你这片小树叶飘到了哪里？为什么要飘到这里？然后你会做些什么？

活动建议

1. 在背景音乐的选择上，应选用温柔的、舒缓的、能体现秋景意境的乐曲，使幼儿能通过乐曲感受小树叶与大树妈妈的爱。

2. 在活动中，教师应及时引导幼儿进行感知与表现，总结树叶飘落的多种姿态，如横飘、竖飘、摇摆飘、旋转飘、龙卷飘、上飘下飘等，帮助幼儿丰富感知经验，提高艺术表现能力。

活动资料

[散文]　　　　　　　　**小树叶的信**

亲爱的妈妈，今天，我离开了您，但我永远不会忘记我们在一起时的欢乐时光！

记得，当我还是一棵小嫩芽的时候，沐浴着阳光，喝着甜甜的雨水，慢慢地长呀长呀。有时我伸伸懒腰，有时我打打哈欠，在不知不觉中，我长高了，长大了，穿上了嫩绿色新装，微风一吹，在您的臂弯里轻轻地摇啊摇……

炎热的夏天，我们叶宝宝靠在一起给您遮挡烈日的阳光。我们紧紧地靠着，高高兴兴地互相帮助，相亲相爱。

秋天来了，风呜呜地吹呀吹，愈来愈大，我们被吹得晃来晃去，最后被吹掉了，离开了您，离开了您那温暖的怀抱。

我们飘呀飘，飘到了小山上，飘到了草地上，飘到了小河里，还有的飘落在您的脚下，一边睡觉一边为妈妈暖脚。妈妈，您放心吧，我会勇敢的，我会在小河边帮助小蚂蚁过河，我会在草地上帮助小蜗牛遮雨……妈妈，我会学好多的本领，做您的好孩子，等到明年春暖花开的时候我再回来陪着您，打扮您……

（北京市第一幼儿园/文）

· # 活动4 小树叶之歌（表演活动）

活动目标

1. 能够根据散文中的情节，大胆地进行角色表演。

2. 体验与伙伴合作表演的快乐。

活动准备

秋天的场景（包括大树、落叶、小山、草地、小河），各种树叶头饰,《变幻之风》。

活动过程

1. 导入。教师带领幼儿在音乐《变幻之风》的伴奏下，自由模仿树叶律动进教室，引发幼儿参与活动兴趣。

☆ 教师：秋天来了，秋风吹呀吹，小树叶们，让我们一起来随风飞舞吧。

2. 欣赏感知。回忆前期学习过的散文《小树的信》。

☆ 教师：这封信是谁写给谁的？为什么小树叶要给妈妈写信？写信时小树叶的心情是怎样的？引导幼儿回忆秋天小树叶与树妈妈依依惜别的感情。

3. 探索发现。教师引导幼儿在交流模仿中，大胆想象小树叶在不同季节中的不同情节，并能用动作表现出来。

（1）引导幼儿表现春季树叶的生长。

☆ 教师：春天的时候，小树叶在妈妈的臂弯里是什么样的？我们一起学学（幼儿可用双手合十来模仿嫩芽、钻头、伸长、慢慢长高、向上等动作）。

（2）引导幼儿想象夏季的小树叶。

☆ 教师：夏天的时候，天气怎么样？小树叶为什么要帮妈妈遮挡太阳？

☆ 教师：它们是怎样帮妈妈遮挡太阳的？动作是什么样的？我们一起学学（可用双手合十、在头顶、头侧等动作，蹲下、单腿跪、一个一个紧挨着，模仿小树叶群体遮挡）。

（3）引导幼儿表现秋季树叶动作特征。

☆ 教师：秋天的风有什么变化？微风的时候，小树叶是怎样的？我们一起学学（轻轻随风摇摆）。

☆ 教师：大风的时候，小树叶在做什么？我们来学学（动作幅度更大、悠起来、翻跟头）。

☆ 教师：风更大的时候，小树叶怎样了？它们是怎么飘落的？我们一起来学学。

4．展示表现。教师扮演大树妈妈，幼儿自选喜欢的树叶头饰并进行装扮，然后与同伴分组装扮表演故事。

（1）幼儿自选角色进行装扮。

☆ 教师：请小朋友把自己装扮成喜欢的角色和老师一起表演。

（2）幼儿分组表演。

☆ 教师：请小朋友自由结组，大家一起表演。表演的时候要注意，小树叶说话时要看着树妈妈和其他小伙伴。

（3）引导幼儿之间进行交流评价。

☆ 教师：请说一说你最喜欢谁的表演，为什么？

5．结束。自由律动出教室。

☆ 教师：小树叶们，我们一起去外面做游戏吧。

活动5　小树叶之舞（区域活动）

活动目标

1．能够与同伴协商分配角色。
2．学习选择适宜的材料、工具制作表演的道具。

活动准备

各种纸张、制作工具、辅助材料等。

活动建议

1. 教师可组织幼儿自愿结成小组，协商分配角色，例如大树妈妈、小树叶宝宝、蚂蚁、蜗牛及旁白等。幼儿可独立扮演某一角色，也可几人同时扮演同一角色，相互学习借鉴，为戏剧表演做好前期准备。

2. 制作道具时，教师可根据幼儿的水平为他们提供成品、半成品及原材料等，供幼儿挑选。制作时，教师可提问："你为哪个角色制作道具？你想运用什么材料？怎么做？"启发幼儿先思考、再动手，有目的地使用各种材料，同时也避免材料的浪费。

3. 教师投放的材料应该是环保、卫生的，可循环利用。

4. 道具的制作可多种多样，例如绘画制作纸质的小树叶胸卡，将绢质的树叶连接在一起围拢成环状，戴在头上装扮成大树妈妈等。

5. 区域活动前，教师应组织幼儿对剧中的各种角色进行分析，包括人物性格、人物间的关系、人物的心理变化等。

6. 教师还可带领幼儿一同商议、创设表演场景。此表演只需单一场景，所以除小河、草地这样的固定场景需要制作布置外，太阳、风这种简单的可变化的场景可由幼儿扮演，同时也使更多的幼儿能够参与到活动中来。

7. 教师应让幼儿在熟悉散文的基础上背诵散文或将散文录音，供戏剧表演时使用。

单元三　飘香的果

活动1　拾穗者（美术欣赏活动）

活动目标

1. 感受秋天主题绘画作品中独特的色彩运用。

2. 体会不同艺术表现手法的特征。

活动准备

法国著名画家米勒的画像及其油画作品《拾穗者》（可选择与米勒的作品

同时期的音乐作品作为背景音乐），何亚玲的作品《晒粮》，水彩笔，油画棒，毛笔，水粉颜料，绘画纸。

活动过程

1. 导入。引导幼儿认识画家米勒，了解油画的时代背景。

☆ 教师：这个人是谁？你们想了解有关他的事情吗？

2. 欣赏感知。欣赏油画《拾穗者》，理解油画表达的意义，萌发欣赏名画的兴趣。

☆ 教师：看到这幅油画，你有什么感受？

☆ 教师：你从油画中看到了什么？画中人正在做什么？

☆ 教师：猜一猜这是哪个季节？

3. 探索发现。教师引导幼儿观察色彩、构图、人物的造型。

☆ 教师：作品的近处和远处分别画了什么？

☆ 教师：画中的人们为什么要拾麦穗？她们是如何拾麦穗的？

☆ 教师：作品中用了哪些色彩？给了你怎样的感受？

☆ 教师：油画《拾穗者》中运用了大片的金色来表现秋天的丰收场面。田间收获了许多麦子，但是这些丰收并不属于那些付出艰辛劳动的农民，在收割完的地里有三个农妇在捡拾着遗落的麦穗，作为家里的口粮，维持生活，非常可怜。

4. 展示表现。教师出示何亚玲的《晒粮》，引导幼儿与《拾穗者》进行对比欣赏，感受秋季的主要色彩。

☆ 教师：在《晒粮》中，农民们收获了什么？丰收的气氛是怎样的？

☆ 教师：通过对比，你觉得《晒粮》与《拾穗者》有什么不一样？又有什么相同之处？

5. 结束。激发幼儿收集的兴趣，丰富欣赏经验。

☆ 教师：你还看到过哪些表现丰收的秋天的绘画作品？大家可以一起收集，在区域展出，与小朋友一起分享欣赏。

活动建议

1. 活动前，教师应先了解相关油画、农民画的特点，工具、颜料的要

求，提高自身的艺术修养。

2. 在欣赏活动后可组织延伸绘画活动，鼓励幼儿表现丰收的情景。绘画的指导重点是运用线条或色块大胆地表现秋天丰收的景象。在赏析幼儿作品时，教师应重点引导幼儿欣赏那些用色大胆，能运用明、暗交替的色块进行画面处理的作品，肯定幼儿充分运用色彩表现出自己对秋天的感悟以及对大自然的热爱。活动后，可将幼儿作品补充到主题墙中，作为艺术教育资源。

3. 可收集有关"丰收的秋天"的绘画作品，或教师有针对性地在美工区投放几幅米勒的其他美术作品和我们国家反映丰收的作品，如陈忠达和王复军的《丰收乐》、李克瑜的《丰收歌》等，让幼儿在欣赏、交流、对比中进一步感受作品的意境，理解作品的内涵，感受中外美术作品的艺术风格与特色。

活动资料

[人物简介]　　　　　　　　　米　　勒

米勒（Jean Francois Millet，1814—1875）是法国伟大的写实主义田园画家。他出身农民，一生描绘农夫的田园生活，笔触亲切而感人。代表作有《播种者》《拾穗者》《晚钟》等。《拾穗者》描写了农村麦收后的田野上三位农妇仔细捡拾遗落的麦穗的场景。

活动2　丰收乐（集体舞）

活动目标

1. 感受舞蹈反映的欢快、热闹的丰收场景。
2. 模仿舞蹈中的基本动作，体会舞蹈表演的快乐。

活动准备

儿童舞蹈《丰收乐》；幼儿前期已掌握了一些基本的舞步。

活动过程

1. 导入。

☆ 教师：今天老师请小朋友欣赏一段舞蹈，名叫《丰收乐》。

2. 欣赏感知。教师请幼儿初次完整欣赏舞蹈《丰收乐》，感受丰收的欢乐。

☆ 教师：请大家安静认真地欣赏，看看这个舞蹈是由谁表演的？他们在做什么？

☆ 教师：欣赏完这段舞蹈后，你有什么样的感受？

3. 探索发现。教师请幼儿再次欣赏，引导幼儿观察演员的表情、动作和服装色彩。

☆ 教师：演员跳舞的时候表情是什么样的？他们身穿的服装有什么特点？

☆ 教师：演员们都做了哪些动作？（甩绸、倒立、踢腿、扭屁股等）我们一起来学学。

4. 展示表现。教师播放舞蹈视频，引导幼儿随视频模仿动作。

☆ 教师：我们也一起来跳一跳吧。

5. 结束。

☆ 教师：我们跟着小演员一起跳起来吧！

活动3　丰收锣鼓（音乐欣赏活动）

活动目标

1. 初步认识常见的民族乐器。
2. 感受乐曲欢乐、快活的情绪。

活动准备

民乐《丰收锣鼓》（彭修文、蔡惠泉曲），反映丰收的图片，民族乐器如唢呐、笛子、二胡等图片（或实物）；幼儿前期已欣赏舞蹈《丰收乐》并掌握了一些基本的舞蹈动作。

活动过程

1. 导入。

☆教师：今天老师为你们准备了一首好听的乐曲，我们一起来欣赏吧。

2. 欣赏感知。完整欣赏乐曲，引导幼儿感受乐曲的情绪特点，猜测乐曲所表现的内容及场景。

☆教师：听完乐曲之后，你有什么样的感受？

☆教师：你觉得这是一首是什么样的乐曲？为什么？

☆教师：请你猜想一下乐曲中的人们正在做什么事情？

3. 探索发现。再次配图片完整欣赏，帮助幼儿理解乐曲的内容，感受人们丰收时喜悦激动的情绪，并初步了解常见的民族乐器。

☆教师：请小朋友再欣赏一次，你可以边听音乐，边欣赏画面，这样你就知道乐曲中的人们在做什么了。

☆教师：乐曲中的人们在做什么？你是怎么知道的？

☆教师：你们知道这首乐曲是用什么乐器演奏的吗？（出示唢呐、笛子、二胡等图片）

☆教师：这些乐器是我们国家特有的，用这些民族乐器演奏的曲子就叫民乐。这首民乐叫《丰收锣鼓》，表现了我国农民的劳动生活以及丰收时的喜悦之情。

4. 结束。

☆教师：让我们随着这首好听的乐曲一起跳舞吧（模仿图片中丰收时忙碌的动作）。

活动4　秋天的果实（制作活动）

活动目标

1. 能够大胆选布、剪布、贴布，掌握布贴的制作方法。

2. 体验合作布贴的乐趣。

活动准备

布贴实物作品1幅（布贴苹果），以红、黄、橙色为主色的已浆好的各种材质的布料若干，剪刀、胶棒（或糨糊）、白纸、铅笔，运用布贴制作的苹果树、橘子树、玉米地的背景板各1块；区域活动中教师已带领幼儿进行了识布、剪布、共同浆布等活动，幼儿欣赏过主题各异（如风景、人物、动物、植物等）的布贴画（视频）资料。

活动过程

1. 导入。带领幼儿回忆布贴画的特点，引发幼儿活动兴趣，为进行布贴制作做准备。

☆教师：前两天，我们一起欣赏了用一种新的方法制作的图画，小朋友们还记得是什么吗？

2. 欣赏感知。幼儿欣赏布贴画实物作品，通过观察、触摸等方式感受布贴作品色彩艳丽、造型立体的视觉特点。

☆教师：今天，老师请你欣赏一幅真正的布贴画。

☆教师：布贴画给你什么感受？摸一摸它有什么感觉？

3. 探索发现。幼儿尝试探索布贴画的制作方法，增强对布贴活动的兴趣。

（1）出示布贴实物作品。

☆教师：你猜猜这个苹果是怎么做的？

（2）鼓励幼儿探索布贴画的制作方法。

☆教师：请你试一试用布贴的方法制作一个苹果，并将你的好方法和大家一起分享。

（3）幼儿分享自己在制作过程中的方法和经验，教师在幼儿回答的基础上对制作方法加以总结。

☆教师：请你说一说你是怎样制作苹果的？

☆教师：用铅笔在白纸上画出水果的外形，并剪下，再将剪好的水果用胶棒粘贴在选好的布上，并沿水果轮廓剪下即成。

4. 展示表现。教师出示背景板，引导幼儿自由结组、合作创作主题布贴画《秋天的果实》。

✿ 教师：大家一起来制作一幅美丽的布贴画吧，看看哪组小朋友合作粘贴的作品最美丽。

5. 结束。教师带领幼儿将自己制作的布贴画装饰于班内环境中。

✿ 教师：我们将制作好的布贴画装饰到咱们班的主题墙上，让我们班变得更漂亮！

活动建议

1. 在活动前，可在区域中带领幼儿就布贴的选材、方法进行初步的探索尝试。例如，认识布料，丰富幼儿的知识经验；进行剪布、贴布的尝试，并将幼儿的探索结果进行比对记录（如哪种布料最好剪，同一种布料怎样剪最省力，布贴画用什么粘贴最好等）；了解浆布的过程，如浆布的时间、浆水的浓度、布料的类别等。

2. 浆布时可用布在调好的糨糊中浸泡，也可在水淀粉中浸泡，布变硬后拿出晾干即完成浆布。如果幼儿使用剪刀的水平很高，可以加强难度，直接为他们提供没有浆过的布。

3. 活动结束后，也可请幼儿品尝真正的秋季水果，真正体验丰收带来的美味和乐趣。

4. 在区域活动中，还可带领幼儿尝试选择泥塑、剪贴、陶艺等艺术形式表现秋天的果实。

单元四　快乐出游

活动1　郊游（歌唱活动）

活动目标

1. 掌握歌曲的歌词、曲调，初步了解ABA曲式的特点。

2. 能用歌声表现欢快活泼和优美抒情的不同情绪，感受与同伴郊游的快乐。

活动准备

将班级组织的郊游活动的资料（文字、照片、图画、影带等）加以整理并展出，歌曲《郊游》（徐玫怡词，黄钧玲曲）；幼儿已能按节奏说歌词。

活动过程

1. 导入。教师引导幼儿欣赏郊游照片，带领幼儿回忆郊游的经历，鼓励幼儿讲述自己郊游时的感受。

☆教师：在郊游时，我们都做了什么？

☆教师：郊游时你觉得开心吗？从哪儿可以看出你们特别开心？

☆教师：郊游活动留给你的最深印象是什么？

2. 欣赏感知。教师范唱歌曲《郊游》，引导幼儿初步了解歌曲ABA曲式的特点。

☆教师：歌曲分为几段？

☆教师：第一、第三段给你怎样的感受？第二段给你怎样的感受？

☆教师：第一、第三段曲式相同，我们用A来表示；第二段与它们不同，我们用B来表示，所以这首歌的曲式称为ABA。

3. 探索发现。引导幼儿掌握歌曲，并尝试用歌声表现歌曲中的不同情绪。

（1）教师分别以按节奏击掌和弹琴听旋律的方式指导幼儿复习歌词，加深对歌词的记忆。

☆教师：我们按节奏一起说一说歌词。

☆教师：我们听旋律一起说一说歌词。

（2）幼儿在教师的钢琴伴奏下逐段学唱歌曲。

☆教师：我们一起听琴唱。

（3）教师用提问的方式引导幼儿运用不同的情绪来演唱歌曲中的A段和B段。

☆教师：第一、第三段欢快活泼的时候，我们应该用什么样的声音演唱？

☆教师：第二段音乐优美抒情的时候，我们应该用什么样的声音演唱？

4. 展示表现。幼儿完整表现歌曲，并能运用歌声和简单的动作表现不同情绪，感受与同伴郊游的快乐。

☆教师：我们一起完整演唱歌曲，注意用歌声表现歌曲情绪。

☆ 教师：除了用歌声，我们还能运用什么动作表现郊游的快乐？

5. 结束。教师鼓励幼儿运用更加丰富的艺术形式来表现郊游的活动场景。

☆ 教师：除了用歌声表现歌曲以外，我们还可以在区域活动中尝试用乐器为歌曲配伴奏，或用绘画的方法大胆地再现快乐的郊游场景。

活动2 我们去郊游（舞蹈创编活动）

活动目标

1. 感受歌曲的情绪特点，根据歌曲节奏及歌词内容创编舞蹈动作。
2. 体验合作创编、表演的快乐。

活动准备

《郊游》的音乐伴奏；幼儿有外出郊游的经历且已熟练掌握歌曲《郊游》。

活动过程

1. 导入。教师弹奏歌曲《郊游》，幼儿运用各种欢快的舞步自由入场。

☆ 教师：你们看，天气多么好啊！我们一起去郊游吧！

2. 欣赏感知。教师运用提问的方式，鼓励幼儿与同伴分享自己所使用的舞步，为创编舞蹈积累动作经验。

☆ 教师：刚才你用了什么欢快的舞步去郊游的？

☆ 教师：我们一起学一学这些舞步。

3. 探索发现。幼儿大胆运用肢体动作和已掌握的舞步、手位组合，与同伴合作表达对歌曲的理解。

（1）教师通过集体演唱的形式复习歌曲的歌词与旋律，注意欢快活泼与优美抒情的不同情绪特点。

☆ 教师：我们学过一首《郊游》的歌曲，大家一起来演唱一遍，听一听歌里的小朋友是怎样快乐郊游的。

（2）教师以提问的形式启发幼儿运用不同的肢体动作表现郊游的愉快情

景，丰富幼儿舞蹈动作。

☆ 教师：我们在郊游的路上会怎么走？（小碎步、跑跳步、娃娃步等）这儿的风景真美丽，看到这么美的景色你会用什么动作来表达？（拍手、转圈、双手上举摆动等）

（3）教师鼓励幼儿以小组为单位，将已掌握的舞步和手位相结合运用到后面的舞蹈创编中，教师予以适当指导。

☆ 教师：请小朋友们自由组合，以小组为单位创编舞蹈。

☆ 教师：用什么动作表现歌曲中欢快活泼的部分？用什么动作表现歌曲中优美抒情的部分？

4. 展示表现。教师鼓励幼儿随歌曲伴奏大胆展示合作创编的舞蹈，体验与同伴合作创编、表演的快乐。

☆ 教师：你喜欢哪组小朋友的表演，为什么？

5. 结束。幼儿在欢快活泼的气氛中，按照歌曲的节奏自由离开教室。

☆ 教师：我们去大自然中郊游嬉戏吧。

活动3　秋天的图画（绘画活动）

活动目标

1. 体验秋天是丰收的、美丽的季节，感受秋天活动带给人们的喜悦心情。
2. 乐于自由表现对秋天的感受。

活动准备

将幼儿的有关秋季的美术作品进行分类布置，乐曲《秋日私语》，反映秋景、丰收的乐曲；幼儿已对秋季特点有了深入的认识。

活动过程

1. 导入。教师播放《秋日私语》，带领幼儿参观秋天作品展。

☆ 教师：今天老师带大家参观秋天的图画作品展，请大家遵守参观秩序，安静、仔细欣赏。

2. 欣赏感知。教师与幼儿边欣赏边交流对秋天的感受。

☆教师：秋天是什么样的？

☆教师：秋天给你怎样的感受？

☆教师：你最喜欢秋天的什么？

3. 探索发现。教师可播放反映秋景、丰收的乐曲，鼓励幼儿以歌舞的形式尽情感受和表现"秋"的意境以及丰收的快乐。

☆教师：秋天里小朋友都可以做些什么事？

☆教师：让我们一起随着音乐跳起来吧！

4. 展示表现。教师引导幼儿充分地想象，合理地布局，大胆地运用线条、色块表现秋天，再现美丽的秋景秋色，感受秋的魅力。

☆教师：请把你心中最美的秋天画出来吧！

5. 结束。教师与幼儿将作品布置到主题墙中，供幼儿间进行相互欣赏、学习。

☆教师：你觉得哪个秋天最美？为什么呢？

主题五

中华民族艺术园（上）

主题概述

我国是一个统一的多民族国家，由56个民族组成。各个民族都有神奇的传说，有动听的歌、优美的舞、精美的服饰、特色的美食，以及别具一格的建筑、工艺、绘画等。所有这些都是我们引导幼儿了解民族多样性、文化多样性很好的资源，为此我们设计了"中华民族艺术园"这一主题。

本主题设计了"我们是一家""奔腾的骏马""天山上的雪莲"三个单元，为幼儿重点介绍蒙古族与维吾尔族两个各具特色的民族。"我们是一家"单元通过参观景点中华民族园，引导幼儿体会藏族、维吾尔族独特的民俗风情，开拓幼儿的艺术眼界。"奔腾的骏马"单元以民族乐器为切入点，在配乐故事欣赏、歌唱、律动、情景表演活动中，引导幼儿积极地体验蒙古族音乐、舞蹈带给人们的美好情感，感受蒙古族人民的豪爽热情，体验民族艺术与生活之间的密切关系。"天山上的雪莲"单元，以民间故事为切入点，通过欣赏、表演、绘画、舞蹈、唱歌等艺术手段，让幼儿感知故事角色的不同造型，感受维吾尔族舞蹈的特点及维吾尔族人民的热情奔放、勤劳智慧。

这个主题引导幼儿在了解不同民族文化、艺术的过程中，提高民族自豪感，同时懂得尊重文化的多样性，欣赏艺术的开放性与包容性，知道我们56个民族是一家。

主题活动网络图

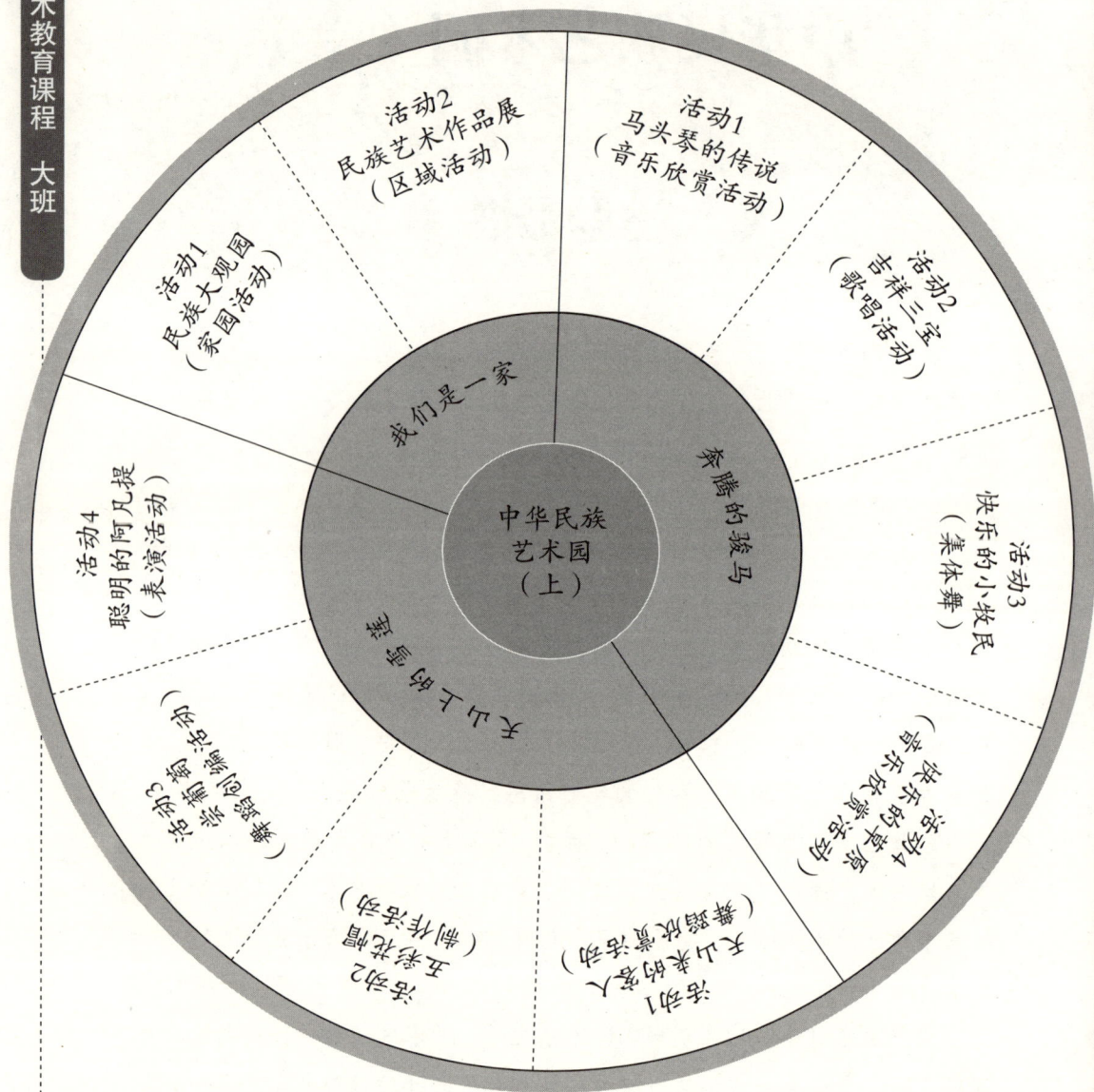

中华民族
艺术园
（上）

我们是一家

活动1
马头琴的传说
（音乐欣赏活动）

活动2
吉祥三宝
（歌唱活动）

活动3
快乐的小牧民
（美体操）

活动4
草原好声音
（音乐欣赏活动）

活动1
草原上的人们
（集体律动活动）

活动2
草原好声音
（音乐律动活动）

活动3
草原创想
（美术创想活动）

活动4
聪明的阿凡提
（表演活动）

活动1
民族大观园
（家园活动）

活动2
民族艺术作品展
（区域活动）

我们是一家

奔腾的骏马

综合艺术活动

单元一　我们是一家

活动1　民族大观园（家园活动）

活动目标

1. 感知少数民族的风土人情，萌发对少数民族文化的兴趣。
2. 丰富艺术欣赏经验，感受民族艺术的博大精深。

活动准备

倡议书。

活动建议

1. 以年龄班为单位，印发活动倡议书，向家长介绍本单元的艺术目标和发展价值，说明组织参观中华民族园的活动目的及需要家长配合收集的资料，取得家长的理解与支持，为活动的顺利进行打下基础。

2. 活动中重点引导幼儿对蒙古族、藏族、傣族、维吾尔族等少数民族服装、配饰、建筑、音乐和舞蹈、乐器等方面的欣赏，帮助幼儿积累相关的知识经验，引起幼儿对少数民族的了解与关注，感知我国民族的多元性。

3. 请家长协助记录幼儿参与互动活动的精彩瞬间和幼儿参观后的感想。同时，教师了解掌握幼儿的兴趣点，为开展单元活动奠定基础。

4. 如果没有参观民族园的机会，可欣赏介绍各民族风俗习惯、地域特点、服装服饰等的影视作品，帮助幼儿了解。

5. 建议在主题墙上呈现中国版图，可将幼儿收集的艺术作品按材质（纸、布、绢、木、泥、陶瓷等）、制作方式（绘画、剪纸、雕塑、摄影、蜡染等）、民族（蒙古族、维吾尔族、藏族、傣族等）、民族特色（建筑、服装、头饰、图案、音乐、人文景观、乐器等）分类布置到欣赏角，供幼儿相互交流，并随着单元活动的深入，将其分置到相应的中国版图中。

活动资料

倡 议 书

家长朋友：

　　您好！

　　我们的祖国是一个多民族的大家庭，大家庭里有一座美丽的艺术花园，绽放着色彩艳丽、形态各异、浓郁芬芳的民族艺术之花。动听的歌，优美的舞，神奇的传说，别具一格的建筑、工艺、绘画，精美的服饰……这一切都吸引、感染着孩子。为了能让生长在中国这片土地上的孩子从小能在这片独特的文化艺术园地里丰富他们的艺术感受和艺术想象，萌发艺术学习兴趣，关注、了解和认同民族文化，我们将进行"中华民族艺术园"主题活动，并组织家园活动——参观中华民族园，重点参观蒙古族、藏族、傣族和维吾尔族园区，帮助孩子积累相关经验，请家长在参观过程中协助教师记录孩子和演员互动的瞬间，并在活动后和孩子们谈谈这次活动的感想和收获。感谢您的支持和配合。

大班组全体教师

[环境创设参考]　　　　**民族大观园**

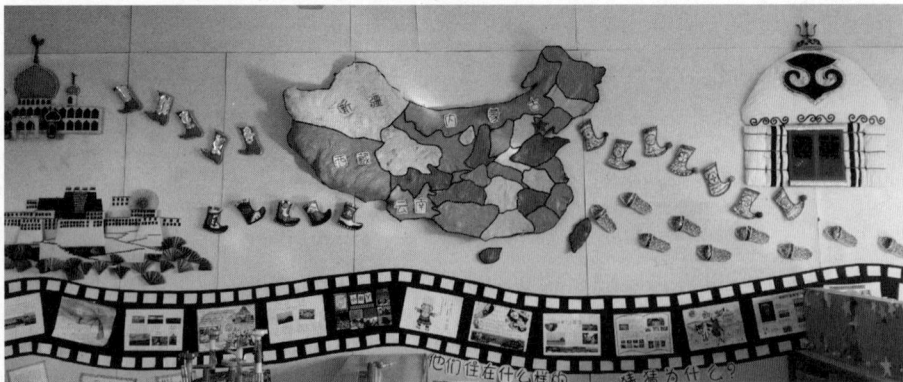

活动2　民族艺术作品展（区域活动）

活动目标

1. 体会民族艺术的多样性。
2. 萌发参与民族艺术活动的兴趣。

活动准备

提前布置收集来的各民族服饰、乐器等相关资料和物品。

活动建议

1. 将教师、幼儿、家长共同收集的艺术作品进行分类摆放，布置在欣赏角，为欣赏活动做准备。

2. 欣赏可按主题（服饰、建筑等）分2—3次完成。

3. 在欣赏中，重点引导幼儿对民族艺术作品的颜色、造型、花纹、图案等方面的感知。

4. 各班可从不同角度侧重布置一个主题内容，供同年级幼儿轮流欣赏，相互学习、交流。

单元二　奔腾的骏马

活动1　马头琴的传说（音乐欣赏活动）

活动目标

1. 理解故事主要内容。
2. 感受马头琴低沉、悠扬的音色。

活动准备

马头琴图片及马头琴演奏的乐曲，音乐《嘎达梅林》（三宝曲），自编故事《马头琴的传说》；幼儿初步了解蒙古族服饰、建筑、民俗、小吃以及主要活动等。

活动过程

1. 导入。

☆ 教师：小朋友们知道马头琴吗？马头琴是哪个少数民族特有的乐器？

2. 欣赏感知。引导幼儿了解马头琴的外形、来历和音色特点，激发幼儿对蒙古族特色乐器的关注。

（1）教师引导幼儿欣赏、观察马头琴的外形特点。

☆ 教师：今天老师为大家带来了一张图片，请大家看看图片上是什么？这个乐器长什么样？（这个乐器的名字叫马头琴，它是蒙古族特有的一种乐器）

（2）教师配乐讲述马头琴的传说，引导幼儿了解马头琴的来历。

☆ 教师：马头琴是蒙古族人很喜欢的一种乐器，你们知道马头琴上为什么有一个马头吗？今天我就来为大家讲述一个关于马头琴的传说。请小朋友认真听，听完后说说故事里发生了一件什么事。

（3）请幼儿欣赏马头琴乐曲《嘎达梅林》，激发幼儿对蒙古族音乐的兴趣与关注。

☆ 教师：下面请小朋友欣赏一首由马头琴演奏的乐曲《嘎达梅林》，听完后说一说你有什么感受。

3. 结束。

☆ 教师：我们一起听着马头琴的乐曲，到广阔的草原上散散步吧。

活动2　吉祥三宝（歌唱活动）

活动目标

1. 感受歌曲亲切、欢快的情绪，初步感知蒙文、汉文的不同。

2. 初步尝试用对唱形式进行说唱游戏。

活动准备

歌曲《吉祥三宝》蒙文版（布仁巴雅尔词曲）和汉文版（王宝词）、《吉祥三宝》表演视频；幼儿对蒙古族民俗、语言等相关知识有初步了解。

活动过程

1. 导入。教师说谜语引出蒙古族，激发幼儿参与活动兴趣。

☆ 教师：今天老师请大家猜个谜语，猜猜这是我们国家的哪个少数民族？青青草原上，牛羊遍地走，奶酒待宾朋，马背是我家。（谜底：蒙古族）

2. 欣赏感知。幼儿欣赏歌曲《吉祥三宝》蒙文版音频，引导幼儿初步感受蒙古族歌曲的韵味和语言的特色。

☆ 教师：今天老师请小朋友欣赏一首大家非常熟悉的蒙古族歌曲，名叫《吉祥三宝》。请告诉我听完这首歌你有什么样的感受？

☆ 教师：这首歌和我们平时听到的歌曲有什么不一样？你们知道歌词唱的是什么内容吗？

3. 探索发现。幼儿欣赏歌曲《吉祥三宝》汉文版音频，了解歌词的含义、歌曲的由来及其表达的情绪。

（1）幼儿完整欣赏作品，了解歌词的内容及含义。

☆ 教师：刚才我们听到的《吉祥三宝》是一个蒙古族的三口之家——爸爸、妈妈、女儿用蒙文演唱的，所以我们听不懂歌词的意思，我们再来听听用汉文演唱的，大家就明白了。

（2）欣赏后教师与幼儿交流讨论。

☆ 教师：刚才的歌曲中都唱了什么？

（3）教师介绍作品。

☆ 教师：这首歌的作者叫布仁巴雅尔，是这个蒙古族三口之家的爸爸。他有一个可爱的女儿，特别聪明，总有许多问题要问爸爸妈妈，每次爸爸妈妈都耐心地给她解答。后来，爸爸就把他们三口之间的对话写成了这首歌。歌的名字就是《吉祥三宝》。

☆ 教师：小朋友们想一想，歌曲中的三宝都指的是哪三宝呢？（在天空

中，太阳、月亮、星星是宝贝。在植物中，花儿、叶子、果实是宝贝。在一个家庭里，爸爸、妈妈、孩子是宝贝）

4．展示表演。幼儿欣赏歌曲视频，在尝试跟唱、对唱中，加深对歌曲内容的理解和感受。

（1）幼儿完整欣赏歌曲《吉祥三宝》的表演视频，体验作品亲切、欢快的情绪。

☆ 教师：我们来看看这个幸福的三口之家在春节联欢晚会上的表演。请大家注意爸爸、妈妈、女儿之间是怎么演唱的。这种有问有答的歌唱方式叫什么？（对唱）

（2）幼儿进行跟唱。

☆ 教师：我们边看表演，边跟着他们一起来试着唱一唱。

（3）幼儿尝试对唱。

☆ 教师：想学爸爸唱段的站到这边，想学妈妈唱段的站到这边，想学女儿唱段的站到中间，我们试着唱一唱。

5．结束。幼儿随音乐边唱歌边模仿蒙古舞步动作出教室。

活动3　快乐的小牧民（集体舞）

活动目标

1．尝试运用蒙古族舞蹈基本动作与同伴表现小牧民的快乐生活。
2．体验集体表演的乐趣。

活动准备

教师自编一段反映牧民生活的舞蹈《快乐的小牧民》；幼儿对蒙古族牧民生活、民俗活动等有初步了解。

活动过程

1．导入。引导幼儿交流讨论对蒙古族的印象，激发幼儿参与活动的兴趣。

☆ 教师：小朋友，你喜欢蒙古族吗？为什么？你最喜欢蒙古族的什么？

2. 欣赏感知。引导幼儿初次完整欣赏舞蹈《快乐的小牧民》，感受欢乐的劳动场面与生活场景。

☆ 教师：今天老师请大家欣赏一段舞蹈，名叫《快乐的小牧民》，看完后请你说说，这是哪个民族的舞蹈？

3. 探索发现。教师引导幼儿再次欣赏作品，重点观察舞蹈中有代表性的舞步动作，鼓励幼儿相互模仿。

☆ 教师：我们再来欣赏一次，看看小牧民们都做了哪些动作？他们是在做什么呢？

☆ 教师：谁能来学一学舞蹈里的动作？（甩肩、碎抖肩、提腕、压腕等）

☆ 教师：除了刚才我们看到的，还可以做哪些动作？

4. 展示表演。幼儿跟着舞蹈视频，尝试集体表演、分组表演，体会表演的成功与快乐。

☆ 教师：我们跟着小演员的表演，一起来跳跳吧！

☆ 教师：这次我们分组来为大家表演吧！

5. 结束。幼儿随音乐做骑马动作出教室。

☆ 教师：大家一起骑着小马，到操场去赛马吧！

活动4　快乐的草原（音乐欣赏活动）

活动目标

1. 能够大胆模仿、表现蒙古族小朋友的生活活动。
2. 感受装扮表演的快乐。

活动准备

反映蒙古族风土人情的纪录片《美丽的草原》，乐曲《草原赞歌》（吴应炬）、《我们是草原小牧民》（佚名词曲），自制马鞭、马头、发带、摔跤服、塑料桶、挤奶服等道具和服装，幼儿活动用的地毯，教室里创设蒙古草原的

97

场景（蒙古包、草地等）；幼儿前期对蒙古族风俗特点、生活活动（放牧、挤奶、摔跤等）有所了解，掌握了一些蒙古族舞蹈动作。

活动过程

1. 导入。教师引导幼儿欣赏纪录片《美丽的草原》，感受草原自然风光之美及蒙古族人开朗、豪放的性格。

☆教师：今天老师请大家欣赏纪录片《美丽的草原》。

☆教师：你看到了什么？有什么样的感受？

2. 欣赏感知。幼儿欣赏音乐《草原赞歌》，感受欢乐、快活、悠扬的蒙古族音乐，大胆畅想草原人们的生活场景。

☆教师：请大家欣赏一段好听的乐曲《草原赞歌》，想想这首歌唱的是什么地方？在那里有什么有趣的事情？

☆教师：如果你生活在大草原上，你想做什么有趣的事？（放牧、骑马、挤奶、摔跤、晒太阳、跳舞等）

☆教师：谁能用动作来学一学？

3. 表现展示。幼儿自由结组，大胆想象牧民生活，并尝试简单表演。

☆教师：你们想到了那么多快乐的事情，想不想和小伙伴一起来试一试？

☆教师：我们根据刚才大家说的，分成几个小组，把自己装扮成放牧、骑马、挤奶、摔跤、晒太阳、跳舞的小牧民。你想表演哪一个小牧民？请穿好服装，和同伴试试吧。

4. 展示表现。幼儿分组练习后，随音乐《我是草原小牧民》展示表演，同伴相互评价。

☆教师：我们随着音乐分组来给大家表演一下，哪组愿意先来？

☆教师：你觉得谁表演得好？为什么？

5. 结束。引导幼儿随音乐做骑马动作出教室。

☆教师：小牧民要去放牧啦！我们一起出发！

单元三　天山上的雪莲

活动1　天山来的客人（舞蹈欣赏活动）

活动目标

1. 感受维吾尔族舞蹈丰富的舞步及热烈的情绪。
2. 学习维吾尔族舞蹈的基本动作。

活动准备

维吾尔族花帽若干，歌曲《我们的祖国是花园》（田耳词，王厚臣曲），事先邀请一位维吾尔族的客人；幼儿事先参观了中华民族园，对维吾尔族风土人情有初步了解。

活动过程

1. 导入。教师引导幼儿回忆参观所见所闻，唤起幼儿已积累的关于维吾尔族服饰、发饰、歌舞等的感知经验。

☆ 教师：小朋友，你们参观了民族园，了解到有关新疆维吾尔族哪些方面的事情呢？

☆ 教师：今天老师请来了一位维吾尔族的客人，我们一起鼓掌欢迎她吧！

2. 感知欣赏。教师引导幼儿了解维吾尔族的语言和舞蹈。

☆ 教师：听一听，客人在说什么？你们听得懂吗？让客人告诉我们这句话是什么意思？你也来学学用维吾尔语打招呼吧。

☆ 教师：今天客人还为我们带来了一段维吾尔族舞蹈，我们鼓掌欢迎她为我们表演！

3. 探索发现。引导幼儿观察客人的舞蹈动作，客人有侧重地示范动作，如移颈、踏点步、进退步、三步一抬。

☆ 教师：客人带来的维吾尔族舞蹈带给你什么感觉？在舞蹈中你看到什么样的动作？你最喜欢哪个动作？

☆ 教师：我们和客人学一学动脖子，这可是维吾尔族舞中最典型的动作！

☆ 教师：两只手手心朝下，平放在下巴下，脖子左右移动，猜猜看这个动作是在表现人们什么样的情绪？（高兴）

☆ 教师：客人跳舞时用得最多的舞步是踏点步。踏点步中左脚全脚落地，右脚脚尖落地，重心在右脚。我们一起来试一试。

☆ 教师：维吾尔族主要生活在新疆，那里的人们不管男女老少都能歌善舞，他们的舞蹈热烈、奔放。

4. 展示表现。幼儿与客人进行即兴舞蹈，体验维吾尔族舞蹈。

（1）请客人为小朋友戴花帽。

☆ 教师：客人为小朋友带来了礼物，就是维吾尔族漂亮的小花帽，让我们都变成新疆小朋友，快乐地和客人跳舞吧。

☆ 教师：仔细看看小伙伴的小花帽和你的一样吗？

（2）客人与小朋友即兴舞蹈。

☆ 教师：看一看谁能把刚才学到的典型动作用到舞蹈中？我们听着《我们的祖国是花园》的歌曲，一起跳起来吧！

5. 结束。幼儿与客人再见，感谢她的到来。

☆ 教师：谢谢客人，有机会我们也到维吾尔族朋友的家中去做客。

活动建议

1. 在活动之前，教师要与客人进行沟通，使其了解活动的目的、内容、重点。如果不能邀请到维吾尔族客人，教师可以灵活安排，请其他班的教师装扮代替。

2. 教师可对维吾尔族主要生活地区（新疆）作简单介绍。

活动2　五彩花帽（制作活动）

活动目标

1. 了解维吾尔族花帽的特色。

2. 尝试设计独特的纹样进行装饰。

活动准备

A4纸、折纸步骤图、水彩笔每人一份，维吾尔族花帽（含巴旦木、吐鲁番花帽）的图片，做背景音乐用的维吾尔族音乐一首；幼儿已经了解了一些关于花帽的内容。

活动过程

1. 导入。

☆ 教师：跳新疆舞时，小朋友都愿意带上花帽，有什么方法让每个小朋友都有自己的花帽？

2. 感知欣赏。请幼儿欣赏观察不同种类的花帽。

☆ 教师：新疆维吾尔族男女都喜欢帽子。维吾尔族花帽的样式、花纹与图案都很不一样。我们欣赏了很多种花帽，你都记住哪种了？

☆ 教师边出示巴旦木花帽图片边进行讲解：为什么叫巴旦木？（新疆有一种很好吃的干果叫巴旦木，把它的果壳纹样当成装饰放在帽子上，所以叫巴旦木花帽）是男孩子戴的还是女孩子戴的？男孩子的帽子有什么独特的地方？男孩子的花帽还可以用什么纹样？（男孩子的花帽颜色比较深，图案比较少，上面还会有树叶、水、开心果壳、云彩的图案）

☆ 教师用图片引导幼儿对吐鲁番花帽与巴旦木花帽进行对比观察：它是男孩子的还是女孩子的？吐鲁番花帽和巴旦木花帽有什么不一样的地方？（吐鲁番花帽的颜色比巴旦木花帽要鲜艳，图案更加丰富，上面一般有花草、水果或者和大自然有关系的东西）

3. 展示表现。教师指导幼儿大胆设计花帽。

☆ 教师：我们也来设计一顶漂亮的花帽吧！你想用什么图案和颜色来装饰花帽？教师以花帽的常用颜色、纹样为主，指导幼儿进行有特色的装饰，展现花帽的精美与独特。

4. 探索发现。教师引导幼儿按折纸步骤图折花帽。

☆ 教师：请你想一想用什么方法可以把小帽子戴到头上？

☆ 教师：请按照步骤图自己折一顶新疆帽，然后进行装饰。

5. 结束。教师引导幼儿戴上自己制作的新疆帽，进行歌表演展示。

☆ 教师：把自己的新疆帽戴上，感觉怎么样？大家都变成维吾尔族小朋友了！让我们一起来跳个新疆舞吧！

活动建议

教师可提示幼儿帽子折好后，先不要急于打开，可在平面上装饰完成后再打开。

活动资料

[参考范例]　　　　　　　**维吾尔族花帽**

[步骤图]　　　　花　　帽

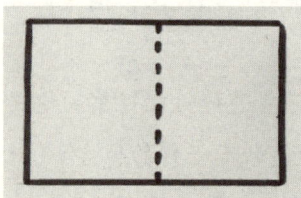

1. 将长方形短边对折

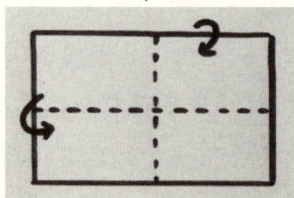

2. 将长方形长边对折

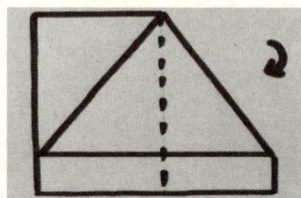

3. 从中间层往一边压折成三角形（反面同样）

4. 将三角形左右两侧沿虚线直边向内折（反面同样）

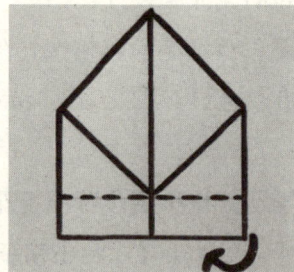

5. 沿虚线向上折

6. 从中间打开即成

[幼儿作品选登]　　　　维吾尔族花帽

活动3　尝葡萄（舞蹈创编活动）

活动目标

1. 尝试运用维吾尔族典型舞步及动作进行歌表演。
2. 体验维吾尔族舞蹈的优美与活泼。

活动准备

反映维吾尔族小朋友在葡萄园跳舞情景的图片、新疆马奶葡萄图片；幼儿事先练习过维吾尔族舞蹈典型舞步，熟悉歌曲《尝葡萄》（佚名）的曲调和旋律。

活动过程

1. 导入。教师出示维吾尔族小朋友在葡萄园跳舞的图片，引导幼儿欣赏、观察。

☆ 教师：你能看出这些小朋友是哪个民族的吗？从哪里看出来的？

☆ 教师：他们在做什么？在哪里看出来的？

☆ 教师：从他们的表情中，能猜猜他们的心情是怎么样的吗？

2. 感知欣赏。教师引导幼儿欣赏歌曲《尝葡萄》，并通过出示葡萄图片进一步掌握歌曲歌词、曲调。

☆教师：听一听新疆小朋友在歌曲里想告诉你们些什么事情？

☆教师：歌曲中都唱了什么？

☆教师：要问新疆有多美，请把什么水果尝一尝？你们吃过新疆的葡萄吗？是什么味道？

☆教师：小朋友都说很甜，新疆的葡萄是最好吃的。每到葡萄丰收的时候，维吾尔族朋友们就会在葡萄架下载歌载舞。

3. 探索发现。教师与幼儿共同创编《尝葡萄》，进行歌表演。

☆教师：我们也和维吾尔族小朋友一样，来跳一个舞吧！请小朋友三个人组成一个小组，用维吾尔族典型的动作和舞步表演《尝葡萄》，看看哪个组编得最美。

☆教师：可以选择什么舞步？摘高处的葡萄时动作有什么变化，眼神应该怎样？摘下来的葡萄如何放？用什么动作来表现自己高兴的心情？

4. 展示表现。幼儿利用提供的材料将自己装扮成新疆小朋友，分组展示。

☆教师：我看见一群漂亮的新疆小朋友，哪个组的小朋友愿意为我们表演？

☆教师：他们表演得怎么样？用了什么舞步和动作？

5. 结束。教师对幼儿的活动进行概括总结，引发幼儿对下一次活动的兴趣。

☆教师：今天我们的小朋友都变成了能歌善舞的维吾尔族小朋友了。新疆除了盛产水果，那里还有许多有趣的故事呢！下次我们一起去了解新疆有趣的故事吧！

活动建议

1. 平时应注意丰富幼儿维吾尔族舞蹈手位（高低手位、托帽手位、搭手等）、步伐（踏点步、进退步、三步一抬等）和移颈动作的练习。可以通过欣赏丰富的艺术作品（如影视作品、摄影作品、绘画作品等）进行经验积累。

2. 活动还可以延伸到区角游戏中，让幼儿继续创编表演。

活动4　聪明的阿凡提（表演活动）

活动目标

1. 理解故事内容，并尝试运用语言和肢体动作表现人物形象。
2. 能主动参与表演活动，体验与伙伴合作表演的乐趣。

活动准备

　　动画片《聪明的阿凡提》及其主题曲《小毛驴之歌》，与《神医》故事相关的演员道具、表演材料，事先请幼儿排练《神医》；幼儿已欣赏《买树荫》《种金子》《聪明的阿凡提》《兔送信》《真假阿凡提》等动画片视频，已欣赏动画片《神医》并了解了故事内容。

活动过程

　　1. 导入。教师扮作阿凡提入场，引发幼儿回忆欣赏过的有关阿凡提的故事。

　　☆ 教师：小朋友们，你们知道我叫什么名字吗？

　　☆ 教师：我生活在哪里？我是哪个民族的人？

　　☆ 教师：你们知道关于我的哪些故事？

　　2. 欣赏感知。请幼儿欣赏儿童表演剧《神医》。教师引导幼儿了解故事情节、主要人物角色特点。

　　☆ 教师：今天咱班来了一位小阿凡提，他给我们带来一个有趣的故事——《神医》。请大家欣赏后告诉我，今天欣赏的《神医》与以前欣赏的有什么不同？

　　☆ 教师：故事里面都有谁？讲了一件什么事？小演员的表演有哪些地方最吸引你？

　　3. 探索发现。引导幼儿学习运用夸张的语言和肢体动作表现角色形象。

　　☆ 教师：咱们也来表演《神医》这个故事好吗？你想扮演哪个角色？幼儿自由选择角色，分成小组进行排练（1组扮演阿凡提和小毛驴，2组扮演拔牙的人，3组扮演巴依老爷，4组扮演星相学家）。

☆ 教师：请你说一说你扮演的那个角色的特点（例如阿凡提机智幽默，拔牙人痛苦哀求，巴依老爷滑稽可笑，星相学家骄傲自满、目中无人）。

4．展示表现。师幼共同欣赏各组幼儿的表演，与同伴共同表演戏剧的快乐。

☆ 教师：哪组小朋友愿意为我们表演《神医》的故事？

☆ 教师：请你说一说谁的表演最吸引你？为什么？

5．结束。师幼在《聪明的阿凡提》主题歌的伴奏下一起离开教室。

☆ 教师：神医把大家的病都治好了，我们一起去赶集吧。

活动建议

1．表演活动前，可进行阿凡提角色造型的图片或实物欣赏，引起幼儿对人物的关注。也可为幼儿提供聪明的阿凡提的影像动画作品、文学故事供幼儿欣赏，让幼儿了解故事的主要角色、情节，掌握角色的特点，引发幼儿对故事情节的兴趣，为进行装扮表演活动做准备。

2．组织幼儿在区域活动中分组表演自己喜欢的阿凡提的故事，尝试通过肢体动作、口头语言和道具塑造角色，引起幼儿对表演活动的兴趣，为进行集体装扮表演活动做铺垫。

3．利用过渡环节带领幼儿欣赏《聪明的阿凡提》主题曲《小毛驴之歌》，丰富幼儿对阿凡提角色形象、性格特点的感知，进一步提升幼儿对活动的兴趣。

4．鼓励幼儿自由组合演出，排演感兴趣的阿凡提剧目；组织聪明的阿凡提专场表演会，请全园师生或家长一起欣赏，提升幼儿参与表演活动的兴趣，增强信心。教师可带领幼儿共同完成表演会的准备工作，如绘制演出海报，设计节目单、票，制作简单的道具等，提高幼儿对角色扮演的兴趣，体验分工合作的乐趣。

主题六

小戏迷（上）

主题概述

　　京剧是中国艺术的瑰宝，是世界戏剧艺术宝库中的一颗璀璨明珠。京剧中有精彩传奇的故事，丰富生动的角色形象，美轮美奂的脸谱造型、戏服道具，是集音乐、舞蹈、文学、美术、表演于一身，具有深厚中国历史文化底蕴的综合表演艺术。为了让幼儿了解京剧艺术，让优秀的传统文化艺术代代相传，我们根据幼儿认知特点，设计了"小戏迷"的主题，引导幼儿在听、看、画、演的艺术活动中，对京剧产生兴趣。

　　京剧脸谱是京剧舞台艺术美的集中体现。它线条精美，图案丰富，色彩斑斓，表现了角色丰富的精神内涵。而京剧中有"无丑不成戏"之说，丑角是京剧中的"相声"，戏剧中的"小品"，丑角的表演夸张、生动、形象、有趣，易被幼儿学习与模仿。因此，我们在本主题设计了"有趣的脸谱"和"滑稽的丑角"两个单元。"有趣的脸谱"单元通过欣赏、绘画、表演等艺术手段，引导幼儿观察、表现花脸脸谱的造型特点以及与人物性格的关系等，引起幼儿对花脸行当的兴趣。"滑稽的丑角"单元通过剧目欣赏、装扮表演等，引导幼儿尝试运用面部表情、动作模仿丑角行当幽默、夸张的表演，激发幼儿对京剧丑角行当的喜爱，体验表演的快乐。

　　在对幼儿进行京剧的艺术启蒙时，我们非常注意对内容及引导方式的选择，认真分析适合幼儿欣赏与了解的内容，努力在方式方法上激发幼儿们自主探究的兴趣。

主题活动网络图

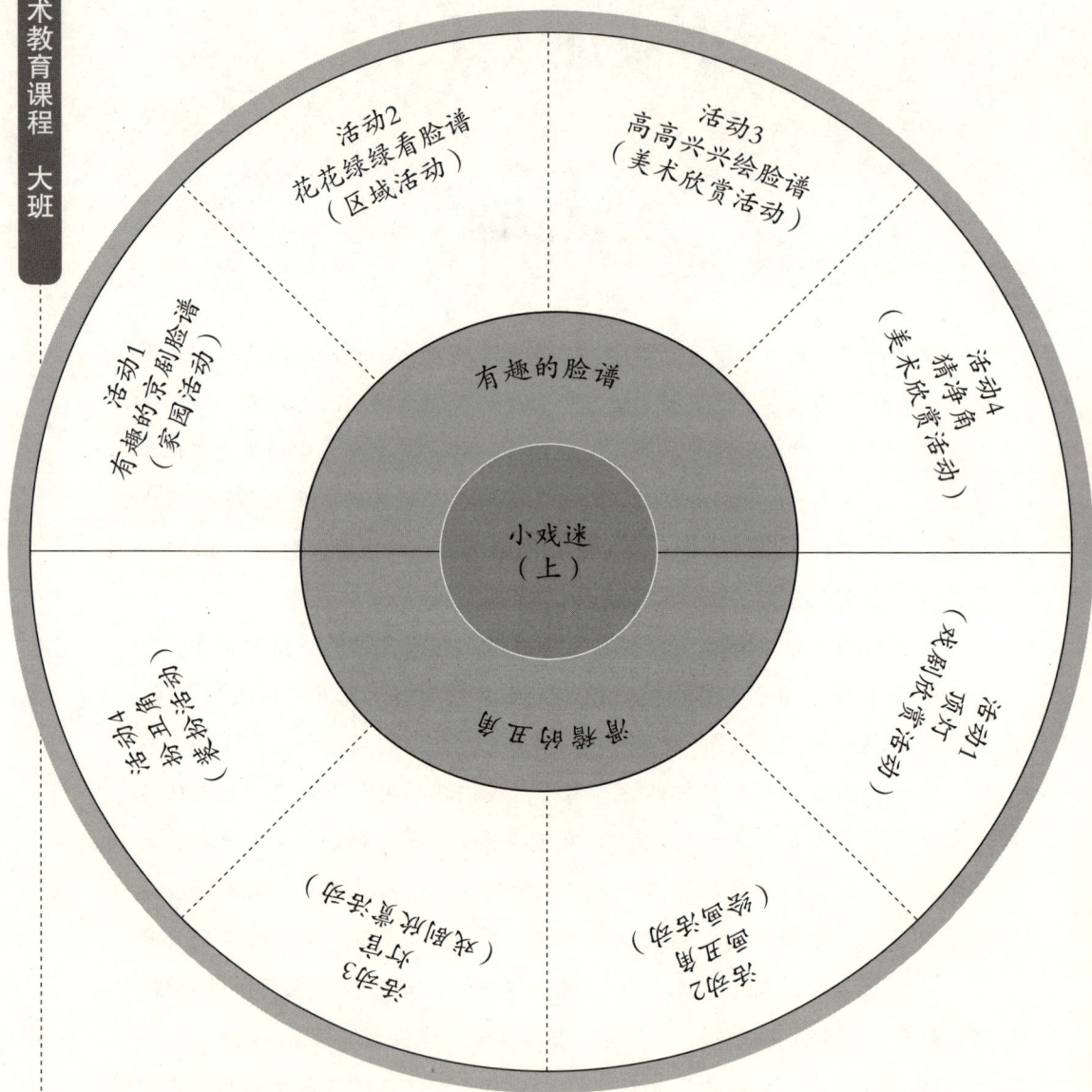

有趣的脸谱

活动2
花花绿绿看脸谱
（区域活动）

活动3
高高兴兴绘脸谱
（美术欣赏活动）

活动1
有趣的京剧脸谱
（家园活动）

活动4
精彩美
术角
（美术欣赏活动）

小戏迷
（上）

活动4
捡丑角
（美术活动）

活动1
顶对
（戏剧欣赏活动）

活动3
片段
（戏剧欣赏活动）

活动2
偶戏偶
（戏剧表演活动）

有趣的丑角

综合艺术活动

单元一　有趣的脸谱

• 活动1　有趣的京剧脸谱（家园活动）

活动目标

1. 感知京剧脸谱特点。
2. 初步了解京剧人物、故事，对参与京剧活动产生兴趣。

活动准备

家长信。

活动建议

1. 活动前，派发家长信或利用家园栏向家长详细介绍本次家园活动的目的及意义，获得家长的认同和理解，调动其参与活动的积极性。

2. 教师可将幼儿收集的脸谱等艺术作品，与幼儿共同布置在主题墙或京剧欣赏角进行欣赏、交流。

3. 教师可利用过渡环节，请幼儿将自己收集的感兴趣的京剧故事、艺术作品、视频等与大家进行分享，不断丰富幼儿的相关经验，为开展京剧脸谱活动奠定基础。

幼儿园综合艺术教育课程 大班

家 长 信

家长朋友：

　　您好！

　　京剧是中国艺术的瑰宝，是世界戏剧艺术宝库中的一颗璀璨明珠。京剧以其精彩传奇的故事、丰富生动的角色形象、美轮美奂的脸谱造型和戏服道具等，深深吸引着孩子。它是集音乐、舞蹈、文学、美术、表演于一身，具有深厚中国历史文化底蕴的综合表演艺术。为了让孩子从小对我国优秀的传统文化艺术有所了解，继而产生兴趣，并有所传承，我们将开展"小戏迷"的系列主题活动。

　　在活动期间，希望您能够和孩子共同收集资料，包括京剧脸谱的图片、照片、泥塑、邮票、剪纸、彩绘、挂件等，供班上的孩子们共同欣赏，还可为孩子讲述京剧四大行当典型角色的人物如时迁、关羽、高宠等的故事，引发孩子对京剧脸谱与人物性格的关注。

　　在共同收集过程中，您可有意识引导孩子观察京剧脸谱的纹样、构图、色彩等特点，如你最喜欢哪个脸谱？为什么？并将孩子的感受记在纸上或录下来，带到班上共同分享。

　　愿孩子们通过此次收集活动，获得京剧艺术信息，初步了解有趣的京剧故事，感受生动多样的京剧角色表演，感知丰富的京剧脸谱，喜欢上京剧艺术，感受与家人同收集、共欣赏的无穷乐趣。

大班组全体教师

活动2　花花绿绿看脸谱（区域活动）

活动目标

　　1. 了解京剧脸谱纹样、构图、色彩等特点，感受脸谱造型与角色性格的联系。

2. 能够大胆选择自己喜欢的线条、图案、色彩等进行脸谱绘画。

活动准备

幼儿、教师及家长共同收集京剧脸谱有关资料，《说唱脸谱》（阎肃词，孟庆云曲）。

活动建议

1. 在主题墙或京剧欣赏角，教师有目的地选择在色彩、纹样、构图等方面有特点的京剧脸谱，有意识地引导幼儿了解脸谱的艺术特点，丰富幼儿京剧脸谱的相关经验，引发其对脸谱人物的关注。

2. 过渡环节中开展"京剧故事大家讲"活动，请幼儿为大家讲述自己喜欢的京剧人物故事，引起幼儿对京剧脸谱与人物性格的关注。

3. 在过渡环节请幼儿欣赏歌曲《说唱脸谱》，丰富幼儿对典型京剧脸谱艺术作品的感知。

4. 教师出示半张脸谱若干，请幼儿进行拼画脸谱活动，感受脸谱的对称特点。还可为幼儿提供面具、空白脸谱等，让幼儿在欣赏的基础上运用线条、图案、色彩进行脸谱绘画。

5. 在绘画时，教师有意识地请幼儿从不同角度创造有趣的京剧脸谱，如突出脸谱颜色，即红色表示个性忠诚，黑色表示个性刚直，白色表示多计谋，黄色表示坏人，蓝色、绿色代表勇士，金色、银色表示神话里的人等；突出脸谱的对称，即左边脸和右边脸的图案是一样的，都是以鼻子为中心左右两侧对称的。也可请幼儿注意额头上有特殊图案的脸谱，如包公的半月图案，代表他办案公正等。

6. 教师对于幼儿丰富的想象创作及时给予肯定性评价。可以通过"猜猜看"游戏请其他幼儿猜一猜他们设计的是什么，并说说是从哪里看出来的（如图案、线条和色彩的运用等）。这样，幼儿可以在游戏的轻松氛围中进行自评、互评，并在此过程中学会欣赏别人，反思自己的作品，获得成功体验。

7. 教师及时把幼儿作品在京剧主题墙中展示，供大家交流欣赏。

活动3　高高兴兴绘脸谱（美术欣赏活动）

活动目标

1. 发现京剧脸谱纹样、构图、色彩等特点，丰富对京剧角色的了解。
2. 尝试选择不同美术材料，大胆设计自己喜欢的脸谱。

活动准备

京剧《水龙吟》曲牌，《说唱脸谱》，美工创作材料（如水彩笔、油画棒、签字笔、水粉颜料、荧光笔等），空白京剧脸谱人手1个，多个不同性格特点的花脸角色脸谱图片，五位教师分别扮演五个京剧角色并排练好《说唱脸谱》；幼儿在活动前期有收集、欣赏京剧脸谱的经验。

活动过程

1. 导入。五位教师伴随着京剧曲牌《水龙吟》的锣鼓音乐，戴着勾画好的角色脸谱（或脸谱面具），装扮成蓝脸窦尔敦、红脸关公、白脸曹操、黄脸典韦、黑脸张飞等花脸人物，左手提筋位，右手单山膀，圆场步绕场一周，停于场地中间，拉双山膀亮相站好，模仿京剧花脸的道白，与大家打招呼。

☆ 教师：小朋友们，今天我们班来了五位京剧中的人物，大家一起用掌声欢迎他们吧。

☆ 教师：这五位客人都是京剧花脸演员。请小朋友猜一猜他们扮演的都是谁？

2. 欣赏感知。请幼儿欣赏《说唱脸谱》，了解京剧脸谱中的不同角色造型。

☆ 教师：五位京剧演员将用一首戏歌《说唱脸谱》来回答你们，小朋友请注意听。

☆ 教师：你能猜出他们是谁吗？表演教师说：我们是蓝脸的窦尔敦、红脸的关公、白脸的曹操、黄脸的典韦、黑脸的张飞。

3. 探索发现。幼儿对比感知京剧脸谱的艺术特点。

（1）请幼儿说说自己喜欢的脸谱。

☆ 教师：在这五个脸谱中，你最喜欢哪个脸谱，为什么？

☆ 教师：这五个脸谱有什么相同的地方？（装饰纹样基本对称）

（2）比较脸谱上的色彩。

☆ 教师：请你看看这五个脸谱有什么不一样？（五个脸谱五种颜色，代表了五种人物不同的性格。蓝色脸表现性格刚直；红色脸表现忠义、耿直；白色脸表现奸诈多疑；黄色脸表现性格凶恶；黑色脸表现性格严肃、威武有力）

（3）对比脸谱上的装饰纹样。

☆ 教师：你来猜一猜脸谱上不同的装饰纹样表示着什么？（脸谱上的装饰纹样代表着这个人物的本领、喜好、特点。窦尔敦、典韦的脸谱上有他们最擅长的兵器图案，包拯额头上的月牙表示他清正廉洁）

（4）根据花脸角色脸谱图片玩"猜一猜"的游戏。

☆ 教师：请你在图片中找出××性格的人物来，你来猜猜他的本领是什么？（例如后羿的脸谱以红色为主，额头有太阳纹，表示他忠义、耿直，力大无比）

4．展示表现。请幼儿尝试选择不同的绘画工具，大胆设计自己喜欢的脸谱形象。

☆ 教师：今天老师为小朋友准备了空白脸谱和水彩笔、油画棒等材料工具，请大家自己设计一个脸谱，看谁想得妙、画得好。

5．结束。鼓励幼儿运用不同的方式评价作品。

☆ 教师：你最喜欢哪个脸谱形象？为什么？

活动建议

1．在欣赏歌表演《说唱脸谱》环节，幼儿还可与演员进行互动，学学、演演花脸典型的语言、动作，如唱词、道白、大笑、亮相、眼神、台步等，进一步认识京剧角色，感知角色造型特点，尝试感受京剧音乐和舞蹈动作的关联。

2．将幼儿完成的作品投放到主题活动墙或欣赏区中，供幼儿欣赏交流。

3．利用日常环节，开展"京剧故事我来讲"的活动，提升幼儿对京剧人物的感知与兴趣。

活动4　猜净角（美术欣赏活动）

活动目标

1. 了解京剧中净角扮相及音色特点。
2. 体验互动游戏的快乐。

活动准备

教师挑选出幼儿感兴趣的净角脸谱以及相关故事、服饰、兵器等，布置成小戏迷展馆；净角行当典型唱腔片段（如《霸王别姬》）、简单戏词、叫板节选、有特征的大笑（如张飞的笑）等；音乐《说唱脸谱》、曲牌《水龙吟》；幼儿已熟悉净角典型人物（如典韦、张飞、关羽、曹操、霸王、二郎神、财神等）的脸谱形象、服饰、道具、故事、唱腔、戏词、叫板等。

活动过程

1. 导入。

☆ 教师：小朋友们，这几天我们欣赏、绘画、表演了京剧的一个行当，是哪个行当？

☆ 教师：你还记得都有谁吗？

2. 欣赏感知。在背景音乐《说唱脸谱》的伴随下，带领幼儿参观小戏迷展馆，激发幼儿对净角花脸的既有经验的回忆，引发幼儿的活动兴趣。

☆ 教师：今天我们一起来参观一个小戏迷展馆，请你认真、安静欣赏，欣赏后告诉我，你认识谁？从哪看出来的？

3. 探索发现。教师引导幼儿进行"猜猜看"的游戏，帮助幼儿感受脸谱色彩、纹样的多变与美丽及音色、唱段的独特。

（1）读图猜人物。

☆ 教师：请每位小朋友到前面选择一张净角人物的图片，回到座位上。游戏开始后，我出示一个花脸人物脸谱图片，请你快速告诉我他是谁，同时将自己手中与他相关的图片高高举起，并告诉我图片的内容。

（2）听音辨人物。

☆ 教师：现在我来播放一些独特的声音，请你仔细听一听，分辨一下这是谁？看看哪位小朋友的耳朵最灵！

4. 表现创造。教师鼓励幼儿运用自己喜欢的方式，大胆模仿表演净角人物，展现人物特点，体会模仿表演的快乐。

☆ 教师：请小朋友听着《水龙吟》的音乐，一个接着一个走到中间，用动作、声音来表演一下自己喜欢的净角人物，请其他小朋友来猜猜看。

5. 结束。教师积极鼓励幼儿表现，引发幼儿参与其他京剧活动的兴趣。

☆ 教师：咱们班的小朋友能够表演出这么多个京剧人物，真棒！以后，我们还要欣赏其他京剧行当，了解更多的京剧知识！

活动建议

1. "猜猜看"的内容可包含脸谱形象、使用兵器、人物故事、典型唱腔、戏词、叫板、动作等方面，以帮助幼儿全面把握京剧角色的艺术特点。

2. 可加入"拼脸谱"的游戏环节，请幼儿为一个角色拼找相应的材料，在辨别、寻找、判断中提高幼儿对典型京剧人物的全面了解。如关羽可找红色的脸、青龙偃月刀、征战前线图片等。

3. 结合大班幼儿的年龄特点，在活动区中投放难易程度不同的拼脸谱素材，在拼拼摆摆中进一步加强对京剧脸谱的认知。

4. 此活动还可以以亲子活动形式进行，孩子画、家长猜，丰富家长及幼儿对京剧脸谱的认识。

单元二　滑稽的丑角

活动1　顶灯（戏剧欣赏活动）

活动目标

1. 理解京剧折子戏《顶灯》的故事情节。

2. 感受丑角动作夸张、有趣的角色特点。

3. 尝试运用肢体模仿、表现喜欢的角色造型。

活动准备

京剧《顶灯》，音乐《水龙吟》，剧中主角张启山的剧照一张，京剧花脸图片一张（如张飞、典韦），结合剧情截取的张启山代表动作截图若干；幼儿有欣赏京剧选段的经验。

活动过程

1. 导入。教师引导幼儿对比欣赏花脸图片与张启山剧照图片，初步感知丑角行当的装扮特点、性格特征。

☆ 教师：这是谁？是哪个行当？

☆ 教师：看，他们两个有什么不一样？

2. 欣赏感知。幼儿完整欣赏折子戏《顶灯》，感知丑角风趣幽默的行当特点。

（1）教师简单介绍《顶灯》中的人物、故事情节，唤起幼儿兴趣。

☆ 教师：图片上的人叫张启山，他是京剧丑角行当中的一个代表人物。今天，我们要欣赏一出关于他的折子戏，叫作《顶灯》。

（2）完整欣赏《顶灯》，理解故事情节，感受丑角风趣幽默的特点。

☆ 教师：看完这出戏，你觉得张启山怎么样？你觉得哪儿最有趣？

（3）教师向幼儿简单介绍京剧丑角行当的人物造型特点。

☆ 教师：在京剧里，能够让别人开心、快乐的行当，叫作丑角。《顶灯》是一出以丑角为主的京剧，因为净角要勾画全脸，称为"大花脸"，而丑角一般只在鼻梁上抹一小块白粉，所以叫"小花脸"。张启山就是一个京剧丑角角色。

3. 探索发现。教师点击图片，鼓励幼儿发现丑角动作夸张的特点，引发幼儿模仿的兴趣。

☆ 教师：你觉得张启山的哪个动作最有趣？学一学。

4. 结束。教师引导幼儿随音乐伴奏，表演剧中的典型丑角动作。

☆ 教师：请丑角小演员们听着《水龙吟》，一起动起来吧！

活动资料

[剧情介绍]　　　　　　　　　顶灯

张启山嗜赌成性，一天他把家里买线买米的钱赌输了，妻子很生气，罚他头顶油灯跪在院中。张启山在头顶灯的情况下，又打滚儿，又学瘸子上山，使出了浑身解数，终于逗笑了妻子，并发誓以后再也不赌钱了，获得了妻子的原谅。

活动2　画丑角（绘画活动）

活动目标

1. 尝试运用绘画的方式，表现剧中人物有趣的动作造型。
2. 进一步感受丑角动作夸张、有趣的特点，体验快乐。

活动准备

京剧《顶灯》，音乐《水龙吟》，水彩笔、图画纸，剧中主角张启山的剧照一张，结合剧情截取的张启山代表动作若干，教师范画若干；幼儿已初步了解丑角的化妆、动作等特点，欣赏过折子戏《顶灯》，理解故事情节，并进行过幽默动作的重点欣赏与表现。

活动过程

1. 导入。教师引导幼儿欣赏张启山剧照，为进行绘画活动准备。

☆ 教师：请小朋友看看这是谁？

2. 观察欣赏。请幼儿运用动作模仿的方式，再现自己喜欢的丑角动作。

☆ 教师：请你学一学你觉得最有趣的动作，并说说这个动作在干什么。

3. 探索发现。教师引导幼儿发现人物动作与肢体线条的关系，为绘画做准备。

（1）教师可根据幼儿表述、模仿的动作，进行剧照欣赏，引导幼儿观察、感知动作线条。

☆ 教师：这个动作是怎么做出来的？

☆ 教师：你喜欢的动作中身体各部分的姿势是什么样的？身体、手臂、

腿部的线条是什么线?

（2）欣赏教师提供的范画，如踢腿、下叉、下蹲、叉腰、坐等，给不同能力的幼儿提供支持。

4. 创造表现。幼儿绘画丑角，表现出丑角的丰富动作。

☆ 教师：每个小朋友都根据京剧《顶灯》创造一个丑角人物，想一想你的丑角在做什么滑稽的动作？

5. 结束。将幼儿的绘画作品布置在"小戏迷"的主题墙上，供幼儿欣赏、交流。

活动建议

将幼儿的作品装订成连环画《顶灯》，放置在语言区供幼儿讲述，延续幼儿活动兴趣。

活动3　灯官（戏剧欣赏活动）

活动目标

1. 体验京剧念白的特点。
2. 尝试模仿戏词，并根据京剧节奏特点创编京剧念白。

活动准备

京剧《打龙袍》中"灯官报灯名"片段影像资料和有关图片；教师在过渡环节时带领幼儿熟悉《打龙袍》的主要人物和情节。

活动过程

1. 导入。教师提问，引出京剧《打龙袍》中的主要人物。

☆ 教师：小朋友都听过打龙袍的故事吗？这个故事里都有谁？

2. 欣赏感知。幼儿欣赏"灯官报灯名"片段，教师与幼儿进行交流讨论。

☆ 教师：今天老师带了《打龙袍》故事中的灯官片段，请小朋友仔细欣赏。

☆ 教师：这段戏曲里都有谁？你喜欢里面的哪一段？

☆ 教师：张继宝报花灯都说了什么？

3. 探索尝试。教师请幼儿再次欣赏灯官片段，幼儿尝试数板报花灯。

☆ 教师：请小朋友再看一遍灯官片段，看看你记住了几种灯？

4. 展示表现。幼儿自己创编各种灯名，幼儿与教师一起敲击节奏进行报灯名的接龙游戏。

☆ 教师：报花灯的时候是什么节奏？请小朋友和老师一起打节奏。

☆ 教师：请大家按照节奏报一报花灯。

5. 结束。教师总结幼儿念白，鼓励幼儿在表演区中表演。

☆ 教师：小朋友说得真好，希望小朋友在表演区也来表演这段报灯名。

活动资料

［戏文］

灯官报灯名

一团和气灯，

和合二圣灯。

三阳开泰灯，

四季平安灯。

五子夺魁灯，

六国封相灯。

七擒孟获灯，

八仙过海灯。

九子十成灯，

十面埋伏灯。

活动4　扮丑角（装扮活动）

活动目标

1. 能根据丑角的化妆特点大胆运用线条、图案进行自我化妆。

2. 尝试模仿丑角的典型动作、造型，体会装扮表演活动的乐趣。

活动准备

京剧曲牌《南锣》《兔行锣》锣鼓经音乐一段，丑角人物图片若干，黑、白色彩绘棒人手一份，化妆镜人手一面；幼儿已了解丑角的装扮特点、典型人物。

活动过程

1. 导入。教师展示丑角图片，引发幼儿关注。

☆ 教师：今天我带来了很多的图片，请大家看一看他们是谁？

2. 欣赏感知。教师引导幼儿再次辨认丑角人物角色，进一步感知其装扮特点，为装扮活动做准备。

☆ 教师：请你看看这些角色都是京剧里的哪个行当？为什么？

☆ 教师：丑角的白色都画在了脸的什么位置？它是什么形状的？（丑角人物的化妆特点：主要由黑、白两色组成，在鼻梁中间勾画一个白色豆腐块）

☆ 教师：看到这么多的丑角，有什么感觉？

☆ 教师：你最喜欢哪个丑角？为什么？

3. 探索发现。教师鼓励幼儿根据丑角脸部的化妆特点，进行大胆化妆。

☆ 教师：我们也把自己化装成有趣的丑角，好吗？

☆ 教师：在绘画时，大家要注意用色的顺序是由浅入深，看看哪位小朋友画的丑角最有趣。

4. 展示表现。教师鼓励幼儿大胆模仿熟悉的丑角人物动态造型，体会模仿表演的乐趣。

☆ 教师：谁愿意表演一个丑角动作，让大家一起来猜一猜他表演的是哪个角色？

☆ 教师：你是怎么猜出来的？

5. 结束。教师肯定幼儿的大胆表演，提示幼儿可以在表演区中继续表演自己喜欢的丑角角色。

☆ 教师：小朋友表演都很精彩，表演区也有彩绘棒，小朋友可以在那里继续表演你喜欢的京剧丑角。

活动建议

1. 丑角人物的图片还可运用幻灯片来展示。

2. 教师可运用锣鼓经音乐或借用鼓、锣、镲等乐器即兴敲打出京剧律动节奏，配合幼儿表演，鼓励幼儿根据自己装扮的角色，设计有趣的念白、动作等，凸显丑角的角色特征，感受丑角幽默滑稽的特点。

3. 在延伸活动中，可引导幼儿运用绘画、泥塑等形式，创作自己喜欢的丑角角色，丰富幼儿的表现方式，并将作品展示于主题墙或活动区中，供幼儿欣赏交流。

4. 幼儿脸部化妆的材料要选用安全、无毒的人体彩绘棒，保证幼儿的身体健康。在绘画前，请幼儿将脸洗净后，抹上擦脸油做底，再进行彩绘，最后运用专业的京剧卸妆油或者刺激性小的擦脸油卸妆。

主题七

动物宝贝

主题概述

　　在幼儿眼里，动物永远是可爱、可亲的。"动物宝贝"是我们继小班和中班有关动物的主题之后开展的又一个关于动物的主题。因为自然环境的变化和人类的捕杀，一些稀有动物濒临灭绝，尤其成了我们的"宝贝"。

　　本主题包括"熊猫咪咪"和"雪域精灵"两个单元。憨态可掬的大熊猫，轻盈温顺的藏羚羊，它们独特的外形、可爱的神态，特别是其特殊的寓意，能够更好地引发幼儿爱护他们的意识。"熊猫咪咪"单元采取艺术作品欣赏、唱歌、绘画、泥工制作等艺术手段，帮助幼儿了解熊猫的外形，感受大熊猫独特的美及其人文意义，了解它的稀少珍贵和美好象征，并将自己对熊猫的认识与情感运用不同的艺术形式表现出来。"雪域精灵"单元通过影视欣赏、装扮表演、绘画等艺术活动，帮助幼儿感知藏羚羊的轻盈灵巧、善良机警，感知人与动物、动物与自然之间的密切关系，引发幼儿对珍稀动物的关注与关爱。

　　我们希望通过这个主题的学习，引导幼儿了解动物的外形特征、生活习性、特殊本领，更进一步明白这些动物与人们的关系，知道应该如何关爱它们及它们赖以生存的环境。

主题活动网络图

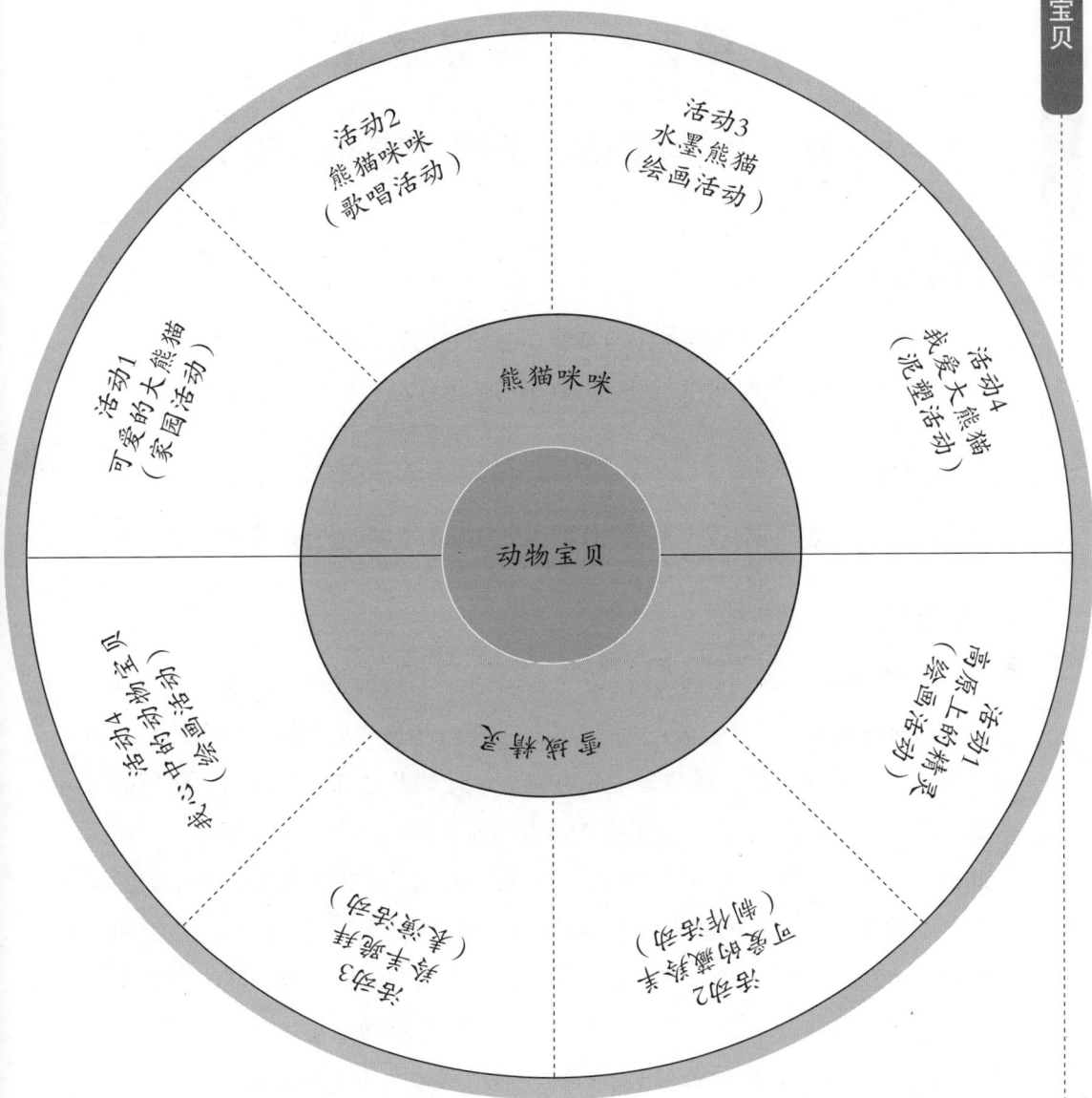

活动2
熊猫咪咪
（歌唱活动）

活动3
水墨熊猫
（绘画活动）

活动1
可爱的大熊猫
（家园活动）

活动4
我爱大熊猫
（泥塑活动）

熊猫咪咪

动物宝贝

可爱的瓢虫

活动4
我心中的动物宝贝
（综合活动）

活动1
高原上的精灵
（绘画活动）

活动3
瓢虫一家子
（表演活动）

活动2
可爱的瓢虫朋友
（制作活动）

综合艺术活动

单元一 熊猫咪咪

活动1 可爱的大熊猫（家园活动）

活动目标

1. 初步了解大熊猫的外形与动作，感知它的憨态可掬。
2. 能够自信地向同伴介绍自己收集的艺术作品，尝试有条理地讲述。

活动准备

亲子收集用不同材质、手段创作的以大熊猫为主题的艺术作品及相关资料。

活动建议

1. 教师可以在班内创设相关主题墙饰，主题墙饰大体分为三个板块。①"熊猫的秘密"或"可爱的大熊猫"：主要内容是收集到的熊猫图片及有关成长过程、生活习性、居住环境的资料等，让幼儿感知了解生活中熊猫的可爱。②"吉祥宝贝"：主要是让幼儿知道熊猫是国宝，全国人民都喜欢它，因此把它作为吉祥物。③"友谊使者"：主要是让幼儿了解大熊猫作为中国的国宝，也备受外国朋友的喜欢，大熊猫作为友谊使者为我们架起一座友谊和平的桥梁。在这里可通过一些新闻来反映熊猫传播友谊的历程，同时激发幼儿关注大熊猫的意识，并通过宣传画的形式表达自己对熊猫的爱。

2. 如有条件，可以组织家园活动，参观动物园的熊猫展览馆。在幼儿参观时，建议家长与幼儿互动交流："熊猫是什么样子的？什么地方是黑色？什么地方是白色？熊猫都在做什么？"引导幼儿有目的地观察，并为后面的活动做铺垫和准备。参观后，可以玩亲子游戏"我做大熊猫"，重点引导幼儿在

观察熊猫动态的基础上，用语言、形体动作进行模仿。教师可提问，如："我们一起来学学熊猫的样子。熊猫还有什么动作？"

3. 如没有参观条件，可以组织家长与幼儿一起收集与熊猫有关的视频，如熊猫的生活视频等。家长可以借助有关的录像资料，有意识地引导幼儿观察熊猫。还可请家长参与收集有关熊猫的各种艺术品的活动，如玩具熊猫、布偶熊猫、国画熊猫、刺绣熊猫、扇面熊猫、图片熊猫、陶瓷熊猫等。教师可根据幼儿的兴趣点，有针对性地进行集体欣赏。

4. 班内可以把幼儿收集到的各种有关熊猫的艺术品归类布展，达到资源共享的效果，让幼儿从多方面充分了解熊猫，如毛绒类（福娃等）、刺绣类（不同造型的单、双面绣）、泥塑类、陶瓷类、塑胶类、玻璃类、纸类（烟盒、充值卡、邮票、照片、书籍、图片等）。鼓励幼儿自信大胆地向同伴介绍展示自己的物品，并尝试有条理地讲述展示的内容。教师在幼儿介绍后，可以用"你最喜欢这里的哪个熊猫艺术品，为什么？"的指导语引导幼儿。幼儿交流重点：立体的，抓住造型特点；平面的，抓住工艺特点、色彩、造型、神态等。

5. 在区域活动中，也可开展有关的欣赏活动，如熊猫艺术作品展示会，目的是丰富幼儿的感知经验，使幼儿能够大胆讲述观察到的物品。还可以展示熊猫摄影作品，帮助幼儿了解熊猫的形态与生活习性，感知它的可爱，知道熊猫的珍贵等。

活动2　熊猫咪咪（歌唱活动）

活动目标

1. 初步掌握歌曲的旋律及歌词，能够完整且有感情地演唱歌曲。
2. 了解生活环境对大熊猫生存的重要性，萌发关爱大熊猫的意识。

活动准备

歌曲《熊猫咪咪》（侯德健词曲）、关于熊猫饮食习性的视频片段；幼儿已对大熊猫的外形特征和人文意义有初步了解，知道它是珍稀动物，已熟悉歌曲旋律。

活动过程

1. 导入。教师说谜语,引出活动主题。

☆教师:请小朋友猜个谜语。胖胖身,密密毛,黑耳朵,黑眼圈,身体像熊,脸像猫,爱吃竹叶和竹笋。(谜底:熊猫)

2. 感知欣赏。

(1)教师请幼儿欣赏歌曲,了解歌词内容,感受歌曲欢快的旋律。

☆教师:今天老师为大家带来了一首歌曲,名字叫《熊猫咪咪》,请小朋友们认真欣赏,听完后说一说这首歌里都唱了些什么。

☆教师:熊猫咪咪为什么要问妈妈明天的早餐在哪里?

☆教师:大熊猫喜欢吃什么食物呢?

(2)教师请幼儿观看关于熊猫饮食习性的片段。

☆教师:在野外生活的大熊猫最喜欢吃竹子,竹子是它们生存的主要食物。可是竹子一旦开花后就会死亡,竹子死了,大熊猫就没有食物可吃了。时间长了,大熊猫会因为找不到东西吃而饿死。

☆教师:歌里的小朋友是怎么说的?为什么要帮助大熊猫?

3. 探索发现。教师指导幼儿分句学唱歌曲。

☆教师:请小朋友和我一起分句朗诵歌词。在说歌词的时候要注意念准节奏。

☆教师:请小朋友们跟着伴奏来朗诵歌词。

☆教师:让我们试着和老师一起演唱这首歌曲吧!

4. 展示表现。幼儿尝试用歌声表达对熊猫的关爱之情。

☆教师:我们用什么样的声音演唱,才能体现出自己对熊猫的关爱?

☆教师:有哪位小朋友愿意到前面来为我们演唱这首歌曲?

5. 结束。

☆教师:大熊猫因为十分稀少,因此被称为我国的国宝,希望小朋友们都能关爱它们,让可爱的熊猫越来越多,生活得越来越好。

活动3　水墨熊猫（绘画活动）

活动目标

1. 学习使用毛笔画水墨熊猫。
2. 体验运用毛笔作画的乐趣，萌发对熊猫的关爱之情。

活动准备

水墨熊猫绘画步骤图，毛笔、笔洗、墨汁、宣纸，名家名作的熊猫绘画作品幻灯片，轻柔优美的背景音乐；幼儿日常活动中已欣赏过水墨画的作品，了解水墨画的特点。

活动过程

1. 导入。

☆教师：熊猫是我们的国宝，它长得可爱有趣，大家非常喜欢它。许多艺术家利用各种艺术形式来表现它。今天我请大家来欣赏运用水墨画形式表现的大熊猫绘画作品。

2. 欣赏感知。幼儿欣赏名家水墨画，了解水墨画的特点。

☆教师：水墨画与我们平时的绘画有什么不同？

☆教师：你都看到了什么造型的熊猫？哪幅作品你最喜欢？为什么？

3. 探索发现。幼儿通过观察步骤图和教师示范水墨熊猫的画法，学习绘画水墨熊猫。

（1）教师出示步骤图，引导幼儿了解绘画步骤。

☆教师：请小朋友观察，水墨熊猫是怎样画出来的？

（2）教师示范画法，重点引导幼儿掌握侧锋、中锋的运笔，要特别强调手腕的转动。

☆教师：请小朋友注意看老师是用毛笔的什么地方画出来的？墨色是什么样的？

☆教师：注意运用毛笔绘画，小手腕一定要转起来。

4. 展示表现。教师引导幼儿做水墨画临摹并创作绘画熊猫。

☆ 教师：我们一起来试试画水墨熊猫，看看哪位小朋友画的熊猫最可爱。

5. 结束。教师将作品布置到环境中进行交流分享。

☆ 教师：看看你最喜欢谁的作品？为什么？

活动建议

为便于教师准备活动材料和指导，本次活动建议采用小组形式来进行。

活动资料

[步骤图]　　　　　　　水 墨 熊 猫

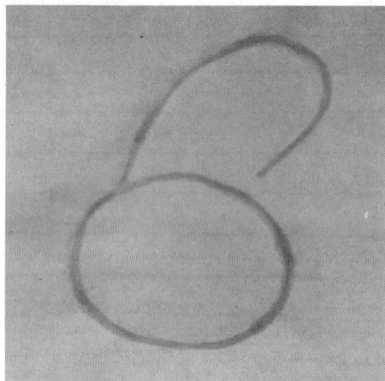

1. 画出头和身子

2. 添画耳朵和眼睛

3. 添画四肢

4. 添画竹子，完成

活动4　我爱大熊猫（泥塑活动）

活动目标

1. 学习运用泥塑的形式表现熊猫。
2. 体验运用橡皮泥塑形的快乐。

活动准备

用废旧物制茂密的竹林作为桌面布景，各种橡皮泥以及泥工辅助工具，由静态、动态的熊猫画面制成幻灯片，熊猫的叫声录音，歌曲《熊猫咪咪》；幼儿了解熊猫的基本体态、外形特点。

活动过程

1. 导入。请幼儿听熊猫叫声并猜谜语，引发幼儿参与活动的兴趣。

☆教师：请你听一听这是哪种动物的叫声？

☆教师：我给大家猜一个谜语，谜底就是正确答案。身穿黑白袍子，足蹬黑色靴子，戴副黑眼镜子，爱吃翠嫩竹子。（谜底：熊猫）

2. 欣赏感知。通过幻灯片引导幼儿进一步了解熊猫外形特点和动态造型。

☆教师：熊猫长什么样？头、身体、耳朵、眼睛各是什么形状的？又是什么颜色的？

☆教师：大熊猫不仅长得可爱，还很淘气。它们的动作是什么样的？

☆教师：你最喜欢大熊猫的哪个动作？为什么？请你来模仿一下好吗？

3. 探索发现。幼儿尝试使用橡皮泥塑造形态各异的熊猫。

☆教师：如果我想捏一个坐着吃竹子的大熊猫该怎样做呢？第一步该做些什么？

☆教师：请你想一想，你要做一只什么样的大熊猫？你做的大熊猫在干什么？它的姿态是什么样子的？

☆教师：请你想一想，再试一试，用什么办法可以把熊猫的各个部位连接起来，让作品既牢固又美观？

4. 展示表现。教师引导幼儿尝试运用泥塑的艺术形式表现立体熊猫的可爱造型。

☆ 教师：请小朋友试着用橡皮泥创作一只大熊猫吧。

☆ 教师：谁愿意来介绍一下，你做的熊猫头、身体、四肢是怎么连起来的？

5. 结束。将幼儿的泥塑作品布置成"熊猫家园"，相互欣赏交流。

☆ 教师：你最喜欢哪位小朋友的作品，为什么？他和你的作品有什么不同？他的作品是怎么立住的？

活动建议

在泥塑制作可爱的熊猫后，教师可以根据本班幼儿的兴趣与需要，开展其他活动，如绘画活动，能够用线条流畅表现出熊猫可爱的姿态；剪贴活动，抓住熊猫的正面、侧面、背面形态进行自由创造。这些活动可以通过不同的组织形式开展。

单元二　雪域精灵

活动1　高原上的精灵（绘画活动）

活动目标

1. 了解藏羚羊的特点。
2. 了解藏羚羊面临的危险处境，萌发对濒危动物的保护意识。

活动准备

藏羚羊奔跑以及遭到惨烈的捕杀、尸体满地的影视片段或图片，绘画材料、纸；幼儿事先收集过有关藏羚羊的图片、照片等。

活动过程

1. 导入。教师带领幼儿欣赏藏羚羊的图片，引导幼儿观察藏羚羊。

☆ 教师：小朋友，在美丽的青藏高原上生活着一种可爱机敏的动物，它

被称为"雪域精灵",你们知道它是谁吗?

☆ 教师:它为什么被称为"雪域精灵"?有什么特点?请大家仔细观察、欣赏图片,一起来认识一下这位神气的朋友吧(藏羚羊被称为"精灵"是因为它很机敏,而且动作矫捷,可爱温顺,因此非常受人们的喜爱)。

2. 欣赏感知。请幼儿观看片段,感受其中所表现的情绪情感。

(1)片段一:藏羚羊奔跑的场景。

☆ 教师:藏羚羊长什么样?教师引导幼儿观察藏羚羊的外形、动态特点,了解藏羚羊的生活环境,发现藏羚羊在奔跑跳跃时的轻盈、敏捷(注意挖掘藏羚羊的艺术要素)。

☆ 教师:藏羚羊是一种善于奔跑的动物,你们能用好听的词来描述一下它跑起来是什么样子吗?请你来学一学。

(2)片段二:羚羊遭到惨烈捕杀、尸体满地的场景。

☆ 教师:藏羚羊长得很可爱,而且浑身上下都是宝,是我们国家的重点保护动物,你们想了解它们生活的地方和它们目前所面临的问题吗?

3. 探索发现。引导幼儿了解藏羚羊目前的危机,萌生关爱、保护动物的意识。

☆ 教师:藏羚羊生活在什么地方?藏羚羊面临的最大问题是什么?

☆ 教师:我们应该如何帮助藏羚羊?

4. 展示表现。请幼儿用绘画的形式为藏羚羊设计美丽的家园,增进幼儿对珍稀动物的关爱、保护意识。

☆ 教师:请小朋友们为藏羚羊画一个美丽温馨的家吧。

5. 结束。展示评价幼儿绘画作品。

☆ 教师:请小朋友介绍一下自己画的是什么。

☆ 教师:请小朋友看看说说,你最喜欢谁的作品,为什么?

活动建议

1. 教师可有选择地把最能反映藏羚羊特点的资料布置成欣赏角或主题墙,还可将收集到的艺术作品分类投放,便于幼儿欣赏,如玩具按质地不同在欣赏角投放;图片资料装成册,投放在图书角;电子文档制作成演示文稿;影像作品用于艺术欣赏十分钟进行。

2．也可通过对奥运吉祥物迎迎的介绍，让幼儿对比欣赏羚羊的纹样特点，发现动物宝贝被赋予人性化特点及表达特殊寓意后的灵动与可爱。

3．还可以请幼儿欣赏不同的艺术作品。如通过舞剧《藏羚羊的哀叹》引导幼儿了解藏羚羊被猎人猎杀时的无奈与哀叹，激发幼儿对藏羚羊的同情心，并尝试模仿舞蹈中藏羚羊的动作。通过张克良的《母爱的绝唱》，引导幼儿感受藏羚羊的伟大母爱，了解藏羚羊危险的处境，加强对濒危动物的保护意识。通过舞剧《藏羚羊》，引导幼儿感受藏羚羊轻盈矫健、可爱温顺、生命力强等特征，体验音乐舞蹈效果。另外，王宗仁的《美丽的高原精灵》《雪域放歌》《藏羚羊跪拜》，可以让幼儿从多角度感知藏羚羊的体态，感受雪域高原的宽广、豪放和藏羚羊的伟大母爱，丰富幼儿对藏羚羊的感知经验，使幼儿萌发对珍稀动物的关爱、保护意识。在欣赏中，教师要有语言上的提示、讲解，使幼儿明了作品的意义。如引导幼儿观察表演者都抓住了藏羚羊的哪些特点，运用了什么样的表情动作，体现了藏羚羊怎样的心情与精神。

4．可在美工区鼓励幼儿利用美工材料大胆装扮自己（头饰、体绘等），模仿舞剧中自己感兴趣的情节和动作造型等，体验藏羚羊的轻盈矫健、可爱温顺。

活动2　可爱的藏羚羊（制作活动）

活动目标

1．在掌握藏羚羊头部特征的基础上，绘画、制作头饰（或面具）。
2．用简单肢体动作表现藏羚羊。

活动准备

教师自制藏羚羊头饰（或面具），彩笔、剪刀、纸、胶棒、曲别针、发带等，律动音乐；幼儿已欣赏过大量有关藏羚羊的图片、视频等，模仿过藏羚羊的形态、动作。

活动过程

1. 导入。教师请幼儿观察藏羚羊的图片，了解其面部特征。

☆ 教师：小朋友看过很多有关藏羚羊的图片、视频，并说一说你看到的藏羚羊是什么样的？

2. 欣赏感知。教师请幼儿欣赏已做好的藏羚羊头饰，激发制作兴趣。

☆ 教师：小朋友们都很喜欢藏羚羊，那你们想不想也变成一只可爱的藏羚羊呢？

☆ 教师：我是怎样成藏羚羊的？教师戴上自制的藏羚羊头饰，请幼儿欣赏。

☆ 教师：这个头饰是什么样的？

3. 探索发现。教师引导幼儿探索发现头饰的制作方法。

（1）请幼儿观察教师已制作好的藏羚羊头饰，猜测制作方法。

☆ 教师：小朋友们仔细观察藏羚羊头饰，你觉得它是怎么做的？请你来说一说。

（2）教师根据幼儿观察、猜测的结果，帮助幼儿梳理经验，并示范制作步骤，引导幼儿利用对称剪的方法剪出藏羚羊头饰。

☆ 教师：请小朋友在剪藏羚羊头部轮廓之前先画出半个轮廓，然后可以放在半侧脸上试试大小，确定好尺寸后再剪，最后把眼睛部分掏空。

（3）幼儿装饰头饰。

☆ 教师：请小朋友们在头饰上画出表示羊毛的花纹，并将整个头饰涂色。

（4）幼儿粘贴羚羊角，安装发带。

☆ 教师：请小朋友将羚羊角与头饰相连接，然后取发带固定。

4. 展示表现。幼儿自由进行绘画、制作，体验制作活动的乐趣。

☆ 教师：请小朋友们自选内容进行制作，看看哪位小朋友做的藏羚羊头饰又形象又漂亮。

5. 结束。教师请幼儿戴自制的藏羚羊头饰随音乐模仿可爱的藏羚羊。

☆ 教师：请小朋友们戴上自己制作的藏羚羊的头饰，变成可爱的藏羚羊去大草原游玩吧。

活动建议

1. 本次活动的内容可以分两次进行。第一次以制作头饰或面具为主，第二次以装扮表演为主。

2. 本次制作活动后，教师可以根据幼儿的兴趣，继续在表演区投放有关藏羚羊的自制装扮材料或成品，供幼儿分角色表演《雪域精灵》。

3. 在装扮表演或律动时，教师引导幼儿为藏羚羊设计舞步，如用后踢步、跑跳步，表现藏羚羊爸爸的机警、健壮、勇敢；用漫步、踏点步、吸跳步，表现藏羚羊妈妈的温和、温柔；用小跑步、蹦跳步、错步，表现藏羚羊宝宝的活跃、好动。教师还可以与幼儿一起协商设计表演的情节，如散步、唱歌、奔跑、顶角、张望、撒娇、休息、好朋友之间蹭痒等。

活动3　羚羊跪拜（表演活动）

活动目标

1. 理解故事情节，感受羚羊妈妈伟大的母爱。
2. 感受三段体音乐表达的不同情绪并加以表现。
3. 体验亲情的温暖，感受与同伴合作游戏的愉悦。

活动准备

故事《藏羚羊跪拜》（王宗仁文），体现母爱的歌曲，如《世上只有妈妈好》《献给母亲的歌》（作为故事背景音乐），表现藏羚羊母子情深的视频、图片，道具材料及服装（猎人的藏枪、藏帽、藏刀等；藏羚羊的头饰、服装；碗、桌子等）；幼儿已对藏羚羊有一定的了解，画过藏羚羊并模仿过藏羚羊的形态动作，欣赏过有关的音乐，制作过藏羚羊的面具和头饰，进行过装扮表演，学习过有关舞步。

活动过程

1. 导入。教师通过提问引出母爱的话题，为幼儿欣赏表演剧做准备。

☆ 教师：小朋友们，你的妈妈爱你吗？你是怎么知道的？

☆ 教师：你们知道吗？不仅我们人类的妈妈爱孩子，动物妈妈也很爱自

己的孩子，动物间的母子情深也会让我们感动。请小朋友看看这位妈妈是怎么样爱自己的孩子的？

2. 欣赏感知。请幼儿欣赏故事《藏羚羊跪拜》，感受藏羚羊妈妈崇高、伟大的母爱。教师可播放背景音乐。

☆ 教师：请小朋友欣赏故事《藏羚羊跪拜》，听一听故事中都有谁？发生了一件什么事？

☆ 教师：当老猎人举枪瞄准的时候，藏羚羊妈妈是怎样做的？她的表情有什么变化？

☆ 教师：藏羚羊妈妈为什么要给老猎人跪拜？

☆ 教师：听完这个故事，你印象最深的是什么？

3. 探索发现。教师请幼儿欣赏三段体音乐，感受不同音乐所表现的内容，并尝试用动作表现出来。

（1）教师请幼儿完整欣赏三段体音乐。

☆ 教师：请小朋友认真听一听下面的，想象一下每段不同的音乐中，藏羚羊一家都在做什么？

（2）教师请幼儿欣赏片段。

☆ 教师：请你说一说，学一学第一段（第二段、第三段）可以做什么？

（3）教师引导幼儿进行第二次完整欣赏。

☆ 教师：请小朋友完整欣赏三段音乐，想一想你准备装扮谁，可以怎么表演？

4. 展示表现。请幼儿自选角色进行"藏羚羊的一家"表演游戏，丰富幼儿对亲情的感知与体验，感受与同伴合作游戏的愉悦。

☆ 教师：刚才我们欣赏了一个关于藏羚羊妈妈保护孩子的故事。羚羊妈妈伟大的爱太感人了。小朋友都很喜欢藏羚羊，那今天我们也来表演一段藏羚羊的故事好吗？

☆ 教师：你们想想藏羚羊一家中都有谁？幼儿自愿组成一家，音乐欢快活泼时全家游戏，音乐突变时可以有自然灾害、爸爸妈妈保护孩子等情节，音乐恢复平静愉悦时，藏羚羊一家又高高兴兴地一起生活、游戏了。

活动建议

1. 教师要引导幼儿了解故事内容，知道藏羚羊为了保全自己孩子的性命而向老猎人求饶、跪拜，引导幼儿了解藏羚羊崇高的母爱和牺牲精神，感悟人世间伟大的母爱。如果幼儿回答不全，可以表演再现举枪瞄准这一环节——这是矛盾冲突的高潮环节，使幼儿印象深刻。

2. 此活动还可以组织相关的亲子活动，例如请幼儿与家长一起绘画、制作《羚羊宝宝回来了》。活动前请家长为幼儿的创作提供建议和准备材料。如提供有关资料，引发幼儿对藏羚羊日益减少问题的关注。也可提供沙盘，模拟藏羚羊生活的环境。

3. 在活动后，教师还可选择其他一些有关动物母子情深的影视资料、图片，投放在活动区域，供幼儿欣赏交流，体验母爱的温馨。

活动资料

三段体音乐（A藏羚羊一家在游戏，《雪山连北京》；B藏羚羊的爸爸妈妈保护藏羚羊宝宝；C恢复平静后的幸福的一家，《雪山连北京》）。

活动4 我心中的动物宝贝（绘画活动）

活动目标

1. 学习意愿画的基本表现形式，学习合理布局画面。
2. 体验想象和创造的快乐。

活动准备

多种动物宝贝图片，水彩笔、油画棒、铅笔、油画笔、水粉颜料、纸；幼儿已掌握各种动物宝贝形象的画法。

活动过程

1. 导入。教师引导幼儿回忆以前欣赏过的动物宝贝。

☆ 教师：在前一段的活动中，我们认识了很多的动物宝贝，你们最喜欢谁？

2. 欣赏感知。教师根据幼儿的兴趣，逐一出示动物宝贝的相关图片，引导幼儿观察，增进对各种动物宝贝的外形特征、动态造型及其生活场景的认知。

☆ 教师：你最喜欢哪种动物？它长什么样？生活在什么地方？在做什么？

3. 探索发现。教师介绍意愿画，引导幼儿探索画面的合理布局。

（1）教师提示意愿画的画法。

☆ 教师：意愿画就是把你的美好愿望和想法通过画面表现出来。

☆ 教师：今天我们来画一幅《我心中的动物宝贝》的意愿画。你想画谁呢？你画的动物宝贝在什么地方？在干什么？

（2）引导幼儿通过讨论学习合理布局。

☆ 教师：在画画时该怎样画才能让画面看起来又干净又美观呢？我们应该先画什么？画在纸的什么位置合适？

☆ 教师：要先想好画什么，画几个，每个动物都画在什么位置，画多大合适。绘画时要注意先画主要人物，并且画在纸的中间或明显的位置，不要画在角落里。画完主要人物后再添画背景。

4. 展示表现。幼儿自由创作绘画。

☆ 教师：请小朋友将自己心中的动物宝贝画出来吧，看看谁画得最漂亮。

5. 结束。教师引导幼儿对同伴或自己的作品进行评价，评价重点是合理构图。

☆ 教师：你喜欢哪幅画？为什么？

下 学 期

主题八

神奇的蛋

主题概述

蛋里为什么可以孵出小动物？蛋为什么有大有小？蛋壳的颜色为什么不一样？空蛋壳能做什么？……在幼儿的眼中，蛋是那么神奇有趣，一个小小的蛋能孕育新的生命，蛋壳还能成为精美的工艺品，装点美化人们的生活。于是，我们设计了"神奇的蛋"这一主题。

本主题包括"蛋的秘密""好玩的蛋""多彩的蛋"三个单元。在"蛋的秘密"这一单元里，幼儿会通过亲子活动感受蛋独特的造型特点，了解蛋壳的多种用途；会通过欣赏、角色扮演等，感受新生命诞生的神奇与惊喜。"好玩的蛋"是通过"滚蛋蛋""区分生蛋、熟蛋""制作蛋"等活动，引导幼儿感受蛋的妙趣，大胆想象和创造，充分体验艺术活动的愉悦。"多彩的蛋"是通过装饰、设计制作等艺术手段，引导幼儿感受彩蛋的美丽和蛋壳画的多变，主动寻找和观察周围环境中的美好事物，提高审美情趣。

主题活动网络图

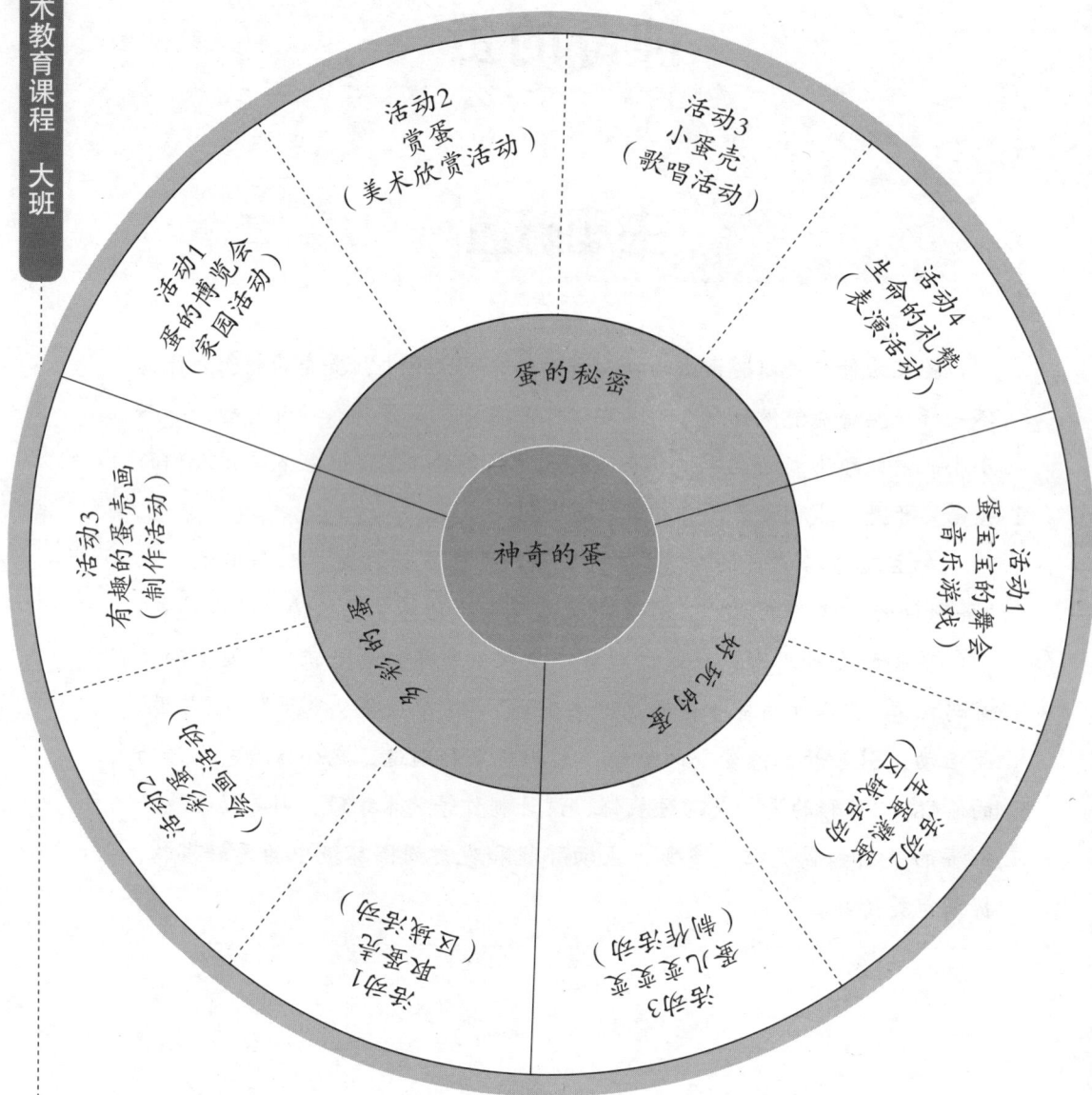

活动2
赏蛋
（美术欣赏活动）

活动3
小蛋壳
（歌唱活动）

活动1
蛋的博览会
（家园活动）

活动4
生命的礼赞
（表演活动）

蛋的秘密

神奇的蛋

蛋的艺术

蛋的好处

活动3
有趣的蛋壳画
（制作活动）

活动1
蛋宝宝的舞会
（音乐游戏）

活动2
综合画面彩
（综合活动）

活动2
蛋的营养
（手工活动区）

活动1
趣味蛋活
（区角活动）

活动3
蛋儿变变变
（制作活动）

综合艺术活动

单元一　蛋的秘密

活动1　蛋的博览会（家园活动）

活动目标

1. 了解蛋壳的多种用途。
2. 欣赏蛋壳工艺品的艺术美，体会蛋壳艺术品欣赏活动的乐趣。

活动准备

家长信。

活动建议

1. 活动前，发放家长信，向家长详细介绍本次家园活动的目的及意义，获得家长认同和理解，调动家长参与活动的积极性。

2. 请家长协助收集各种各样蛋的实物和艺术作品，引导幼儿了解蛋的多种艺术表现形式，例如彩蛋、蛋雕、蛋玩具等，感受蛋壳工艺品的艺术美。

3. 请幼儿收集空蛋壳。在收集的过程中，家长可与幼儿探索如何将蛋液取出来而不打碎蛋壳，并对空蛋壳进行简单装饰，变成美丽的工艺品。也可将空蛋壳带到幼儿园，在区域活动或集体活动中进行蛋壳装饰。在取放蛋壳的过程中，教师要提醒幼儿轻拿轻放，养成良好的行为习惯。

4. 家长可与幼儿一起，探索有关卵生动物的问题。例如哪些动物是卵生的？世界上最大的蛋是鸵鸟蛋，世界上最小的蛋是蜂鸟蛋，已成为古生物化石的是恐龙蛋……

5. 教师可将幼儿收集来的实物和艺术品集中分类展示，并引导幼儿有重点地观察，如蛋的形状、大小，艺术作品的色彩、造型美等。

6. 参观后，教师经过整理、调整，可有针对性地将部分收集品投放在活动区，引导幼儿相互交流，积累欣赏经验。

活动2　赏蛋（美术欣赏活动）

活动目标

1. 感知各种蛋的形状、颜色、花纹等不同特点。
2. 学习用声音的强弱等表现蛋的大小变化，大胆进行艺术想象。

活动准备

鸡蛋、鸭蛋、鹅蛋、鸵鸟蛋、鹌鹑蛋、鸽子蛋、鸟蛋等实物，自制摸箱；幼儿在收集各种蛋的过程中，已认识了许多种蛋。

活动过程

1. 导入。教师出示摸箱，引发幼儿参与活动兴趣。

☆ 教师：请小朋友们看看我手里拿着什么宝贝？它的名字叫百宝箱，里面有我的宝贝。小朋友猜一猜，里面装的什么？

2. 探索发现。教师组织摸蛋游戏，引导幼儿运用触觉去感受蛋的外形特征。

☆ 教师：请你轻轻摸一摸，告诉我们箱子里面的宝贝是什么样子的？大家一起猜猜是什么？

3. 欣赏感知。教师展示多种不同的蛋，引导幼儿进行观察。

（1）教师揭晓答案。

☆ 教师：这个宝贝很娇气，怕摔。所以请你轻轻拿出来给大家看一看，小朋友们猜得对不对？

（2）引导幼儿观察蛋的形状、颜色、花纹、质地等特性，例如鹌鹑蛋穿

花衣，鸽子蛋小而透明，鸵鸟蛋大而光滑……

☆教师：老师这里还有许多种蛋，小朋友们认识吗？

☆教师：这些都是什么蛋？它们哪里相同？哪里不同呢？

4. 展示表现。教师鼓励幼儿运用自己喜欢的方式，表现蛋的大小变化。

（1）蛋蛋排排队——教师引导幼儿将所有的蛋按照大小排排队。

☆教师：这么多的蛋蛋在一起太乱了，我们来给他们排排队，就像我们小朋友排队一样，按什么顺序排会整齐呢？

（2）蛋蛋的联想——教师引导幼儿运用声音表现蛋蛋的大小排序效果，大胆进行艺术想象。

☆教师：蛋蛋排好队了，是按什么顺序排的？蛋蛋的队伍让你想到了什么？

☆教师：除了用语言描述，你们还能用其他方式表现出蛋蛋是怎样排队的吗？

☆教师：声音的大小变化也可以表现出蛋蛋的队伍排序，我们来试一试。教师引领幼儿用声音（嗓音、拍手声、鼓声）的渐强、渐弱表示蛋的大小排列顺序。

5. 结束。教师进行总结，并引发幼儿下次活动的兴趣。

☆教师：今天我们看到了很多种蛋，虽然每种蛋都不一样，但是每个蛋里都有一个生命，这个小生命会是谁呢？小生命出来后，小蛋壳还有什么用呢？下次活动我们就知道了！

活动建议

在为蛋蛋排队时，可用不同的方式去表现蛋蛋的排序，还可以让幼儿探索以画图、音乐的渐强渐弱符号或肢体动作来表现的方法。

活动3　小蛋壳（歌唱活动）

活动目标

1. 能够准确地掌握切分节奏，初步完整演唱歌曲。

2. 理解歌曲内容，学习用歌声表达自己的情感。

活动准备

动画片《小蛋壳》及其插曲；幼儿已欣赏动画片《小蛋壳》。

活动过程

1. 导入。幼儿在《小蛋壳》歌曲的伴奏下，模仿小蛋壳律动进教室。

☆ 教师：我们一起变成小蛋壳去旅行吧！请大家想一想，小蛋壳是怎样走路的？看看哪个小蛋壳最可爱。

2. 感知欣赏。请幼儿欣赏动画片插曲《小蛋壳》，并熟悉歌词。

☆ 教师：这是一首什么样的歌曲？听起来有什么感受？

☆ 教师：小蛋壳战胜大老鼠之后，它的心情怎么样？

☆ 教师：小蛋壳没手没脚也能走，它是怎样走路的？

☆ 教师：歌曲里用了一个好玩的词来告诉我们它走路时的样子，是什么？

☆ 教师：小蛋壳很勇敢，歌中哪些地方告诉我们小蛋壳表现得很勇敢？

☆ 教师：小蛋壳战胜大老鼠后，又去了哪里？

3. 探索发现。学习切分节奏的唱法。

（1）对比倾听切分与无切分节奏，感知切分节奏对表现快乐情绪的作用。

☆ 教师：刚才小朋友听到歌中好玩的"滴溜溜"的声音，老师来试一试唱两个"滴溜溜"，你来听一听哪个滴溜溜能表现出小蛋壳快乐的心情？为什么？

（2）发现切分节奏的唱法，并尝试演唱。

☆ 教师：这个"滴溜溜"是怎么唱的？哪个字唱得长一些？

☆ 教师：我们跟着钢琴一起来唱一唱。

4. 展示表现。幼儿以跟唱的方式学习歌曲，教师针对幼儿演唱中出现的问题进行引导。

☆ 教师：请小朋友和老师一起来唱一唱《小蛋壳》这首歌（唱1—2次）。

☆ 教师：小蛋壳走起路来是蹦蹦跳跳的，怎样唱出蹦跳的感觉？

5. 结束。

☆ 教师：小蛋壳非常能干，不仅能够保护未孵出的小鸡，还能战胜大老

鼠。那么还有哪些小动物是从蛋里孵出来的？它们是怎样孵出来的？小朋友们去找找答案吧！

活动4　生命的礼赞（表演活动）

活动目标

1. 尝试以肢体动作独立或合作表演小动物孵化的过程。
2. 感受新生命诞生的神奇与惊喜。

活动准备

《出生的小鸡》幻灯片，慢速且带有摇摆感的音乐，每人一块大方巾；幼儿已经获得一些关于蛋的知识经验。

活动过程

1. 导入。教师提问，引发幼儿对卵生动物的兴趣。

☆ 教师：小朋友们知道什么动物是从蛋里孵出来的吗？

2. 感知欣赏。幼儿欣赏《出生的小鸡》幻灯片，了解小鸡出生过程，想象其感受。

（1）第一次欣赏。

☆ 教师：你看到了什么？欣赏后你有什么感受？

（2）第二次欣赏。

☆ 教师：小鸡在蛋壳里是什么样子的？小鸡为什么要出壳？

☆ 教师：蛋壳里的小鸡是怎样破壳而出的？请你来学一学。

3. 探索发现。教师引导幼儿感受小鸡的内心世界。

☆ 教师：小鸡在蛋壳里慢慢长大，有一天小小的蛋壳装不下它了，小鸡就会钻出蛋壳。如果你们是小鸡，在小蛋壳里还没出来时会想些什么？做些什么呢？

☆ 教师：你知道小鸡孵出来，第一眼看到妈妈，第一眼看到这个美丽的

147

世界，它的心情会怎样？它会说什么？做什么？

4．展示表现。幼儿尝试用动作表现小生命的出生过程，体验新生命诞生的喜悦。

（1）独立游戏。幼儿根据教师的旁白，用肢体动作来表现小动物从蛋中出生的情景。

☆教师：请用动作模仿一个将要出生的小动物，看看谁表演的小动物和别人不一样。幼儿可以用方巾把自己裹起来，想象自己是一个蛋。在带有摇摆感的音乐的伴奏下，教师边旁白边与幼儿一起表演。

☆教师：谁来说一说你表演的是什么小动物？

（2）合作游戏。幼儿以小组为单位，相互协商、分角色合作表演各种蛋的孵化过程。

☆教师：如果请小朋友们进行合作表演，你们觉得一组几个人合适？为什么？

☆教师：表演前小伙伴之间要协商什么内容？

☆教师：请小朋友们自愿结组，大家商量好后我们再来玩一遍小动物出壳的游戏，看哪个小组的合作最默契？

5．结束。教师肯定并鼓励幼儿表演，幼儿做小动物律动结束活动。

☆教师：大家表演得很棒！动物宝宝们都从蛋壳里孵出来了，我们一起到外面去学本领，找食物吧！

活动建议

1．当幼儿分小组合作表演时，教师应指导幼儿相互商议、分配角色。例如，表演鸡蛋时两人合作，表演恐龙蛋时多人合作；两名幼儿手拉手扮演鸡蛋壳，一名幼儿在中间扮演即将出生的小动物。

2．在模仿小动物出壳时，教师应指导幼儿间相互配合并按角色表演。例如小鸡随音乐在蛋壳中蠢蠢欲动，随后用尖嘴反复啄蛋壳，蛋壳被啄碎。

活动资料

[旁白]　　　　　　　　出生的小鸡

我们一开始是妈妈生下来的蛋。那时她每天陪在我们身边，白天为我们

挡太阳，晚上为我们遮风雨。在妈妈的细心照顾下，我们一天天长大了，终于有一天，我们鼓足勇气，用我们的嘴巴、身体把硬硬的壳啄开。这时，我们看到了亮光，看到了外面的世界！外面的世界好大啊……

单元二 好玩的蛋

活动1 蛋宝宝的舞会（音乐游戏）

活动目标

1. 能根据音乐的不同特点，用肢体表现蛋走、跳、摇等不同动态。
2. 体验参与艺术游戏的乐趣。

活动准备

《小星星变奏曲》；幼儿前期对蛋的走、跳、摇等各种动态有所了解。

活动过程

1. 导入。进行"学造型、猜角色"的游戏，引导幼儿回顾有关卵生动物的知识。

☆ 教师：哪些动物是卵生的？请你用肢体动作表演出来，让大家猜一猜是什么动物？

2. 感知欣赏。教师引导幼儿认真倾听三段旋律基本相同但节奏不同的《小星星变奏曲》片段，听辨不同的音乐性质。

☆ 教师：今天小动物要开舞会，我们来听一听它们跳舞的音乐吧！

☆ 教师：这三段音乐有哪些相同？有哪些不同？

☆ 教师：你喜欢哪段音乐？为什么？

3. 探索发现。引导幼儿倾听不同性质的音乐，为蛋蛋的不同舞步选择伴奏。

☆ 教师：蛋蛋们会跳三种舞，一种是走走舞，一种是跳跳舞，还有一种是摇摇舞。我们来帮助它们为不同的舞步选择合适的伴奏音乐吧。什么音乐

适合跳走走舞（跳跳舞、摇摇舞）？为什么？

4. 展示表现。组织游戏"蛋宝宝的舞会"，鼓励幼儿在听辨音乐的基础上，尝试运用肢体动作大胆表现走、摇、跳等不同的动态。

☆ 教师：请你做一只活泼可爱的蛋宝宝，随着音乐的旋律跳舞。当听到老师说"小蛋小蛋碰开，快快露出脑袋"的时候，你就要变成一只小动物，好吗？

☆ 教师：蛋宝宝舞会要开始啦，请仔细听听音乐，蛋宝宝跳起了什么舞？教师播放《小星星变奏曲》音乐，幼儿表演。

☆ 教师：你是怎么摇的？做了什么动作？有什么感受？

☆ 教师：小蛋小蛋碰开，快快露出脑袋。猜一猜是什么小动物钻出来？教师在游戏过程中重点提示幼儿根据音乐的变化，变换走、跳、摇的动作。

5. 结束。教师选择动作有特色的个别幼儿与大家交流共同模仿，丰富幼儿动作。

☆ 教师：你最喜欢谁的动作？

☆ 教师：听到这段（如圆舞曲）音乐，你还想做什么动作？蛋宝宝我们下次再一起来跳舞吧，好吗？

活动2　生蛋熟蛋（区域活动）

活动目标

1. 探索区分生蛋和熟蛋的方法。
2. 尝试运用肢体动作表现生蛋和熟蛋的不同。

活动准备

生、熟鸡蛋若干。

活动建议

1. 教师以魔术师的身份，启发幼儿尝试运用多种方法区分生、熟鸡蛋，

例如转动法、摇动法、透光法、自然敲击法等。

转动法：在水平桌面上，用力转动鸡蛋，旋转快的是熟蛋，慢的是生蛋。

摇动法：手拿鸡蛋用力摇动，内部有晃动感的是生蛋，反之为熟蛋。

透光法：手拿鸡蛋面向阳光观看，有透光感的是生蛋，反之为熟蛋。

自然敲击法：将鸡蛋击破，有液体流出的是生蛋，只有蛋壳破损的是熟蛋。

2．鼓励幼儿将探索过程和收获以图画形式记录，供幼儿相互交流。

3．区分生、熟鸡蛋后，幼儿可模仿生、熟鸡蛋的不同，运用肢体动作大胆表现。例如，生蛋慢转，熟蛋快转；两人合作，一人在中间，另一人伸出双臂将同伴抱住。

活动3　蛋儿变变变（制作活动）

活动目标

1．学习使用蛋壳等材料制作玩具。

2．体验制作活动的快乐与成就感。

活动准备

哭脸和笑脸蛋壳或其他蛋形材料，白纸、彩纸、糖纸、毛线、吸管、瓶盖、笔帽、绒绳、棉花等辅料，剪刀、胶棒、乳胶、胶条等工具，小舞台，《丢丢的故事》中的手偶；幼儿积累了蛋形或类似蛋形事物的造型经验。

活动过程

1．导入。幼儿欣赏手偶剧表演《丢丢的故事》。

☆ 教师：今天我在地上捡到了一个小东西，你们看它是谁？（出示哭脸蛋壳）

☆ 教师：它是小蛋壳，名字叫丢丢。你们瞧瞧，丢丢怎么了？

☆ 教师：丢丢为什么哭了？请小朋友们欣赏一出手偶剧《丢丢的故事》，

在故事中寻找答案吧。

2. 欣赏感知。幼儿回忆故事内容，简单讲述制作蛋形玩具的设计思路。

☆ 教师：故事中，丢丢一开始为什么哭了？

☆ 教师：为什么最后丢丢又乐了？（出示笑脸蛋壳）

☆ 教师：大家愿意帮助小蛋壳，把它变成有趣的蛋壳玩具吗？

☆ 教师：请小朋友们想一想，你要用蛋壳做什么？还需要什么材料？

3. 探索感知。幼儿自选材料进行制作，教师个别指导。

☆ 教师：老师为小朋友准备了许多材料，请小朋友自己选择材料。在选择材料时，教师提出三个要求：排队；用多少拿多少，不浪费；蛋壳易碎，轻拿轻放。

4. 展示表现。教师、幼儿共同评价，总结合理利用材料的方法。

☆ 教师：你最喜欢哪个蛋形玩具？为什么？

5. 结束。

☆ 教师：我们下次再为蛋壳穿上漂亮的花衣服，把它变成漂亮的彩蛋吧！

活动建议

1. 在材料准备上，教师除了为幼儿提供鸡蛋壳外，还可准备多种蛋形材料，如纸浆蛋、塑料蛋、泥蛋、扭蛋等。

2. 教师可启发幼儿运用蛋形材料制作不同的玩具，例如，在扭蛋上粘贴一对长耳朵及其他五官，变成小兔子；在泥蛋上画各种表情变成表情蛋；将纸浆蛋剪成锯齿状，在蛋底铺上棉花，画一只小鸡固定于棉花上，即成小鸡出壳等。

3. 在制作过程中，教师应对幼儿进行行为规范，例如节约用料、注意卫生等，培养幼儿的良好习惯。

活动资料

［制作方法］　　　　　　　**纸浆蛋壳和泥蛋**

纸浆蛋壳制作方法：在吹圆的气球外，用1∶1的水与白乳胶的混合黏剂，将卫生纸平整地粘贴于气球上，以不露出气球底色为好。待充分晾干后，刺破气球并取出，纸浆蛋壳完成。

泥蛋制作方法：将黏土揉成蛋形，在阴凉处放干即成。

152

[故事]　　　　　　　　　丢丢的故事

　　丢丢是一枚可爱的蛋壳。他和其他的蛋朋友们一样，时刻保护着蛋清和蛋黄，每天虽然辛苦，但却很快乐。可是有一天，蛋清和蛋黄离开了它。现在的丢丢只剩下一个空壳，和其他的蛋壳朋友一起被扔在了一旁，它们真伤心呀。大家你一言我一语地说："真不想被扔在这里。""可是我们只剩下一个空壳了，还能做什么呢？""唉——我们没有用处了。"丢丢说："不，我们还是有用的。"话音刚落，一只小熊愁眉苦脸地走过来。丢丢问："小熊小熊，你怎么啦？"小熊说："我不小心把我的蜂蜜罐打碎了，现在蜂蜜没处放了。"丢丢说："别着急，让我们给你想想办法。嗯……你看，我们圆圆的身体，也能盛蜂蜜呀，让我们给你做蜂蜜罐吧。""谢谢你们。"小熊可高兴啦，挑了一个蛋壳回家了。过了一会儿，小羊急急忙忙地跑过来，丢丢赶忙喊住它问："小羊小羊，你这么着急，要去哪里呀？""我的朋友小黑羊病了，不能出来玩，整天闷闷不乐的，我要去看看它。可是，我还没有给它买礼物呢？这个礼物一定要让我的朋友高兴起来。"丢丢连忙说："让我们来帮助你吧。"（出示蛋壳不倒翁）"这是用我们蛋壳做的不倒翁，小黑羊看了一定会高兴的。""谢谢你们！"小羊拿着礼物向小黑羊家赶去。大家正在兴奋地说着刚才的事情，看到小兔子边走边找着什么东西。丢丢问："小兔子，你在找什么？"小兔说："我天天上幼儿园，妈妈很想我，过两天就是妈妈的生日了，我想给妈妈做个小兔子，这样我不在的时候，小兔子就能陪着妈妈了，可是我还不知道拿什么做呢？""那我们能帮你做什么呢。"小兔子瞧了瞧蛋壳说："你们这些小蛋壳，一头尖一头圆，倒着放，正好像我胖乎乎的身体，就用你们做吧。""好呀，好呀！"这次小兔子挑了一个完整的蛋壳，用纸做了耳朵和胡子，棉花做了小尾巴，最后又画上两只红眼睛。看到这些朋友满意地离开，丢丢和他的朋友们开心极了。"原来我们有这么大的用处呢。"它们决定开一个蛋壳玩具店，给更多的朋友带去欢乐。

（北京市第一幼儿园/文）

单元三 多彩的蛋

活动1 取蛋壳（区域活动）

活动目标

尝试用多种方法取出蛋液，提高动手能力。

活动准备

各种生蛋、吸管、安全图钉、盘子；部分幼儿有取蛋壳的经验。

活动建议

1. 活动中使用的蛋可以是家长、幼儿、教师共同收集的。

2. 在探索的过程中，教师应鼓励幼儿相互学习，尝试运用多种方法取出蛋液。

3. 在幼儿遇到困难时，教师可以带领幼儿总结经验教训，探索新的更加合理的方法，而不是提供现成答案。

4. 如该活动在家中进行，家长可将幼儿的探索过程以视频、照片或文字形式加以记录，整理后带回班里与同伴、教师进行交流。

5. 可在科学区内继续延伸此活动，并请幼儿将自己的方法用简单的步骤图记录下来，作为成果展示，同时也可作为教学的共享资源。

活动2 彩蛋（绘画活动）

活动目标

1. 欣赏、感受彩蛋艺术品的美。

2. 尝试运用线条、图案及色彩等在蛋壳上创作。

活动准备

彩蛋实物和照片，白色完整的空蛋壳，瓶盖，各种绘画工具（水彩笔、油画棒、广告色、毛笔、调色盘、水、笔洗），背景音乐；幼儿已掌握毛笔的使用方法。

活动过程

1. 导入。

☆ 教师：今天，老师为大家带来了很多美丽的彩蛋，我们一起来欣赏好吗？

2. 观察与欣赏。引导幼儿发现彩蛋上装饰的色彩、图案、纹样的美。

☆ 教师：在欣赏过程中，请小朋友注意爱护作品，不能用手触摸。

☆ 教师：你最喜欢哪个彩蛋？为什么？教师就幼儿的回答进行梳理和总结，侧重点包括以下几个方面：线条，长短结合、曲直结合；色彩，深浅搭配、对比色搭配、相近色搭配、彩虹色搭配。

3. 探索与发现。教师引导幼儿相互交流，分享装饰经验和方法。

☆ 教师：请你讲讲自己的设计思路，你想运用什么图案、造型、颜色装饰蛋壳？教师根据幼儿的想法画出一些简单的线条、图案、色彩，为幼儿的创作开拓思路。

☆ 教师：怎样拿蛋壳更方便我们绘画？左手大拇指顶住蛋壳的底端，中指按住蛋壳的顶端，手腕轻轻转动以便绘图。

4. 表现与创造。幼儿分组尝试运用线条、图案及色彩等要素大胆地在蛋壳上进行装饰与绘画。

（1）将幼儿分成毛笔组、水彩笔组、棉签组。

（2）教师分组指导。毛笔组以色彩表现彩蛋（握笔轻，注意手形，蘸色、蘸水要均匀，运笔要慢），水彩笔组以图案表现彩蛋，棉签组以线条表现彩蛋。

5. 组织彩蛋展示会，教师引导幼儿互相欣赏和评价作品。

☆ 教师：这么多漂亮的彩蛋，你最喜欢哪个，为什么？

活动建议

1. 教师可以和幼儿一起将彩蛋做成展品或制作成吊饰，布置在教室环境中供大家欣赏，或赠送给亲戚朋友。

2. 收集品种多样的彩蛋艺术品，按其图案（人物、风景、脸谱）、造型（完整蛋形、镂空蛋形）等特点进行分类摆放，供幼儿观赏。

3. 在投放的彩蛋艺术品中，最好有一些教师的作品，运用幼儿熟悉的线条、图形、图案设计一些内容较简单的作品，贴近幼儿的生活，激发他们制作装饰彩蛋工艺品的兴趣。

4. 在幼儿创作时，教师可选择一些优美、安静的音乐作为背景音乐，为幼儿营造一个舒适、快乐的创作氛围。

5. 教师可鼓励幼儿相互合作，自由创作主题性的彩蛋作品，例如蛋的四季画、十二生肖等，体验合作的乐趣。

6. 在评价幼儿的作品时，教师在强调作品美观性的同时，还要注意肯定幼儿参与活动认真、做事有始有终的态度。

7. 评价重点可以是构图，也可以是色彩的搭配或线条、纹样、图形的组合上，还可以是涂色，让每个幼儿都能欣赏到同伴的长处，同时自己也得到大家的肯定，增强参与艺术活动的信心。

8. 可在区域活动中继续开展制作装饰活动，让幼儿从中获得更多的乐趣。

活动3 有趣的蛋壳画（制作活动）

活动目标

1. 尝试用蛋壳进行拼贴，提高想象力和创造力。
2. 乐于利用生活中的简单材料表现美。

活动准备

蛋壳画工艺品，各种蛋壳皮（把一部分蛋壳用颜料涂上各种颜色，作为蛋皮粘贴的原料），有特定图案的轮廓纸和空白纸，乳胶、棉签、毛笔、水彩

颜料、调色盘等工具；在区域活动中，教师事先引导幼儿探索、尝试碎蛋壳的方法，例如用手指掰碎、用手指按压等。

活动过程

1. 导入。出示蛋壳画，激发幼儿对制作的兴趣。

☆ 教师：小朋友们看看这幅画与以前的画有什么不同？它是用什么做的？

2. 欣赏与感知。教师示范蛋壳画的制作过程，重点是乳胶、棉签的使用方法和步骤。

☆ 教师：请小朋友们认真看一看，老师是怎么做出漂亮的蛋壳画的？教师逐一示范蛋壳画的制作步骤，并就关键环节做重点介绍（用棉签蘸取乳胶不要蘸得太多，在盘子边上刮一刮，涂在蛋壳的背面，贴在纸上，拿小手按一按就粘好了）。

3. 探索与发现。教师引导幼儿充分利用各种蛋壳的颜色制作蛋壳画。

☆ 教师：蛋壳的内层是白色的，适合粘贴什么图案呢？

4. 表现与创造。幼儿自由选择在画有图案轮廓的纸上制作蛋壳画。

☆ 教师：小朋友们自己制作一张美丽的蛋壳贴画吧。

5. 结束。

☆ 教师：大家欣赏一下同伴的作品，请你说一说最喜欢哪一幅？为什么？

☆ 教师：我们除了用蛋壳作画外，还可以用什么材料作画呢？有机会我们再去试一试吧。

活动建议

1. 教师可提供简单的制作方法、使用工具的步骤图，供幼儿参考。

2. 蛋壳内层中有一层白色的膜，建议在刚剥下蛋壳时将白膜撕下，再弄碎作画。

3. 为适应各种水平幼儿的需要，此活动可采用部分蛋壳粘贴的方法，以降低活动难度。

4. 完成作品后，教师可鼓励幼儿运用毛笔、水彩颜料等进行添加装饰。

5. 活动可以延伸为制作瓜子画、豆子画等，丰富幼儿的制作经验。

主题九

亲亲一家人

主题概述

　　家庭的关爱和呵护伴随着每个孩子的成长。"亲亲一家人"这一主题是延续小班"妈妈爱我"及中班"爸爸和我"的亲情系列主题之一。通过这一主题的开展，我们带领幼儿深入理解"家"，感受家人之间的关爱、家庭中的温暖，学会给予爱、回应爱、传递爱。

　　在本主题中我们设计了"有趣的家庭成员""我是开心果""我爱我家"三个单元。"有趣的家庭成员"单元通过欣赏全家福，引导幼儿感受全家人在一起的快乐幸福；在学唱歌曲《我有一个幸福的家》中，体验家庭生活的温馨。该单元还通过绘画、模仿等多种艺术手段，增进幼儿与家人间的了解及情感交流。"我是开心果"单元通过绘画、制作等艺术手段，引导幼儿回馈家庭给予自己的爱，增强与家人的情感互动，激发幼儿关爱家人的情感。"我爱我家"单元通过摄影作品和名家名画欣赏及绘画等艺术手段，采用集体、家园等活动形式，激发幼儿运用语言、歌曲、绘画等艺术形式表达自己对家人的爱。

　　在开展本主题时，我们特别关注单亲家庭的孩子，同时注重让幼儿扩展对"家"的认识，让幼儿明白我们与爸爸妈妈爷爷奶奶是一家人，与一个班的小朋友是一家人，与幼儿园里的老师、小伙伴也是一家人，我们中国56个民族是一家人，所有的中国人都是一家人。

主题活动网络图

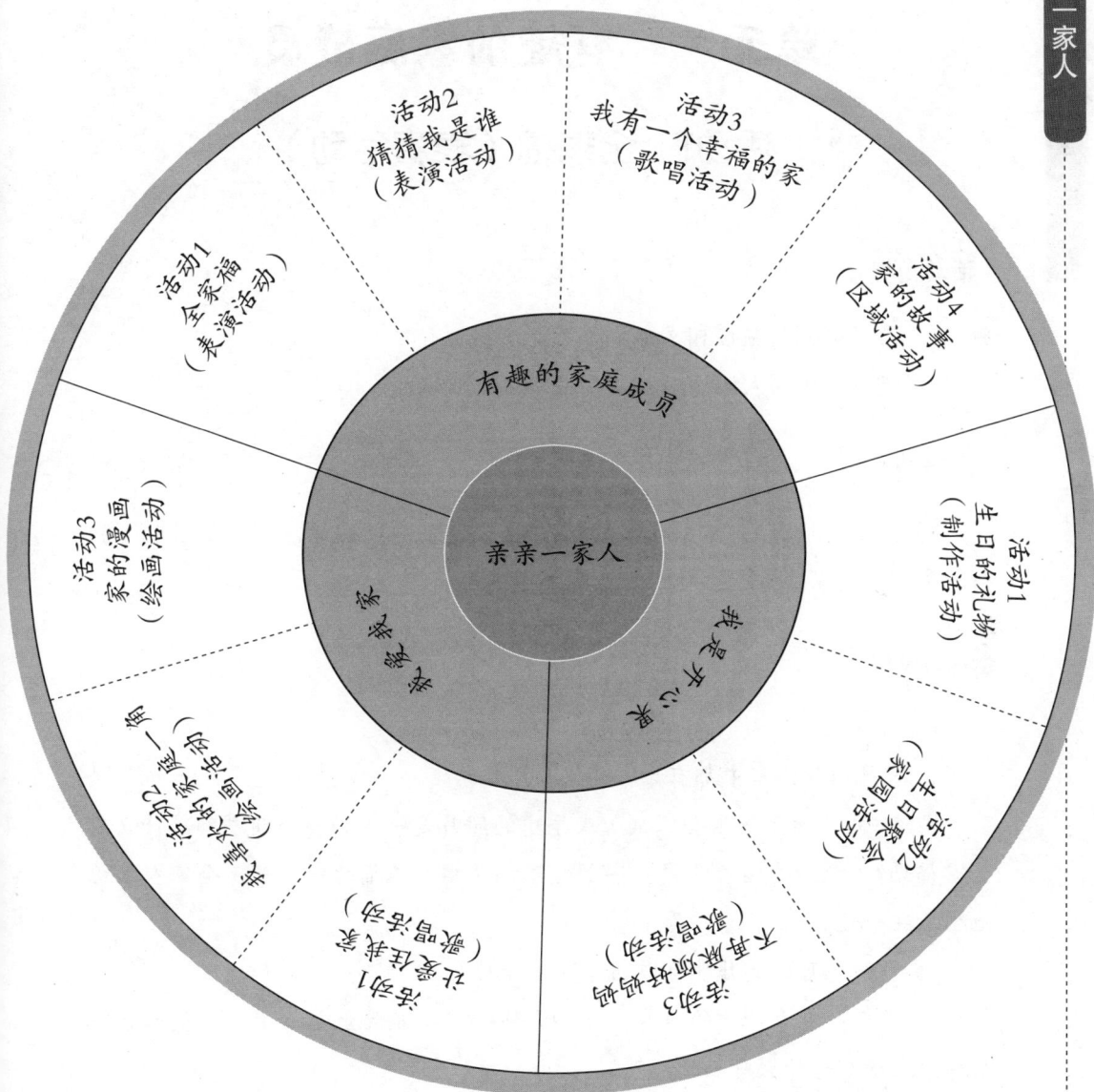

有趣的家庭成员

亲亲一家人

活动1
全家福
（表演活动）

活动2
猜猜我是谁
（表演活动）

活动3
我有一个幸福的家
（歌唱活动）

活动4
家的故事
（区域活动）

活动1
生日的礼物
（制作活动）

活动3
家的漫画
（绘画活动）

活动2
我爱我的家（绘画活动）

我家的一角

活动1
妈妈爱我我爱妈妈
（语言活动）

活动3
爸爸妈妈的妈妈
（歌唱活动）

活动2
生日party会
（体育活动）

我爱我家

单元一　有趣的家庭成员

活动1　全家福（表演活动）

活动目标

1. 感受家庭的温暖和幸福。
2. 尝试模仿家人说话。

活动准备

将幼儿自带的全家福照片装饰成展板（题为"全家福"），儿童歌曲《我有一个幸福的家》（佚名词曲）。

活动过程

1. 导入。

☆教师：你们家中都有谁？

☆教师：（出示一张全家福）我手中的照片是一张……小朋友知道什么是全家福吗？（教师手指着"福"字）全家福的福是幸福的福，表示全家人幸福地生活在一起。

2. 欣赏感知。幼儿相互欣赏全家福照片。

☆教师：看看伙伴的照片，互相介绍一下，照片上都有谁？他们都是什么样的表情？为什么那么开心？

☆教师：谁来介绍一下自己的照片，自己的"幸福一家"？

3. 探索发现。鼓励幼儿大胆模仿自己熟悉的家人常说的一句话。

☆教师：你的家人平时都爱说一句什么话？

☆ 教师：他在说这句话的时候是怎样的表情、动作？用什么样的声音的？你来学一学。

4．展示表现。请幼儿欣赏歌曲《我有一个幸福的家》，体会全家人在一起的幸福与快乐。

☆ 教师：我们一起欣赏一首歌曲《我有一个幸福的家》，请你边看照片边听，有什么感觉？

☆ 教师：你们要怎么对待自己的爷爷、奶奶、爸爸、妈妈呢？

5．结束。鼓励幼儿回家后对家长表达自己的爱。

☆ 教师：请你回家后跟自己的爸爸、妈妈、爷爷、奶奶说一句最贴心的话！

活动建议

可启发幼儿将自己对家人的祝福用文字或图画的方式记录下来，在一个特殊的日子赠送，如过生日、过年过节时，表达自己的真挚情感。

活动资料

[歌曲]　　　　　　　　　　我有一个幸福的家

$1 = D \frac{2}{4}$　　　　　　　　　　　　　　　　　　佚名词曲

抒情

```
 1 1   1 2 | 3 5 6 3 | 5. 6 | 5 — |
 我爱  我的  爸      爸，

 3 1   6 5 | 3 2 1 6 | 2. 3 | 2 — |
 也   爱   我的 妈     妈，

 3 2   1 2 | 3 5 6 i | 6. 5 | 6 — |
 爸爸 妈妈 都 爱  我     呀，

 5 6   i 6 | 5 3 2 6 | 1. 2 | 1 — ‖
 我有 一个 幸 福的   家。
```

活动2　猜猜我是谁（表演活动）

活动目标

1. 能够选择适宜的道具，模仿表现家人的特点。
2. 体验角色扮演的乐趣。

活动准备

幼儿自备模仿家人所需的道具（如围裙、领带、假发、发卡、书包、胡子），家庭成员的照片或生活录像，事先已提醒幼儿观察家庭成员的言行特点。

活动过程

1. 欣赏感知。幼儿讨论自己的家庭成员，引发幼儿扮演家庭成员的愿望。

☆ 教师：你的家里都有谁？

☆ 教师：你最喜欢谁？他有什么特别的地方？可引导幼儿说说家庭成员说话时的声音特点或语言特点——口头语、用的东西、做事情的特点等。

2. 探索发现。教师拿出自己的全家福，向幼儿介绍家庭成员及特点，并模仿一位家庭成员。

☆ 教师：我来演一位我的家人，请小朋友猜猜我演的是谁？你从哪里看出来的？

☆ 教师：模仿别人要先观察他的声音、习惯动作和表情，每个人声音的快慢、语气语调都不一样，习惯动作和表情也不一样。只有抓住主要特点，才能模仿得像。

3. 展示表现。请几个幼儿模仿表演家人，其他幼儿来猜一猜。

☆ 教师：你想演家里的谁？想一想他有什么特点？你需要什么道具来帮助你表演？

☆ 教师：请小朋友猜猜他模仿的是家里的谁？你是怎么看出来的？对照表演幼儿从家里带来的表现家人的照片或视频，再次进行对比欣赏，找出表

演幼儿的优点，并提出修改建议。教师可抓住幼儿表演中的亮点，及时引导并鼓励幼儿集体模仿表演，如共同模仿妈妈穿高跟鞋走路的样子、奶奶戴老花镜看东西的样子等。

4. 结束。伴随歌曲《我有一个幸福的家》，活动自然结束。

活动建议

1. 活动结束后，可鼓励幼儿尝试利用美工区中的废旧物进行自我装扮，然后在表演区舞台上展示。

2. 前期的充分观察是进行模仿表演活动的前提，可事先向幼儿提出观察的重点，如语言、动作、爱好等，更好地进行模仿表演。

3. 在模仿环节中，教师可就幼儿表现的内容进行不同方面的引导，在艺术活动中体现人文关怀。如面对走路不方便的老奶奶，我们应该怎样？妈妈这么关心你，你应该怎么回报她呢？爸爸这么勤劳，你是不是也要和他一样呢？最后，也可请扮演妈妈、爸爸的所有"演员"一同表演，充分体验角色扮演带来的快乐。

活动3　我有一个幸福的家（歌唱活动）

活动目标

1. 感受歌曲的情绪，掌握歌曲的旋律，能用连贯的声音演唱连音。
2. 尝试改编歌词，表达对家人的热爱。

活动准备

歌曲《我有一个幸福的家》。

活动过程

1. 导入。引导幼儿说说自己的家人，激发幼儿学习歌曲的兴趣。

⭐ 教师：小朋友的家里有谁？你的爸爸妈妈爱你吗？他们是怎么爱你的？

2. 欣赏感知。引导幼儿欣赏歌曲，熟悉歌词与旋律。

☆ 教师：老师的爸爸妈妈也很爱我，我要唱一唱我的家，歌曲的名字叫《我有一个幸福的家》！

☆ 教师：歌里都唱了些什么？你的家幸福吗？为什么？

3. 探索发现。幼儿学唱歌曲、改编歌词，重点学习连音的演唱方法。

☆ 教师：请小朋友跟着老师学唱歌曲，演唱的时候要仔细听琴，唱准音调。

☆ 教师：请小朋友说一说连音的演唱有什么特点？引导幼儿发现中间没有停顿和换气。

☆ 教师：我们怎样才能唱出优美的连音？引导幼儿正确吸气和换气，每一句开始前进行换气。

4. 展示表现。幼儿创编后再次演唱。

☆ 教师：想一想你的家里除了爸爸妈妈还有谁？请你把家里的其他的人也编到歌词来唱一唱吧！引导幼儿尝试改编歌词。

☆ 教师：小朋友把改编歌词后的歌曲唱一唱，听听谁改编的歌词和别人不一样。

5. 结束。

☆ 教师：小朋友回家后，把自己改编的歌曲唱给自己的家人听吧！

活动建议

1. 可利用表演区或过渡时间，鼓励幼儿继续创编歌词，丰富歌曲内容，充分体验亲情。

2. 鼓励幼儿绘制"我有一个幸福的家"宣传画、节目单等，放置到表演区，供活动区的幼儿进行演唱。

活动4　家的故事（区域活动）

活动目标

1. 用生动的语言向伙伴、教师讲述家人的生活故事。

2．感受家的温暖。

活动准备

幼儿事先对家人进行观察并以文字或图画形式记下来。

活动建议

1．请幼儿将自己认为有趣的事情作为讲述的内容，在语言区或环节过渡时进行讲述。

2．请家长帮助幼儿把发现的事记录下来，可以用文字、图画等，并帮助幼儿进行完整讲述。

3．鼓励幼儿在美工区中绘画制作自己的"家庭故事"，汇集成为《××班的家庭故事》，投放到阅读区供幼儿相互交流欣赏。

单元二　我是开心果

活动1　生日的礼物（制作活动）

活动目标

1．利用各种材料动手制作，发展想象力和创造力。

2．学会主动表达对亲人的美好祝福。

活动准备

为家人过生日的录像，图画纸、彩纸、剪刀、粘贴工具、各种绘画工具（水彩笔、油画棒、彩铅笔）、小印章、陶土、烤箱等，教师制作的一件有意义的生日礼物（如一把扇子、一张贺卡）；幼儿通过观察已了解了每个家庭成员的兴趣爱好。

活动过程

1．导入。引导幼儿欣赏过生日的片段，引发幼儿兴趣。

☆ 教师：他们在做什么？你怎么看出来的？他们的心情怎么样？

2. 欣赏感知。引发幼儿对礼物的制作兴趣。

☆ 教师：过生日都需要什么？你都收到过哪些生日礼物？收到礼物后心情是怎样的？

☆ 教师：今天老师为小朋友们带来了我为爸爸制作的生日礼物，你们看看是什么？请你们看看我这张贺卡是怎么做的？都用了哪些材料来进行装饰？

3. 探索发现。引导幼儿充分表达自己制作礼物的想法，教师对做礼物提出建议和指导。

☆ 教师：你愿意给家人送上什么生日礼物？为什么送这个礼物？可以用什么制作？你想怎么做？

4. 展示表现。幼儿自由选择材料制作礼物。

幼儿根据自己的意愿自由选择材料。可将幼儿分成三组（贺卡组、陶土组、纸工组），教师分组指导。贺卡组可在制作过普通贺卡的基础上，尝试制作镂空贺卡；陶土组可运用团、压、捏、搓等方法制作创意陶土小礼物；纸工组可利用一些简单的礼品（花、钱包、衣服等）折纸图，如各种花、小钱包、衣服等。在制作过程中教师可协助幼儿将祝福语写在贺卡或礼物上。

5. 结束。幼儿展示自己制作的礼物。

☆ 教师：请你把自己的礼物展示给小朋友看一看。

☆ 教师：你觉得当你送上礼物的时候，他们会说什么？

☆ 教师：对着自己制作的礼物向家人说上一句生日祝语（可播放背景音乐《我有一个幸福的家》）。

活动建议

1. 将幼儿制作的礼物收集到礼物展示台中，供幼儿欣赏交流，送给家人。

2. 鼓励幼儿在美工区为家人继续制作生日礼物，表达自己的祝福。

活动2 生日聚会（家园活动）

活动目标

尝试设计生日活动的过程和内容，表达对亲人的爱。

活动准备

水彩笔、白纸等。

活动建议

1. 家长可指导幼儿设计为亲人过生日的活动过程和内容，如地点、时间、礼物及祝福等。

2. 家长协助用拍照、摄像或文字的形式记录下幼儿的活动。

3. 幼儿将给亲人过生日的活动资料带到班上，与小朋友分享、交流。幼儿的文字资料可装订成《家庭生日会》一书，放置到语言区，供全班幼儿欣赏交流。

活动3 不再麻烦好妈妈（歌唱活动）

活动目标

1. 掌握歌曲的歌词、旋律，能够唱准节奏。
2. 理解妈妈的辛苦，愿意做一些自己力所能及的事。

活动准备

歌曲《不再麻烦好妈妈》（颂今、千红词，颂今曲）；在活动前与幼儿谈论妈妈的一天，对妈妈的辛苦有一定的感知。

活动过程

1. 导入。教师将歌曲内容编成故事，讲给幼儿听，激发幼儿学习歌曲的兴趣。

☆ 教师：今天，老师为大家带来个小故事《不再麻烦好妈妈》，听完了请你说说讲了一件什么事。

2. 欣赏感知。教师请幼儿欣赏歌曲，感受歌曲中爱妈妈的情感。

（1）教师范唱歌曲。

☆ 教师：这个故事里还有一首好听的歌曲，请小朋友仔细欣赏，听听歌里都唱到了什么？

（2）和幼儿讨论歌词。

☆ 教师：听完这首歌你有什么感受？为什么要让妈妈歇一会儿呢？小朋友为什么自己的事情自己做？

3. 探索发现。教师引导幼儿学唱歌曲。

（1）请幼儿用分句学唱的方式学唱歌曲两遍。

☆ 教师：请小朋友跟着老师学唱歌曲，老师唱一句，小朋友唱一句。演唱的时候要仔细听琴，唱准音调与节奏。

（2）引导幼儿探索重点节奏 ×× ×× ｜ × × ｜ 的演唱方法。

☆ 教师：请小朋友说一说这句的演唱有什么特点？

（3）幼儿对重点节奏进行练习。

☆ 教师：让我们一起唱一唱这个好听的节奏吧！

（4）幼儿运用集体、分组唱等形式完整演唱歌曲。

4. 展示表现。幼儿有感情地演唱。

☆ 教师：歌词中讲了小朋友对妈妈的感情，我们怎样用好听的声音来表达对妈妈的爱？

5. 结束。引导幼儿将对妈妈的爱延伸到日常生活中。

☆ 教师：我们在平常还有哪些事情是我们自己能完成的，可以不再麻烦好妈妈？

单元三 我爱我家

活动1 让爱住我家（歌唱活动）

活动目标

1. 体会歌曲舒缓的旋律和浓浓亲情，理解歌词。
2. 体会角色扮演的乐趣。

活动准备

歌曲《让爱住我家》（麦玮婷词，赵明曲）；幼儿多次欣赏过歌曲，对于歌曲的旋律较熟悉，部分幼儿和教师事先排练歌表演《让爱住我家》。

活动过程

1. 导入。幼儿欣赏事先排练好的歌表演《让爱住我家》。

☆ 教师：你们都有一个幸福的家，今天有一个幸福的家为我们带来了一首歌，叫《让爱住我家》。教师提醒演员们在歌表演时，吐字清晰，声音洪亮，"家人"间有眼神交流，让人体会到家人间的情感，增强感染力。

2. 欣赏感知。幼儿熟悉歌词，选择角色学唱歌曲。

（1）引导幼儿熟悉歌词。

☆ 教师：歌曲中是谁先唱的？宝宝唱了什么？宝宝需要谁常常陪她玩耍？妈妈对爸爸唱了什么？爸爸对妈妈唱了什么？为什么说对方是亲爱的她（他）？看着一家人站在一起唱歌，听完他们演唱有什么感觉吗？你觉得爱是什么？

（2）幼儿自选角色跟唱歌曲。

☆ 教师：大家一起跟着歌曲唱一唱！你喜欢谁？你可以试一试来唱这个角色的歌词。

3. 探索发现。讨论歌曲表达的情绪，感受一家人在唱歌时传递的浓浓亲情。

☆ 教师：一家人在一起唱歌很幸福，在演唱时怎样唱才能让听众感受到这种幸福呢？我们一起来表演歌曲《让爱住我家》好吗？

4. 展示表现。在集体演唱的基础上，幼儿进行分组扮演。

☆ 教师：请你们在每组中寻找合作伙伴，建立幸福的一家，一家人一起演唱《让爱住我家》。

活动建议

请幼儿将《让爱住我家》绘制成海报或节目单，放置到表演区，进行装扮表演活动。

活动2　我喜欢的家庭一角（绘画活动）

活动目标

1. 尝试用简笔画表现家的一角。
2. 尝试表达对家庭和亲人的爱。

活动准备

教师范画一张，一些家庭不同区域的简笔画图，图画纸，水彩笔，油画棒；在活动前幼儿对家中的一角进行过详细的观察。

活动过程

1. 欣赏感知。请幼儿欣赏范画《家庭一角》，感受家庭的温馨氛围。

☆ 教师：老师特别喜欢自己的家。看，这是我家里的一个地方！小朋友看看这里画了什么？是什么地方？

☆ 教师：这是我家的阳台，种了许多植物，还有一把小椅子，平时老师会坐在这里看看小花小草。我特别喜欢这个地方。

2. 探索发现。引导幼儿分析简笔画构图，表现自己家庭中的一角。

（1）教师引导幼儿回忆家庭中美丽的或是有趣的、温馨的一角。

☆ 教师：你喜欢家里的哪个地方？为什么？

（2）教师结合图片，引导幼儿进行构图分析。

☆ 教师：这个地方有什么家具？哪个高？哪个矮？谁在前？谁在后？后面的家具有哪些地方是看不见的？为什么？在画之前，小朋友要想一想我们要画什么？画在纸的什么位置？先画什么？后画什么？每个家具画多大合适？

☆ 教师小结：先画前面的家具，后画后面的家具，先画轮廓，再画细节。

3. 展示表现。幼儿进行绘画，教师巡回指导。

☆ 教师：请小朋友画一画家中的一角吧！

4. 结束。

设计"我爱我家"的展板，创设一个形似"房子"的空间，分好客厅、卧室、餐厅、阳台、厨房、卫生间等几个板块，鼓励幼儿将自己的作品放入相应的空间。

活动3 家的漫画（绘画活动）

活动目标

1. 初步掌握漫画的基本表现手法。
2. 学习观察和表现人物特征，提高观察力与表现力，体验绘画的快乐。

活动准备

有趣的漫画，图画纸，水彩笔，签字笔，彩铅笔；幼儿细致观察过家人的面部特征等，收集了一些漫画的图片、图书等，如《三毛流浪记》。

活动过程

1. 导入。幼儿欣赏有趣的漫画，充分感受漫画利用夸张的手法表现人物肖像的幽默特点，为进行漫画创作做好准备。

☆ 教师：这些画和我们平时看见的画有什么不一样？看到这些画有什么感受？

☆ 教师总结：这种绘画形式叫漫画。漫画的线条都很简洁，表现人物很夸张、幽默。

2. 欣赏感知。教师示范漫画，体会漫画局部夸张的特点。

☆ 教师：我来画一幅漫画，你们猜猜是谁？（教师可以选择小朋友都熟悉的人物进行绘画）

☆ 教师：你觉得哪个地方最有意思？为什么他的鼻子要画得这么大？（因为他鼻子本来就很大，为了达到幽默的效果，因此才夸张）引导幼儿明白为什么夸张、怎么夸张，这样才能让幼儿在找到特点的同时，把特点夸张，达到漫画的效果。

3. 探索发现。引导幼儿根据日常观察，发现家人外形特点并给家人画漫画。

☆ 教师：你的家人的脸上有什么主要特点？你喜欢他脸上的哪个部位？为什么？启发幼儿回忆家人外形主要特点。

☆ 教师：请你用漫画的形式给家人画幅肖像漫画吧！

4. 展示表现。将幼儿绘画的作品展示在"我爱我家"的展板上。

☆ 教师：请小朋友说一说，这幅画画的是谁？有什么特点？

5. 结束。在《让爱住我家》的音乐伴奏下活动自然结束。

主题十

过端午

主题概述

　　端午节是中华民族的传统节日之一，是中国首个入选世界非物质文化遗产的节日。这一天，也是我国法定的节假日。孩子们是最盼望节日的了，因为能吃到好吃的食物，还能与亲人和朋友们相聚、游玩。于是，我们设计了"过端午"这一主题，让孩子们了解端午节的来历和习俗，感受丰富的传统节日文化。

　　吃粽子、赛龙舟是中国人民在端午节的主要传统习俗，因此本主题设计了"粽子情"和"敲锣打鼓赛龙舟"两个单元。在"粽子情"单元里，我们充分调动家长与幼儿一起去收集资料，了解端午节的来历和传说，了解吃粽子、包粽子的习俗，同时引导幼儿去充分感受不同粽子的形、色、味，了解其代表的美好含义，进一步体会端午节这个传统节日的意义。"敲锣打鼓赛龙舟"单元通过学习歌曲《赛龙舟》、制作威武的龙舟、玩游戏"赛龙舟"等，引导幼儿感受赛龙舟时的热烈情景，而龙舟的形状、船身的鳞片以及多种色彩的装饰都会让幼儿大胆想象。在本单元，我们还会组织开展端午节大联欢活动，引导幼儿一起感受节日的快乐，以及与同伴合作游戏的喜悦，加深对端午节传统节日的理解。

主题活动网络图

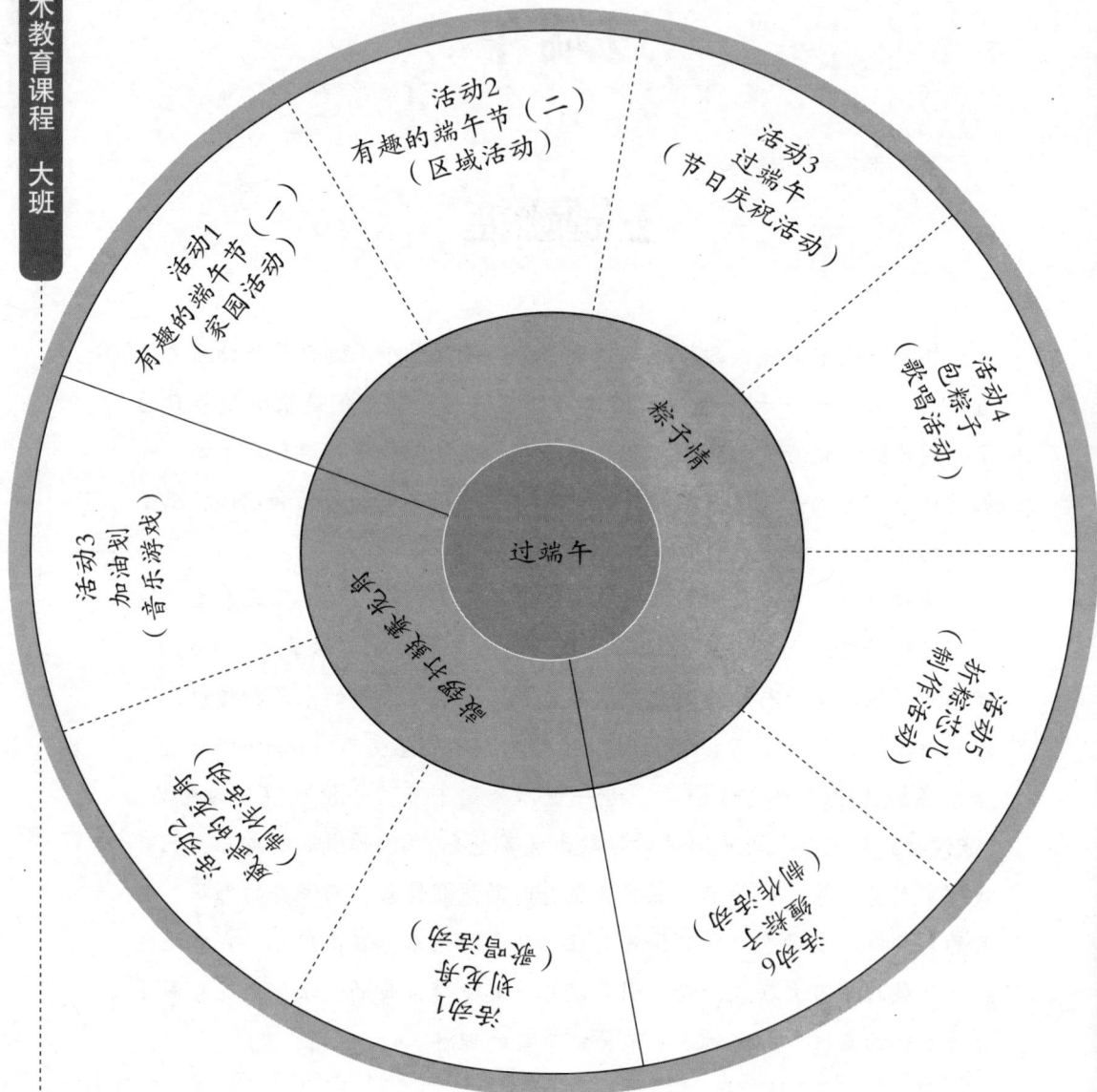

活动2
有趣的端午节（二）
（区域活动）

活动3
过端午
（节日庆祝活动）

活动1
有趣的端午节（一）
（家园活动）

活动4
包粽子
（歌唱活动）

粽子情

过端午

活动3
加油划
（音乐游戏）

活动5
折粽芯儿
（制作活动）

端午节是怎样来的

活动2
赛龙舟的故事
（审美讲述）

活动6
做粽子
（制作活动）

活动1
划龙船
（游戏活动）

综合艺术活动

单元一　粽子情

活动1　有趣的端午节（一）（家园活动）

活动目标

1. 初步感受端午节的节日气氛与意义。
2. 体验与家人、同伴及教师共同参与收集的快乐。

活动建议

1. 建议家长与幼儿共同收集有关端午节来历和民俗的图书、资料、艺术品，如反映节日场景的图片、粽子工艺品、传说故事书等，体验收集的快乐。

2. 在收集的过程中，家长可引导幼儿关注收集的方式、内容等，丰富幼儿收集资料的经验。

3. 教师可把家长与幼儿共同收集的有关端午节的多种工艺品及资料在活动区展出。其中，图书、图片、资料类可以放在幼儿可取的地点，供幼儿自由选择阅读。工艺品放在端午节主题展板或墙饰中，供幼儿在欣赏、触摸中感受工艺品的质地、造型、色彩等。

4. 教师根据收集的资料，设计交流内容，有目的地请幼儿介绍自己收集的资料等，丰富幼儿对端午节的认识，提升幼儿的相关经验，感受交流乐趣。

活动2　有趣的端午节（二）（区域活动）

活动目标

1. 欣赏有关端午节的艺术品，感受端午节工艺品的独特造型与寓意，了解端午节的民间风俗。

2. 对端午节的各种活动感兴趣，体验与同伴合作的快乐。

活动准备

家园共同收集的端午节工艺品、饰物。

活动建议

1. 教师与幼儿将共同收集的端午节物品布置于主题墙饰或在美工区展览（也可以全园或一个年龄班布置一个展）。

2. 在欣赏的过程中，教师引导幼儿了解工艺品的独特造型、工艺、色彩等，积累丰富的欣赏经验，为以后的活动奠定基础。

3. 在此基础上，教师可根据幼儿的实际表现扩展活动内容，如制作、绘画、讲述、表演等。教师还可以请幼儿当小小讲解员来向大家介绍，发展幼儿的语言表达能力和为他人服务的意识。

4. 墙饰和展区可根据活动进程逐步丰富，活动顺序也可根据幼儿接受情况和收集情况调整。

活动3　过端午（节日庆祝活动）

活动目标

1. 了解端午节的来历与传说，感受民族传统节日的文化。

2. 了解与端午节有关的特色工艺品。

活动准备

布置展区（幼儿与家长共同收集有关端午节和节日环境创设的材料），端午节风俗幻灯片（包括各种香囊的图片、五彩粽的图片和划龙舟的视频），自制的五彩粽子、各种香囊、龙舟（龙头、两条黄色长布作为龙身）、大鼓；幼儿认识并品尝过粽子，知道一些庆祝端午节的传统项目，如挂香囊、赛龙舟等，教师事先排练屈原的故事。

活动过程

1. 导入。教师说谜语，引出端午节的主题。

☆教师：今天请小朋友们猜个谜语，谜底是一种食品，请你们仔细听一听，谜语里说的是什么？三角四棱长，珍珠里面藏。要吃珍珠肉，解带脱衣裳。（谜底：粽子）

☆教师：你们吃过粽子吗？什么时候会吃粽子？

2. 欣赏感知。幼儿欣赏教师表演屈原的故事，了解端午节的来历。

☆教师：今天请小朋友欣赏一段故事，请小朋友们仔细看，故事里都有谁？讲了一件什么事？

3. 探索发现。幼儿欣赏关于端午节风俗的幻灯片，引导幼儿了解端午节的风俗及文化。

（1）教师请幼儿欣赏端午节习俗幻灯片。

☆教师：小朋友们知道吗？除了吃粽子，过端午节时还有很多风俗呢。现在就请小朋友们欣赏一些图片，看看图片里都有什么？

（2）幼儿欣赏香囊、彩粽的实物。

☆教师：今天老师也为小朋友们带来了一些香囊和五彩粽子，请小朋友欣赏一下，并说说你喜欢哪个？为什么？（粽子、香囊分开欣赏）

4. 展示表现。幼儿进行"划龙舟"的游戏，感受齐心协力游戏的快乐。

☆教师：刚才我们看到过端午除了吃粽子、挂香囊、挂五彩粽外，大家还会一起做一件有趣的事是什么呢？

☆教师：龙舟是什么样的？大家是怎样划的？划龙舟时大家会一起喊口号，为什么要喊口号呢？口号可以喊什么？老师敲鼓给大家加油，我们一起来试试。

☆ 教师：我们一起跟着老师的号子来划龙舟吧，听听哪组小朋友的号子喊得最响亮。

5. 结束。

☆ 教师：今天我们一起认识了端午节，知道过端午可以做这么多有意思的事，还有这么多漂亮的节日礼物，你们喜欢端午节吗？那下次我们一起来制作五彩的粽子好吗？

活动建议

1. 活动前带领幼儿参观端午节主题墙饰，交流对端午节风俗物品的感受与体会。

2. 鼓励幼儿选用多种艺术形式（讲述、表演）向家人、同伴等介绍端午节的传说。

活动资料

[游戏玩法] **划 龙 舟**

幼儿站一队，左右手分别抓住黄色布制龙身，一位教师手持龙头带领幼儿模仿龙舟滑行，另一位教师敲大鼓。龙舟在鼓声中前行，龙头教师边走边带领幼儿喊口号，如："用力划呀！嘿呦！使劲划！嘿呦！齐心合力争第一呦！嘿呦！嘿呦！"幼儿可分组游戏。

活动4　包粽子（歌唱活动）

活动目标

1. 初步掌握切分节奏的唱法，感受民歌的风格。
2. 体会歌曲表达的快乐情绪和文化内涵。

活动准备

熟粽子3—4个，切分好的小块粽子3—4盘，牙签，空盘子4—5个，白桌

布，餐巾纸，现场包粽子用的苇叶、糯米、枣、马莲草等；幼儿前期对端午节相关的传说、民俗等有一定的积累，熟悉歌曲《包粽子》（少白词，乐华、崔玉康曲）的歌词。

活动过程

1. 导入。幼儿猜谜语，引出活动主题，激发幼儿参与活动的兴趣。

☆ 教师：今天老师请小朋友猜一个谜语，请仔细听完再回答。小小身体胖又尖，又白又黏味道鲜，蜜枣豆沙当作馅，端午时节吃尽欢。（谜底：粽子）

2. 欣赏感知。教师引导幼儿观察粽子，交流前期关于端午节风俗习惯的知识经验。

☆ 教师：你是怎么猜出来的？我们看看粽子到底是什么样子的。引导幼儿观察粽子的外形、用料。

☆ 教师：端午节为什么要吃粽子？

3. 探索发现。引导幼儿学唱歌曲，初步掌握歌曲中的切分节奏，体会歌曲快乐喜庆的节日气氛。

（1）教师引导幼儿拍着节奏说歌词1—2遍。

☆ 教师：我们还会一首《包粽子》的儿歌，大家一起来说说好吗？

（2）教师示范歌词中的切分节奏。

☆ 教师：听一听老师说这句歌词，哪个字老师说得比较长？哪个字说得比较短？这样的节奏叫切分节奏。我们一起来试试。

（3）教师边弹钢琴边范唱歌曲两遍，幼儿欣赏（第二遍可引导幼儿跟唱）。

☆ 教师：这首儿歌是一首歌曲的歌词，不仅能说，而且能唱，你们想不想听听？请欣赏湖南民歌《包粽子》。

☆ 教师：这首歌好听吗？听完有什么感觉？

（4）幼儿整体跟唱两遍。

☆ 教师：小朋友试着跟我一起唱唱好吗？

（5）幼儿有表情地完整演唱两遍。

☆ 教师：看看哪个小朋友能够用自己的声音和表情，告诉大家要过端午了？

4. 展示表现。幼儿分3—4组进行歌表演，同伴相互欣赏评价，体会歌曲的快乐情绪。

☆ 教师：今天，我们请小朋友分组来为大家演唱歌曲《包粽子》。

☆ 教师：你觉得谁表演得好？为什么？（从声音、表情、动作多个方面评价）

5. 结束。幼儿观察教师包粽子时使用的材料与方法，并品尝粽子，感受节日快乐幸福的气氛。

（1）观察教师现场包粽子。

☆ 教师：你们知道这美味可口的粽子是怎么包出来的吗？今天我们请老师现场给小朋友包粽子，好吗？包粽子需要使用的材料有苇叶、糯米、红枣、马莲草等。

（2）品尝粽子。

☆ 教师：看到这么美味的粽子你们想不想尝尝？吃了香甜的粽子，你想说点什么？

活动5　折粽芯儿（制作活动）

活动目标

1. 掌握立体粽芯儿的折法。
2. 体验动手制作的快乐。

活动准备

35 cm × 7 cm的长方形纸条（纸张要有一定的硬度），胶条，剪刀，五彩粽子成品，已折好的粽芯儿成品人手一份，端午节幻灯片；幼儿已品尝过粽子，知道端午节的来历、传说。

活动过程

1. 导入。教师出示端午节相关图片，请幼儿回忆端午节人们做的事，为

后面的活动做准备。

☆教师：请小朋友看看这张图，知道是什么节日的吗？你是从哪看出来的？

☆教师：端午节时，人们都做什么事情？

2. 欣赏感知。教师引导幼儿通过观察五彩粽子的实物，了解彩粽的基本结构及颜色特点。

☆教师：这是什么？五彩粽和我们吃的粽子有什么不同？

☆教师：五彩粽是什么形状的，与我们以前常见的形状有什么不同？

☆教师：真粽子是食品，而五彩粽是艺术品，供人们欣赏的。五彩粽是六面体的形状，上面缠绕着五彩丝线。

3. 探索发现。教师引导幼儿利用拆装的方法，探索五彩粽芯儿的折叠方法。

（1）幼儿拆开事先准备好的立体纸粽芯儿，观察其内部结构和折叠的步骤、方法。

☆教师：你们知道这些粽芯儿是怎样折出来的？

☆教师：请小朋友把粽芯儿拆开，看看这是用什么形状的纸？

（2）在复原的过程中，分析讨论粽芯儿的折叠方法，重点引导幼儿观察发现：纸的形状是长方形的，上面有很多折叠的痕迹，长方形是由三个正方形组成的，每个正方形上都有一个对角的斜线，连起来形成折线。

☆教师：为什么要有这些折线，它起到什么作用？（这些折线折起来后是立体粽芯儿上的棱，没有这些棱就不像粽子）

☆教师小结：把长方形的纸先折出许多小三角，按照折印折叠，最后将接口处粘起来。

4. 展示表现。教师鼓励幼儿尝试折叠五彩粽芯儿。

☆教师：请小朋友制作彩粽，我们一起来试一试！

5. 结束。幼儿互相欣赏制作的彩粽芯儿，放在端午节的展示区，为后面的活动做准备。

☆教师：你最喜欢谁做的粽子？为什么？

活动资料

[步骤图]　　　　　　　折粽芯儿

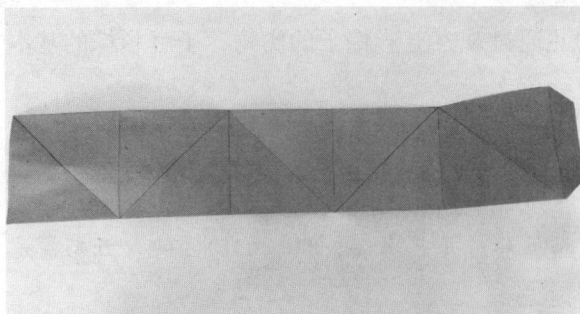

1. 将硬纸裁成35 cm×7 cm的长方形纸条，如图折出折痕

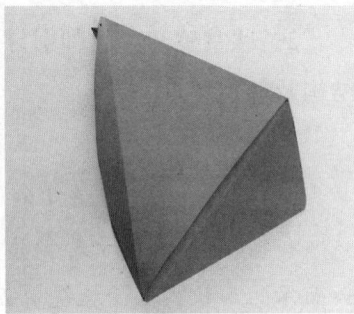

2. 按照折痕，将纸条向一个方向折

活动6　缠粽子（制作活动）

活动目标

1. 了解工艺粽子的形状、色彩等特征。
2. 尝试有规律地缠绕彩线。

活动准备

各色毛线，做好的立体粽芯儿；幼儿品尝过粽子，知道端午节的来历、传说。

活动过程

1. 导入。教师展示幼儿制作的粽芯儿，请幼儿回忆其制作方法。

☆教师：请小朋友欣赏上次活动中制作的粽芯儿，想一想是怎么做的？

2. 欣赏感知。教师请幼儿欣赏五彩粽子作品，引导幼儿观察五彩粽的色彩搭配、形状。

☆教师：粽芯儿的外面裹的是什么？颜色像什么？

☆教师：你觉得五彩粽外面的彩色毛线怎么配色更好看？

☆ 教师：猜猜五彩粽外面的彩色毛线是怎么缠上去的？

3. 探索发现。教师演示缠绕五彩粽子的方法，请幼儿观察、发现制作时缠绕的方法和步骤。

☆ 教师：请你仔细观察五彩粽有几个角？都在什么位置？（缠五彩粽的关键就是围绕几个角，有规律地缠）

☆ 教师：请大家仔细观察老师是怎么缠绕毛线的？缠的起头部分是怎么做的？线快缠完时应该怎样做？（将线头别进纸缝里）在缠毛线的过程中，要注意些什么的？（毛线要挨紧、密实）

☆ 教师：围绕粽子的几个角有规律地缠毛线；毛线要挨紧、密实，线头要塞进纸缝里，并固定好。

4. 展示表现。幼儿制作五彩粽子，教师重点指导幼儿有规律地缠粽子，提示幼儿注意色彩搭配，鼓励幼儿互相帮助。

☆ 教师：请小朋友自由选择毛线，按照刚才发现的制作方法缠出一个漂亮的五彩粽。

5. 结束。幼儿共同欣赏作品，引导幼儿互评，鼓励幼儿将制作好的五彩粽子串在一起装饰主题墙，或收入幼儿艺术档案夹。

☆ 教师：请你和同伴说说你是怎么搭配的毛线？怎么缠的？

活动建议

1. 为便于教师指导，此活动建议以小组活动形式开展或在区域中进行。

2. 在学习缠线方法时，教师可以根据本班幼儿发展水平提供相应的步骤图或视频帮助幼儿学习。

3. 此活动也可通过家园活动形式进行，幼儿在园学会制作五彩粽的方法后，将制作方法教给家人，与家人一起制作彩色粽子，共同感受、分享节日的乐趣。

4. 五彩粽应该用丝线缠绕，但是由于丝线太细，不好操作，可选用毛线。毛线较丝线粗，幼儿在缠绕中更容易缠出效果，会更密实，易给幼儿带来成功感。丝线也可以投放在美工区，供幼儿在区域活动时进行操作。

5. 可引导幼儿将制作好的五彩粽送给朋友、亲人，表达对亲人美好的节日祝福。

活动资料

[步骤图]   缠 粽 子

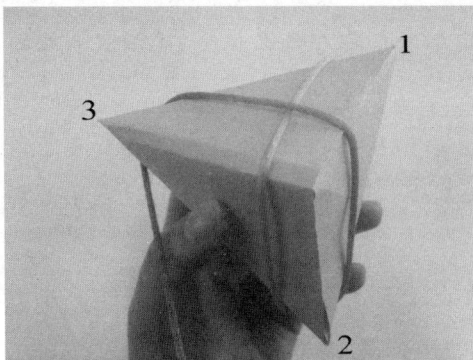

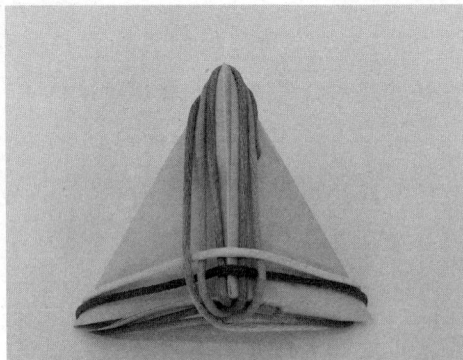

1. 将彩线末端塞入粽子顶端的缝中，用左手拇指和中指捏住粽子上下两端，食指逆时针拨动粽子，右手将彩线依次缠在1、2、3三个角上

2. 多缠几回，缠成一定宽度，最后把线尾用针塞入粽子的缝里，注意每一圈彩线之间不要有空隙，也不要有交叉

单元二　敲锣打鼓赛龙舟

活动1　划龙舟（歌唱活动）

活动目标

1. 了解"一领众和"的歌唱特点，感受歌曲表现的划龙舟的热烈气氛。

2. 探索领唱与合唱的演唱方法，尝试创编节奏，即兴表演。

活动准备

歌曲《划龙舟》（无尘词，李茹曲），赛龙舟的视频，端午节图片；幼儿知道端午节的来历、传说，欣赏过相关视频。

活动过程

1. 导入。教师请幼儿欣赏赛龙舟的视频，引出活动主题。

☆ 教师：请大家欣赏一段视频，看看里面的人们在干什么？你还听到了

什么声音？

2. 欣赏感知。幼儿欣赏教师范唱的歌曲《划龙舟》，激发幼儿学习歌曲的兴趣。

⭐ 教师：请小朋友们欣赏一首关于划龙舟的歌曲，名字就叫《划龙舟》。请大家仔细听，歌曲里都唱了些什么？

3. 探索发现。幼儿学习歌曲，尝试运用领唱与合唱配合的方法演唱歌曲。

（1）幼儿用分句学说的方法学习歌词。

⭐ 教师：请小朋友和老师学说歌词，我说一句小朋友说一句，注意咬字清楚、用力。

（2）幼儿跟着教师试唱歌曲。

⭐ 教师：请小朋友跟着老师的琴声来学唱歌曲，注意每句的音准。

（3）请幼儿跟着钢琴伴奏完整演唱。

⭐ 教师：我们一起跟着伴奏完整唱一遍。教师可根据幼儿演唱中出现的问题，进行有针对性的指导，如个别乐句的音准或节奏问题。

（4）教师引导幼儿探索领唱与合唱的分配问题。

⭐ 教师：这些乐句中哪几句适合做领唱，哪几句适合做合唱？为什么？合唱和领唱配合时要注意些什么？

⭐ 教师：领唱与合唱配合时一是要注意合唱不能抢，要等领唱唱完了再唱，二是每个乐句要衔接紧密，不能有空拍。

4. 展示表现。幼儿运用领唱与合唱配合的方式演唱歌曲，尝试创编动作。

⭐ 教师：请小朋友分好领唱和合唱，配合来演唱歌曲好吗？

⭐ 教师：划龙舟的动作是什么样的？我们一起学学划龙舟的人。

⭐ 教师：我们一起来边唱歌边划龙舟吧。

5. 结束。师幼边唱歌边做动作。

⭐ 教师：今天大家一起模仿划龙舟觉得很开心，那大家想不想真的有一艘小龙舟呢？下次活动我们就来制作龙舟好吗？

活动建议

1. 本次活动建议分两次，第一次以学唱歌曲为主，第二次可以增加打击乐伴奏。

2. 学唱前，教师可以根据本班幼儿的兴趣点，组织观看赛龙舟录像，引导幼儿模仿划龙舟的动作和号声，引发幼儿学习歌曲的兴趣。

3. 教师以"他们在干什么？他们是怎么赛龙舟的？和一般的划船有什么不一样？小朋友看了有什么感受？"等问题细致引导，帮助幼儿感受赛龙舟的气氛和理解歌曲的热闹、激昂。

4. 歌曲中副歌部分的喊号子，是幼儿最感兴趣的部分。这部分的重点是引导幼儿整齐、有力度地喊号子，为划桨者鼓劲、加油。

5. 可组织幼儿玩表演游戏"赛龙舟"。把椅子连起来，幼儿坐在上面模仿录像中划龙舟的动作，边唱边表演。也可轮流进行表演，其他幼儿为表演的幼儿伴唱歌曲、加油鼓劲。

活动2　威武的龙舟（制作活动）

活动目标

1. 尝试运用多种美工形式制作龙舟。
2. 能与同伴相互合作，体验合作参与活动的乐趣。

活动准备

教师提前用长纸箱做出的龙舟模子两个（将纸箱上下两面去掉，只留周围的纸板），丙烯、油画笔、手工纸、金色锡箔纸、剪刀、双面胶、胶棒、大鼓或堂鼓，《威武的龙舟》幻灯片；幼儿了解端午节的传说、故事、民俗等并且熟悉歌曲《划龙舟》的歌词内容与节奏。

活动过程

1. 导入。教师请幼儿猜谜语，引出活动主题，激发幼儿参与活动的兴趣。

☆ 教师：今天老师请小朋友猜一个谜语，请仔细听完再回答。有头有尾又有桨，又像船来又像龙，快快划呀用力划，端午时节水中行。（谜底：龙舟）

2. 欣赏感知。教师请幼儿欣赏《威武的龙舟》幻灯片，引导幼儿对龙舟

造型、装饰纹样的关注。

★ 教师：龙舟是什么样的？（造型特征）

★ 教师：龙身上有什么？是什么形状？怎么排列的？（装饰纹样特点）

★ 教师：龙头上都有什么？像什么？龙尾像什么？（龙头、龙尾形状特点）

3. 探索发现。幼儿尝试用多种方式合理利用材料进行组合、设计与制作，装饰龙舟。

★ 教师：端午节快到了，小朋友也要进行赛龙舟活动，今天我们就一起制作龙舟。这里有好多材料，你们动脑筋想一想，怎样利用这些材料制作龙舟？

★ 幼儿分成三组。一组涂色，用丙烯、油画笔在龙舟模具上涂色；二组制作龙鳞：用手工纸折小扇子；三组用锡箔纸剪成与小扇子形状相同但略小的扇形，然后粘贴在扇面上，作为龙鳞的底衬，一片压一片地粘贴在龙舟外表上。

4. 展示表现。请各组的幼儿介绍作品，分享制作经验。

★ 教师：每个组请一名小代表，说说你们制作的是龙舟的哪个部分？怎样做龙舟就能结实又漂亮？

5. 结束。配班教师带领三名幼儿敲锣打鼓，幼儿分成两队，手持龙舟，进行赛龙舟比赛的游戏。

★ 教师：漂亮的龙舟做好了，我们一起来划龙舟比赛吧！

活动建议

1.《威武的龙舟》幻灯片里以展示各种造型的龙舟图片为主，并可有龙头、船身、龙尾的局部特写图片。

2. 幼儿自选材料分组制作时，教师要注意不同组制作的指导要点。如，一组用丙烯、油画笔在龙舟模具上涂色时，教师指导要点是色彩均匀，合作绘画；二组用手工纸制作龙鳞时，教师指导要点为折叠的皱褶处宽窄要尽量一样；三组使用的锡箔纸较软，提醒幼儿剪时注意纸随剪动，用双面胶在龙舟模具上粘牢；往龙舟外表上粘贴时，教师指导幼儿粘贴的位置——不要过于松散或密集。

［成品图］   龙   舟

活动3 加油划（音乐游戏）

活动目标

1. 运用自己制作的道具参与赛龙舟游戏。

2. 知道团结协作、互相关爱的重要性，感受与同伴合作参与游戏的乐趣。

活动准备

歌曲《划龙舟》，幼儿自己制作的龙舟，打击乐器（锣、鼓、镲），赛龙舟视频；幼儿知道赛龙舟的动作和规则。

活动过程

1. 导入。教师弹奏歌曲《划龙舟》，幼儿伴随歌曲做划龙舟动作，体验参与活动的乐趣。

☆ 教师：大家还记得怎么划龙舟吗？让我们跟随音乐划起来吧！

2. 欣赏感知。教师请幼儿再次欣赏赛龙舟视频，进一步了解划龙舟的要领。

☆ 教师：大家看看叔叔们是怎样划的。

3. 探索发现。教师引导幼儿通过观察，发现划船动作的一致性并共同制定游戏规则，为游戏做准备。

☆ 教师：请大家想一想，怎么才能将龙舟划快划好？比赛口号是什么？几个人一组合适？我们的终点线定到哪里合适呢？用来加油的乐器敲击什么样的节奏？教师引导各小组幼儿合作创编口号与节奏。

☆ 教师：五六个小朋友分为一组，两组两组进行比赛。小朋友上龙舟后，手抓紧龙舟边，听到口令后要同时跑起来，不能不顾别人自己跑。其他的小朋友敲打节奏，为赛手助威。到规定终点线停止，游戏结束。比赛过程中，小朋友要注意安全。

4. 展示表现。教师引导幼儿按照事先共同制定的游戏规则，分组进行划龙舟竞赛。

☆ 第一次游戏。幼儿听清"预备——开始！"口令，手中抓紧龙舟边，共同向前跑，到规定界线停止，游戏结束。

☆ 教师：在刚才的比赛中出现了哪些问题？怎样才能解决这些问题？第二次游戏。根据幼儿在游戏中出现的问题，讨论解决方法，坚持"步调一致"合作要领，再次游戏。

5. 结束。

☆ 教师：我们为获胜的小朋友们鼓鼓掌，输了的小朋友也别灰心，下次再努力，争取得冠军！

主题十一

我要上学了

主题概述

孩子们即将离开幼儿园升入小学了，幼儿园里最要好的伙伴、最亲爱的老师、欢乐的游戏场景……随着幼儿园生活的结束都将成为美好的回忆。而不一样的小学校园，新同学，装满书本、学习用品的小书包，也使孩子们对小学生活充满了向往。上小学之前，应该在哪些方面做好准备，这是幼儿和家长们都关心的话题。为此，我们确立了"我要上学了"这一主题。

该主题共设计有"美好的回忆"及"上学歌"两个单元。"美好的回忆"单元通过师幼与家长共同收集、整理幼儿三年来在园生活的资料，让幼儿感受三年幼儿园生活带给他们的成长与快乐，并引导幼儿通过诗歌表演、绘画等多种艺术手段，用自己喜爱的艺术方式抒发对幼儿园生活的回忆与留恋。"上学歌"是通过参观小学，体验小学生的学习和生活环境，激发幼儿对丰富多彩的小学生活的向往，并通过绘画、歌曲、角色表演等艺术活动，引导幼儿想象、表演、歌唱小学校园及小学生活，体验即将成为小学生的喜悦与自豪。

这个主题要注意引导幼儿感恩三年来为他们辛苦付出的家长与老师，同时也要引导孩子们明白怎样才能成为一名合格的小学生，做好幼小衔接工作。

主题活动网络图

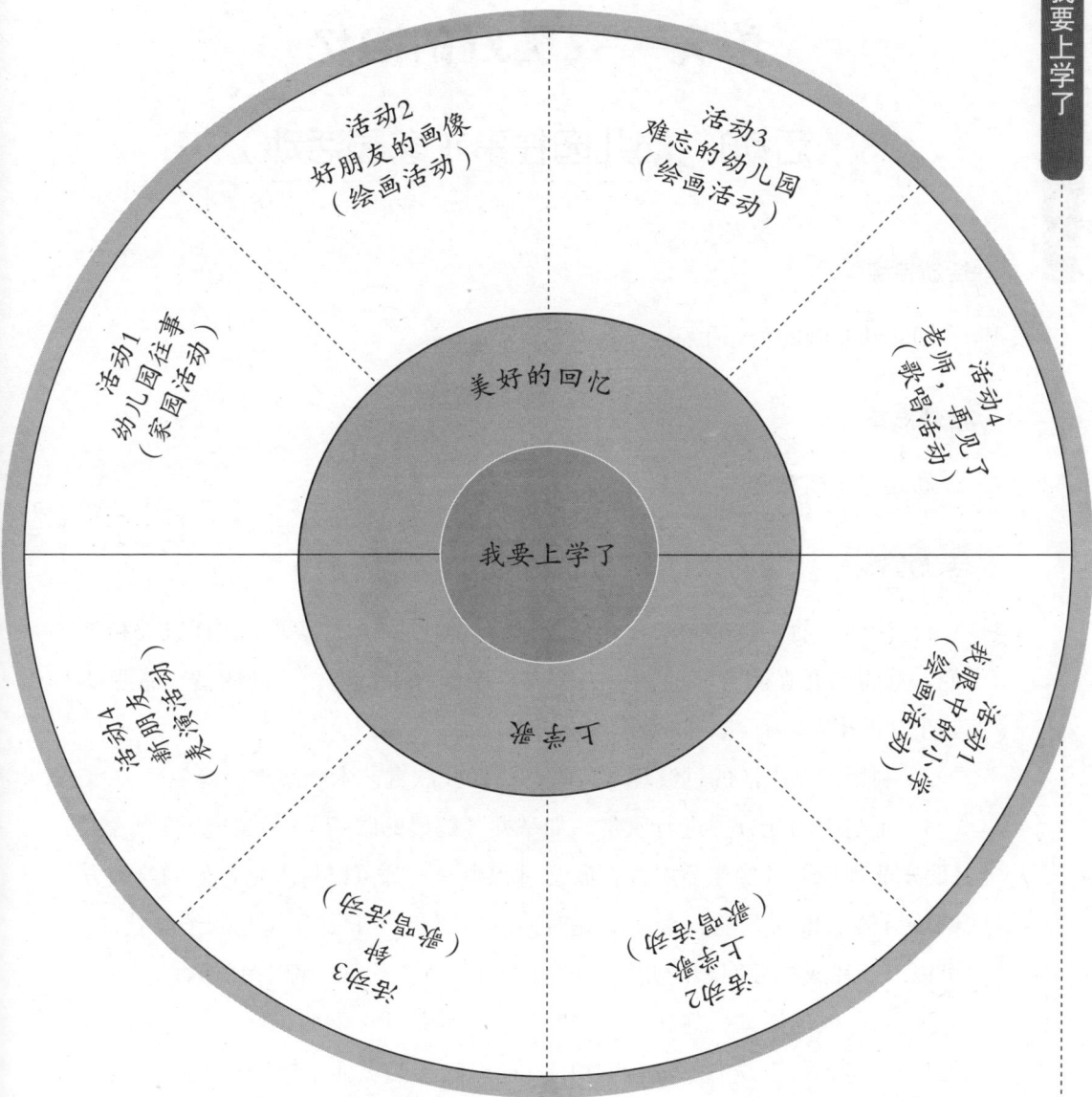

活动2
好朋友的画像
（绘画活动）

活动3
难忘的幼儿园
（绘画活动）

活动1
幼儿园往事
（家园活动）

活动4
老师，再见了
（歌唱活动）

美好的回忆

我要上学了

活动4
新朋友
（表演活动）

活动1
我眼中的小学
（绘画活动）

上学堡

活动3
书包
（游戏活动）

活动2
上学堡
（游戏活动）

综合艺术活动

单元一 美好的回忆

活动1 幼儿园往事（家园活动）

活动目标

回味幼儿园的美好生活。

活动准备

幼儿艺术档案夹。

活动建议

1. 活动之前，教师向家长详细介绍活动的目的、内容等，并请家长和孩子们一起将幼儿在园三年的档案夹按内容进行有序整理，一同欣赏，感受幼儿园生活的丰富、有趣。

2. 利用一日生活的过渡环节，教师请幼儿欣赏艺术档案夹。

3. 可组织幼儿分类进行欣赏。如举办《妈妈的眼睛》《我给爸爸画张像》《好朋友的画像》肖像作品展，在欣赏过程中，教师可以将人物肖像的绘画方法编成具体形象的儿歌，帮助幼儿对照欣赏，进一步提升幼儿的绘画技能。也可以以照片或视频回顾幼儿三年的六一节目，在欣赏过程中引导幼儿回忆："这是什么时候的活动，你还记得当时我们唱的是什么歌曲吗？你当时的心情怎么样？"然后可以组织幼儿再次唱响他们熟悉的歌曲，感受幼儿园生活的快乐，体验同伴之间的友情。

4. 可邀请家长参与到回忆活动中，鼓励幼儿在回忆难忘的活动的同时，大胆运用语言向同伴、家长表达欣赏艺术档案夹后的感受。在前期准备活动

中，教师、家长应注重幼儿情感经验方面的积累，以便在活动中更好地让幼儿真实、自如、充分地表达自己的情感。

活动2　好朋友的画像（绘画活动）

活动目标

1. 能够细致观察并运用绘画技能表现好朋友的五官特点。
2. 体验朋友间互画肖像的乐趣。

活动准备

签字笔、小画板、白纸；幼儿有绘画肖像的基本经验。

活动过程

1. 导入。教师弹奏乐曲《找朋友》，幼儿伴随歌曲，与同伴自然地边唱边即兴表演进教室。

☆ 教师：你的好朋友是谁呀？快让我们拉起手，听着音乐进教室吧！

2. 欣赏感知。幼儿用拥抱、贴脸等动作来表达自己的爱，萌发绘画愿望。

☆ 教师：可以怎么表达你对好朋友的喜爱？

☆ 教师：有朋友真好，可以带来这么多的快乐！

3. 探索发现。教师引导幼儿观察，并用语言描述朋友面部特点，注意抓住人物主要特点。

☆ 教师：我们都要上小学了，好朋友就要分开了，大家想不想为你的好朋友画张像，送给他留个纪念？

（1）看一看。给幼儿提供一小段专注欣赏时间，发现同伴一些大致特点，如发型、脸形。

☆ 教师：快拉着好朋友的手，好好看看他长什么样。

（2）找一找。提示幼儿要有目的地观察，找出好朋友的典型特点。

☆ 教师：你的好朋友有什么特点？你最喜欢哪里？哪里给你的印象最深？

（3）说一说。请幼儿用语言简单描述，为接下来的实际绘画提供铺垫。同伴的描述也为其他幼儿提供观察线索，如眉毛的粗细、眼睛的大小、睫毛的长短、鼻梁的高矮等。

☆ 教师：她的××部位有什么特点？头发是什么样子的？脸上有没有什么特点是别人没有的？（如脸上的痣）

4. 展示表现。教师引导幼儿为好朋友画像。

☆ 教师：快来给你的好朋友画一幅画像吧！

5. 结束。幼儿之间交流分享，签名留念，互赠画像。

☆ 教师：让我们把作品签上名字，送给你的好朋友，再说上一句悄悄话吧！

活动建议

1. 在幼儿绘画过程中，要针对个别幼儿抓特点时的问题及时给予帮助和支持，鼓励他们大胆表现。如对头形的把握，可以提示：像什么？眼睛是什么形状的？黑眼珠是什么形状的？是单眼皮还是双眼皮？通过提问引导幼儿主动细致观察，更好地抓住好朋友的典型特点。

2. 根据大班幼儿特点，可采用多元化评价（幼儿自评、互评、教师评）的方式对作品进行评价。

活动3 难忘的幼儿园（绘画活动）

活动目标

1. 描述在幼儿园生活的难忘事情。
2. 用绘画方式充分表达对幼儿园的眷恋之情。

活动准备

教师制作《难忘的幼儿园》幻灯片（展示幼儿在园生活三年参与过的各种活动，如第一天入园、外出活动、六一儿童节、检查身体、亲子活动等），教师范画，画笔，纸；幼儿对在园的三年生活进行过简单回顾、交流。

活动过程

1. 导入。教师引导幼儿回忆在园生活，鼓励幼儿描述幼儿园。

☆ 教师：小朋友在幼儿园中已经生活了三年，你对幼儿园的生活有哪些印象？

☆ 教师：在你心中，幼儿园是一个什么样的地方？

2. 欣赏感知。欣赏幻灯片，回忆幼儿园的生活，积累创作素材。

（1）教师放映《难忘的幼儿园》，引导幼儿自主回忆自己在幼儿园中的生活点滴。

☆ 教师：我们一起来找一找小时候的你，回忆一下三年中我们都做了什么？

（2）教师给幼儿呈现自己创作的图画，幼儿根据图画内容尝试描述画面中发生的故事。

☆ 教师：在三年的生活中，你们也给老师留下了深刻的印象，老师将它画了下来，请你看一看，我的画面中记录的是哪个故事？

3. 探索发现。教师鼓励幼儿以绘画的形式再现自己难忘的事情，在绘画的主题和技巧上给予相应的指导。

☆ 教师：在这三年中，你最难忘的人是谁？你最难忘的事是什么？为什么难忘？

☆ 教师：如果用绘画的形式表现，你准备在图画纸上画些什么？

☆ 教师总结：在绘画时应突出主题，将主要事件或人物画在画面中间，并且内容要大。

4. 展示表现。幼儿画《难忘》，充分表达对幼儿园的眷恋之情。

☆ 教师：请将你在幼儿园中最难忘的一件事画出来。在绘画过程中，注意画面布局要合理，事件内容要突出。教师针对幼儿问题进行指导。

5. 结束。欣赏展示。

将幼儿的作品向全园开放，让幼儿在相互欣赏中增进友谊。

活动4 老师，再见了（歌唱活动）

活动目标

1. 有感情地演唱歌曲，感受三段体的乐曲结构。
2. 表达对教师的感激之情及对幼儿园的留恋。

活动准备

幼儿同教师一起在幼儿园生活、游戏的照片或视频；幼儿已掌握《老师，再见了》（龚之华、张友曦词，王履三曲）歌词。

活动过程

1. 导入。幼儿伴随《老师，再见了》的音乐旋律，按3/4节奏做三步律动进场。

☆教师：小朋友们，刚才听到的旋律给你什么感觉？

☆教师：你是运用什么舞步入场的？这个舞步是几拍子的？

2. 欣赏感知。请幼儿熟悉歌曲的歌词、曲调。

（1）教师引导幼儿欣赏在园的照片或视频，引导幼儿回忆在幼儿园的生活。

☆教师：小朋友们，在幼儿园生活的三年中，谁是陪伴你们时间最长的人？你与老师之间有什么难忘的事情吗？让我们一起回顾与老师在一起的生活、游戏的情景吧！

（2）教师演唱《老师，再见了》，幼儿欣赏。

☆教师：还有一首《老师，再见了》是即将毕业的幼儿园小朋友唱给老师的，请小朋友们欣赏。

（3）教师引导幼儿描述自己在园的感受，并带领幼儿一起演唱这首歌曲。

☆教师：这首歌给你什么感受？

3. 探索发现。教师引导幼儿探索三段体歌曲的曲式特点，区分三个段落在歌词、旋律的异同。

☆ 教师：我们再来听听，这首歌曲共分为几部分？

☆ 教师：三部分之间有什么特点？第一、第二段的旋律是重复的，歌词不同，第三段的旋律与歌词和前两段都不同。这称为三段体结构。

4. 展示表现。幼儿完整演唱歌曲，体会 $\frac{3}{4}$ 节奏音乐优美、抒情的特点，体验对教师的依恋之情。

☆ 教师：请小朋友们一起演唱《老师，再见了》。

5. 结束。幼儿自主表达自己即将离园的感受，给教师送上自己温馨的祝福。

☆ 教师：小朋友们即将离开幼儿园了，有什么想对老师们说的话吗？

活动建议

可尝试采用领唱、轮唱、齐唱等方法进行，丰富幼儿的歌曲演唱手段。

单元二 上学歌

活动1 我眼中的小学（绘画活动）

活动目标

1. 能够运用生动形象的人物造型和合理美观的情景构图表现小学的生活场景。

2. 表达对小学生活的憧憬。

活动准备

图画纸，彩笔，《美丽的校园》幻灯片（反映小学校园、教室和小学生生活学习的图片）、参观小学的照片；幼儿参观过小学。

活动过程

1. 导入。

☆ 教师：小朋友前两天去参观小学了。幼儿园和小学有什么不一样的地方？哥哥姐姐上课怎样听讲？课间十分钟，哥哥姐姐做什么？

2. 欣赏感知。幼儿回忆最有意义的或印象最深的内容。

☆ 教师：学校里什么最吸引你？给你印象最深的是什么？

3. 探索发现。利用幻灯片再次帮助幼儿回忆小学校园，积累创作的素材，为后面的创作做铺垫。

☆ 教师：请你仔细观察，还有什么是我们没看到和没发现的？

☆ 教师：畅想一下，美丽的校园还可以是什么样子？你喜欢什么样子的小学？

4. 展示表现。在幼儿的创作过程中，教师可以提供一些参观小学的照片，给他们提供支持。

☆ 教师：请你用笔和纸绘画出你心中的美丽校园，与大家共同分享吧！

5. 结束。幼儿相互介绍作品，将作品布置到主题墙中。

☆ 教师：请和你周围的好朋友一起说说你未来的校园，然后粘贴在我们的主题墙上。

活动2 上学歌（歌唱活动）

活动目标

1. 能够用自然的声音表现歌曲活泼、欢快的情绪。

2. 随歌曲创编简单的舞蹈动作，表达上学的高兴心情。

活动准备

《上学歌》（北京市小学唱歌教研组集体创作）及相应幻灯片，书包；幼儿已经参观过小学。

活动过程

1. 导入。教师与幼儿谈话，引发幼儿对上学的向往。

☆ 教师：小朋友们即将成为小学生，背上小书包去上学了，你们的心情

怎么样?

2. 欣赏感知。观看《上学歌》幻灯片,播放《上学歌》,了解歌曲的旋律及歌词。

☆ 教师:我们来看看其他小朋友们是怎样去上学的?

3. 探索发现。引导幼儿学唱歌曲。

(1)幼儿学说歌词。

☆ 教师:小朋友上学去的心情怎样?上学路上看见了什么?小鸟问了小朋友什么问题?小朋友是怎样回答的?教师用歌词引导幼儿回答,熟悉歌词。

☆ 教师:请大家跟着节奏一起说一说歌词。

(2)幼儿学唱歌曲。

☆ 教师:请小朋友们跟着老师的钢琴来学唱这首歌。小朋友去上学的心情怎样的?用什么样的声音演唱?小鸟叫起来的声音是怎样的?我们来试试!

4. 展示表现。幼儿根据歌词内容创编动作,加深对歌曲的理解。

☆ 教师:我们一边唱一边做动作,看谁最像一个高高兴兴上学的小学生?

5. 结束。

☆ 教师:我们可以在活动区选择乐器为歌曲伴奏,好吗?

活动建议

引导幼儿学唱歌曲的时候,可针对幼儿掌握不好的句子进行分句学习,并对乐句进行分析,如:第一段歌词的前两句"太阳天空照,花儿对我笑"要以充满朝气和舒展的歌声唱出;"小鸟说早早早"唱时要节奏鲜明,表现出儿童上学的愉快心情和勤奋学习的意愿;最后一句"长大要为人民立功劳"要唱得坚实有力,声音可强些,表现出他们自己的决心。

活动3　钟(歌唱活动)

活动目标

1. 初步学习二声部合唱。

2. 体验合作歌唱、游戏的快乐。

活动准备

《在钟表店里》（奥尔特曲）；幼儿认识钟表的整点，会唱歌曲《钟》（佚名词曲）的两个声部（主旋律为第一声部，模仿闹钟走动的是第二声部），合唱《时间像小马车》（晚笛词，夏志岐曲），教师事先排练《钟》的二声部合唱。

活动过程

1. 导入。教师播放《在钟表店里》，幼儿伴随歌曲自由模仿，用动作表现不同的小钟表。

☆ 教师：不久，小朋友们都要成为小学生了，每天上学不能迟到哟！每天早上是谁帮助你准时起床，不迟到呢？

☆ 教师：你们见过什么样的小钟表？我们一起来学一学不同的小钟表。

2. 欣赏感知。幼儿欣赏教师表演的二声部合唱，感受二声部的特点。

（1）复习《钟》第二声部。教师弹奏歌曲第二声部的旋律，幼儿一起合唱。教师注意提醒幼儿舌头用力，稳定节拍，把握音准，自然歌唱。

☆ 教师：小钟表走路的声音是什么样的？我们要把它唱清楚。

（2）复习歌曲《钟》第一声部。教师弹奏歌曲《钟》的第一声部主旋律，幼儿一起合唱。教师注意提醒幼儿把握歌曲的基本情绪、速度、强弱等，生动地演唱。

☆ 教师：钟表走路和打钟的声音一样吗？用什么样的声音来演唱？

（3）欣赏教师二声部合唱，说一说自己的感受，教师进行归纳总结。

☆ 教师：请小朋友仔细听，我们是怎么唱的？和平时有什么不一样？两个不同的声部一起演唱，叫作二声部合唱。

3. 探索发现。幼儿通过各种方式，练习二声部合唱的方法。

（1）同伴合作探索。两名幼儿进行二声部合唱，请幼儿说一说合唱中遇到的问题以及解决的方法。

☆ 教师：哪两个小伙伴到前面来试一试？商量一下谁唱第一声部？谁唱第二声部？

☆教师：你们在唱歌时出现了什么问题？我们怎样帮助他们解决？幼儿在进行二声部演唱时，会出现两个声部互相影响的现象，教师引导幼儿找到解决问题的方法。

（2）教师与幼儿共同尝试。教师将全班幼儿分成两组，请其中一组上台和教师共同唱一个声部，台下幼儿唱另一个声部。

☆教师：老师帮帮大家，和你们一起唱。我和这部分小朋友唱一个声部，下面的小朋友唱另一个声部。

（3）教师与幼儿再次尝试，引导幼儿说一说合唱中遇到的问题以及解决方法，之后再唱一遍，并和幼儿一起总结二声部合唱的方法。

☆教师：合唱中出现了什么问题？怎样才能唱好二声部合唱？

☆教师：在演唱二声部歌曲时，小耳朵一定要认真听自己声部的声音，不受其他声部的影响，注意力集中地唱自己声部的歌曲。

4. 展示表现。幼儿掌握二声部合唱的方法。

（1）幼儿表演二声部合唱，请全体幼儿都站到台前来，教师将其分成人数完全相等的两组，每组各唱一个声部。

☆教师：合唱是大家一起唱的，我们集体一起合起来试一试，听一听两个声部在一起的歌声吧！

（2）请两组幼儿交换声部，再次进行二声部合唱。

☆教师：我们交换一下声部，再来唱一遍吧！

5. 结束。音乐游戏"时间像小马车"。

☆教师：时间就像小马车一样跑得特别快，所以小朋友们要抓紧时间，以后做一个珍惜时间的小学生。我们一起玩一个"时间像小马车"的游戏。

活动资料

[游戏玩法]　　　　　　　**时间像小马车**

请两名幼儿一前一后，前面幼儿双手做抓住缰绳骑马的动作，后面幼儿手搭住前面幼儿的肩膀，在音乐的伴奏下，边唱《时间像小马车》边走小碎步模仿小马跑。音乐停止后，幼儿倾听钢琴模仿钟表打钟的声音，幼儿根据打钟的次数，与同伴用双臂表现时针与分针的位置。

［歌曲］　　　　　　　　　　钟

$1 = F \dfrac{2}{4}$　　　　　　　　　　　　　　　　　　佚名词曲

活泼地

活动4　新朋友（表演活动）

活动目标

1. 了解学习用具的特征与用途，并尝试用动作表现学习用具。
2. 尝试与同伴合作创编表演动作，体验合作表演的快乐。

活动准备

书包、笔盒、铅笔、尺子等学习用具；幼儿已学会歌曲《上学歌》。

活动过程

1. 导入。教师装扮成小学生，引出活动主题。

☆教师：小朋友们好，你们知道吗？我是一名一年级的小学生了。妈妈送我一个小书包。瞧！它背在我身上多么神气呀！

2. 感知欣赏。教师出示学习用具，帮助幼儿了解学习用具的名称、种类。

☆教师：我的书包里还有好多秘密呢，这里面有许多新朋友，你们想知道吗？那就快来听一听、看一看吧！

3. 探索发现。幼儿了解学习用具，合作进行模仿表演。

（1）教师引导幼儿交流讨论。

☆教师：你们看到书包里的新朋友了吗？你最喜欢谁？为什么？这个学具是做什么的？怎样用？

（2）鼓励幼儿合作用动作表现学习用具。

☆教师：我们玩个游戏，和你的同伴一起用动作和简单台词进行合作表演，用动作表现一个学习用具，让大家猜一猜它是谁？学具的外形、用途都可以表演。

4. 展示表现。幼儿自由结伴，表现创编的动作以及简单的台词，其他幼儿猜一猜。

☆教师：哪个小组来演一演，我们来猜一猜，看看他们演的是哪个学具朋友？

5. 结束。

☆教师：孩子们，快把学具新朋友装进小书包里，让它们陪着你们一起去上学吧！

主题十二

中华民族艺术园（下）

主题概述

　　我国是一个统一的多民族国家，由56个民族组成。各民族都有其动听的歌、优美的舞、神奇的传说、精美的服饰、特色的美食，以及别具一格的建筑、工艺、绘画等。所有这些都是我们引导幼儿了解民族多样性、文化多样性很好的资源，为此我们设计了"中华民族艺术园"这一主题。

　　本主题设计了"快乐的踢踏""美丽的金孔雀""民族娃"三个单元，重点向幼儿介绍藏族和傣族两个少数民族。"快乐的踢踏"单元通过家园活动引导幼儿收集关于藏族的民族风俗、艺术作品等，初步了解藏族这个民族；通过藏族的踢踏舞、儿歌《小格桑》等，向幼儿介绍藏族的歌舞特点，引导幼儿体验藏族舞蹈的欢快与豪迈；通过制作藏族服饰邦典，了解藏族服饰的美丽与寓意。"美丽的金孔雀"单元通过欣赏、舞蹈、制作等多种艺术形式向幼儿介绍傣族的孔雀舞、葫芦丝、竹楼、泼水节等特色，增强幼儿对少数民族的了解及对民族歌舞的兴趣。"民族娃"这一单元主要引导幼儿了解我国是个多民族的国家，每个民族都有独特的传统文化。集体舞蹈创编"爱我中华"的活动就是调动幼儿已有经验，鼓励幼儿运用所掌握的民族舞步及手位创编欢快的舞蹈，体验民族艺术的魅力。

　　这个主题将引导幼儿在了解不同民族的文化、艺术的过程中，提高民族自豪感，同时懂得尊重文化的多样性，欣赏艺术的开放性与包容性。

单元活动网络图

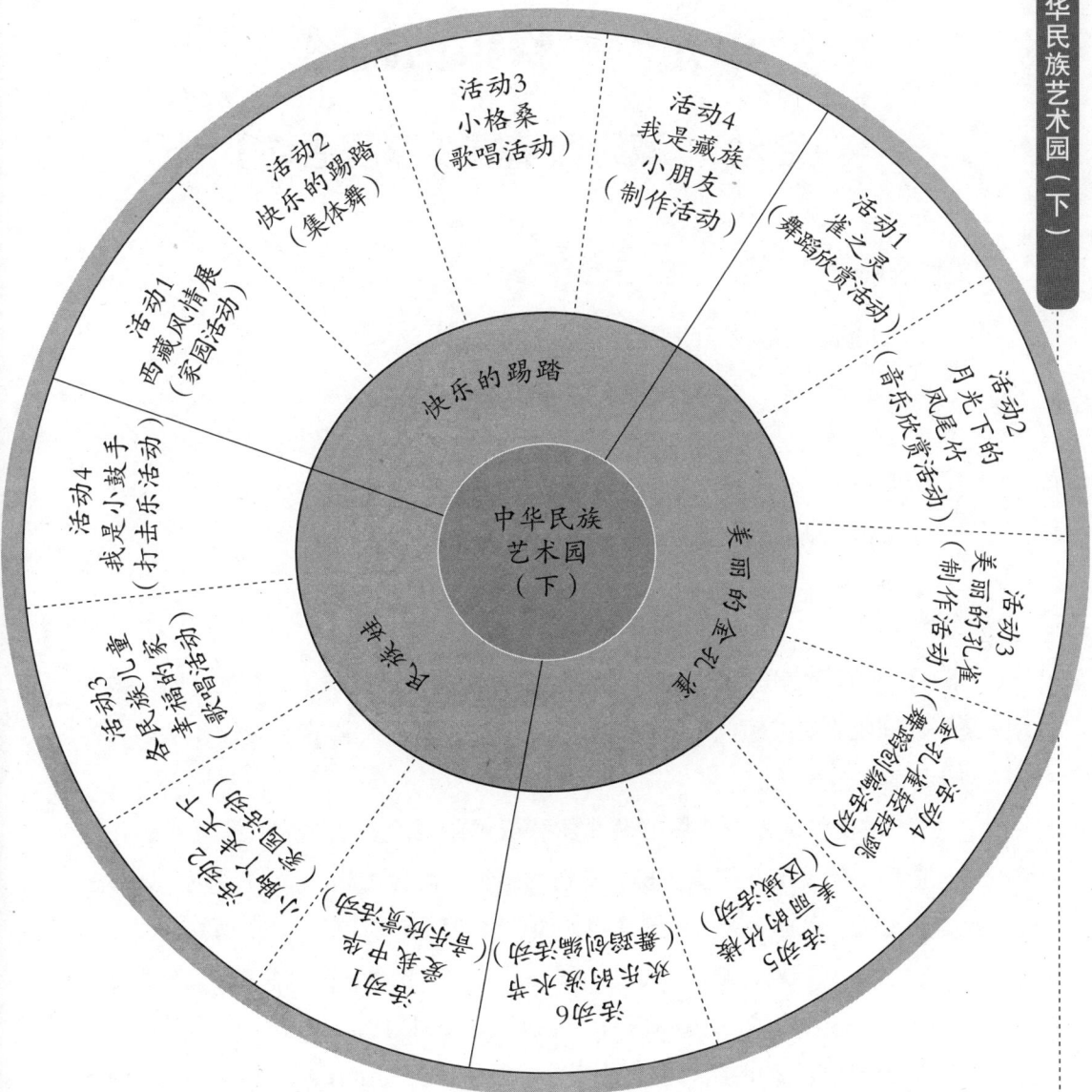

活动3
小格桑
（歌唱活动）

活动2
快乐的踢踏
（集体舞）

活动4
我是藏族
小朋友
（制作活动）

活动1
西藏风情展
（家园活动）

活动1
雀之灵
（舞蹈欣赏活动）

活动2
月光下的
凤尾竹
（音乐欣赏活动）

活动4
我是小鼓手
（打击乐活动）

快乐的踢踏

中华民族
艺术园
（下）

美丽的孔雀

活动3
各民族儿童
幸福的家
（歌唱活动）

活动3
美丽的孔雀
（制作活动）

活动2
小小导游
（谈话活动）

活动1
难忘的泼水节
（听赏活动）

活动6
难忘的泼水节
（情景剧表演活动）

活动5
美丽的傣锦
（区角活动）

活动4
美丽的金孔雀
（舞蹈创编活动）

综合艺术活动

单元一　快乐的踢踏

● 活动1　藏族风情展（家园活动）

活动目标

1. 知道藏族是我国的少数民族。

2. 了解藏族的建筑、服饰、饮食等特征。

活动准备

家长信；幼儿对藏族的建筑、服饰、饮食等特点有所了解。

活动建议

1. 教师发家长信，向家长阐明在幼儿园进行民族艺术教育的意义，鼓励亲子共同收集有关藏族的资料和实物，包括风景照片等，引导幼儿从多方面初步了解藏族文化。

2. 在收集过程中，提醒幼儿注意西藏典型的人文风情，注意作品在色调、造型上体现出开阔、神秘、悠扬的感觉，内容可涉及：① 建筑，如布达拉宫（结构、色彩）；② 自然景物，如珠穆朗玛峰（线条）；③ 动物，如藏羚羊、牦牛；④ 歌舞、服饰，如《青藏高原》；⑤ 绘画作品，如《文成公主进藏图》《扩建布达拉宫图》；⑥ 礼仪，如献哈达；⑦ 饮食，如牛肉干、酥油茶。

3. 由于现在外出旅行的比较多，教师可以发动家长把去西藏旅行的照片拿到幼儿园来，与大家共同欣赏。

活动2 快乐的踢踏（集体舞）

活动目标

1. 欣赏了解藏族舞蹈的独特风格，学习简单的踢踏舞步。
2. 体会藏族音乐的欢乐气氛及欢快的节奏。

活动准备

藏族踢踏舞片段或教师提前准备一段踢踏舞；幼儿事先欣赏具有代表性的藏族踢踏舞音乐，对踢踏舞曲的欢快节奏有所体会。

活动过程

1. 导入。教师引导幼儿回忆对西藏的初步了解，引发幼儿活动兴趣。

☆教师：上次小朋友和老师一起欣赏了西藏风情，你对西藏有什么印象？

☆教师：这次老师一起带小朋友去欣赏藏族舞蹈，去看一看藏族舞蹈是什么样子的。

2. 欣赏感知。幼儿欣赏藏族踢踏舞，教师简单介绍藏族踢踏舞的特点。

☆教师：欣赏了这段舞蹈，你有什么感觉？

☆教师：舞蹈中有什么动作，你最喜欢哪个动作？

☆教师：演员们身体哪个部分的动作最多？发出了什么声音？

☆教师：这种用双脚发出各种节奏的舞蹈叫作踢踏舞。踢踏舞是藏族舞蹈中的一种，它的节奏鲜明，情绪热烈，是藏族人民表达快乐、庆祝节日的常用舞蹈。

3. 探索发现。教师进行简单的踢踏舞步示范，引导幼儿倾听节奏，观察下肢动作，尝试学习模仿，创编新的踢踏舞步。

（1）学习靠步。

☆教师：老师做一个踢踏舞步，看一看我的脚是怎样做的？听一听它会发出什么样的节奏？

☆教师：这种舞步叫作靠步，左脚向左迈步，右脚随后靠在左脚旁，脚后

207

跟着地，所有动作都要把膝盖抬起，发出×× | ×× | 的节奏。我们来试试。

（2）学习进退步。

☆ 教师：看看这个舞步，和刚才的舞步有什么不一样？

☆ 教师：这种舞步叫作进退步，左脚是重心，右脚分别在身体前后点地，发出××× | ××× | 的节奏。和老师学一学，右左右、右左右。

（3）自由创编节奏和踢踏舞步。

☆ 教师：踢踏舞有许多节奏，还有什么节奏可以用在踢踏舞上？

☆ 教师：怎样用两脚相互配合发出这样的节奏？

☆ 教师：五个小朋友为一个小组，大家一起创造自己小组的踢踏舞步。一会儿，我们来展示。

4. 展示表现。教师引导幼儿展示小组创编的踢踏舞步和个人即兴的表演。

☆ 教师：每当到节日时，藏族人民都会跳起欢快的踢踏舞，表达快乐的情绪，我们也用脚下欢快的节奏来表达我们小朋友的快乐吧！

5. 结束。教师丰富幼儿关于藏族舞蹈不同舞种的知识，引发幼儿对藏族舞的关注和兴趣。

☆ 教师：踢踏舞只是藏族舞蹈的一种。藏族舞蹈还有锅庄、弦子等不同舞种。以后，老师还会带给小朋友更多的藏族舞蹈。

活动3　小格桑（歌唱活动）

活动目标

1. 能根据图示理解歌词，完整演唱歌曲，感受藏族歌曲的欢快情绪。
2. 能随歌曲节奏用简单的藏族舞步表达自己的感受。

活动准备

教师根据《小格桑》（圣野词，茹银鹤曲）歌词制作歌词图片，一句一张；请一名幼儿事先扮演成藏族小朋友或事先邀请一位藏族小客人，并学会唱《小格桑》，幼儿在前期活动初步了解一些藏族的风俗习惯。

活动过程

1. 导入。

⭐教师：今天我给大家请来一位小客人，大家欢迎他！你们看看他是哪个少数民族的小朋友？你是怎么看出来的？

⭐教师：你们知道这位藏族小朋友叫什么名字吗？他的家乡在哪里？他喜欢做什么？

2. 感知欣赏。教师邀请小客人进行歌曲范唱，幼儿在倾听中初步了解歌词内容及旋律、情绪。

⭐教师：我们就请小客人用歌声来做个自我介绍！请大家仔细听一听，他的歌声中都唱了些什么？

⭐教师：这首歌曲的名字叫《小格桑》。藏族小朋友的名字很有趣，男孩叫洛桑的比较多，是聪明的意思；女孩叫卓玛的特别多，是仙女的意思；格桑是男孩女孩都能用的，是幸福的意思，代表着爸爸妈妈对孩子的美好祝福。

3. 探索发现。幼儿学唱歌曲，感受藏族歌曲欢快的情绪。

（1）借助图片分析歌词内容。

⭐教师：这位藏族小朋友的名字叫什么？请你用歌词来说一说。

⭐教师：小格桑喜欢什么？歌词中的原话是怎么说的？

⭐教师：小格桑长大了有什么愿望？

⭐教师：小格桑希望长大后骑着大红马做什么事情？你们知道什么是"边疆"吗？

（2）借助歌词卡片串说歌词。请幼儿自愿选取歌词提示卡片一张，依次按照四句歌词站成一队分句朗诵歌词（再相互交换卡片朗诵2—3次）。

⭐教师：请四个小朋友每人自选一张卡片，看看卡片上的是哪句歌词？

⭐教师：大家按照歌词顺序站好，并把歌词按照节奏说出来。

（3）理解与练习藏族歌曲中的感叹词。

⭐教师：歌曲中有几句歌词，和别的歌词不一样，你们发现了吗？

⭐教师："呀拉索，呀拉索，索利呀拉索"这句歌词是什么意思？唱起来是什么感觉？

⭐教师：藏族歌曲中经常会出现这样的词，它没有什么具体的意思，就像我们平时唱歌时会有"啊"的歌词一样。我们一起来唱一唱这句。

（4）跟唱歌曲两遍。

☆教师：小朋友们跟着老师一起来唱一唱！

4．展示表现。幼儿演唱歌曲，体验歌曲欢快的情绪。

（1）教师带领幼儿完整演唱《小格桑》。

☆教师：我们来演唱一遍，这首歌曲是欢快的，看看谁是快乐的小格桑。

（2）尝试进行歌表演。

☆教师：藏族小朋友能歌善舞，小格桑带来一段舞蹈，让我们一起来看看吧！

☆教师：舞蹈中有哪些你熟悉的舞蹈动作？你最喜欢哪个动作？请你学一学！

☆教师：我们和藏族小客人一起跳起来吧！幼儿随歌曲节奏用简单的舞步表达对歌曲的感受。

5．结束。幼儿学习藏族礼仪，活动自然结束。

☆教师：和我们的舞伴行个礼吧！双手打开抬起与肩同高，手心向上，右脚向右斜前方伸出，脚跟着地，同时低头弯腰，同朋友行个藏族礼！

活动4　我是藏族小朋友（制作活动）

活动目标

1．了解藏族服饰的基本特点。
2．尝试运用多种材料、多种方法设计制作藏族服饰。

活动准备

即时贴彩色纸条、白色围裙若干，彩色皱纹纸条，编小辫的图示，大粒串珠，绳子，白色纸条、彩笔、双面贴，有关藏族服饰的图片资料并做成幻灯片；幼儿在前期活动中已掌握了藏族舞的基本舞步。

活动过程

1. 导入。

☆教师：今天在青藏高原的布达拉宫下，有一场美丽的藏族服饰表演，咱们一起来欣赏，看看藏族服饰是什么样子的？（可放布达拉宫的图片作为背景）

2. 感知欣赏。欣赏藏族服饰幻灯片，了解藏族服装、首饰等方面的特点。

（1）认识藏族女人的邦甸和头饰。

☆教师：看看这些藏族的阿姨身上都带着什么？什么样子的？头上有什么？

（2）了解藏族男人服装上的花边或兽皮及其作用。

☆教师：藏族男人衣服上有什么？兽皮有什么用？

（3）感知藏族人民对首饰的喜爱。

☆教师：他们的脖子上、手腕上、手指上都戴着什么？

（4）教师对藏族服饰进行总结。

☆教师：藏族女人戴着像围裙一样的邦甸，年轻阿姨的邦甸颜色会鲜艳一些，老人的邦甸颜色都很深，但袖子都比较长。藏区特别冷，男人们的衣服上会有兽皮，有保暖的作用。藏族人民非常喜欢首饰，他们戴项链、手链和戒指，是生活幸福的象征。

3. 探索发现。教师分组介绍装扮材料，引导幼儿分邦甸组、首饰组、领子组、小辫组自主活动。

☆教师：我们也来做个时装表演，把自己打扮成藏族小朋友吧！

☆教师分组指导。对邦甸组（用彩色即时贴贴白色围裙）：什么颜色的彩条配在一起好看，做一条最漂亮的邦甸吧！对首饰组（用串珠穿出项链、手链等）：藏族人民喜欢夸张、漂亮的首饰，怎样穿出有规律的漂亮首饰？对领子组（用彩笔在白色纸条上画出兽皮的图案或色彩，贴在领子上）：兽皮是什么样子的？你想画的是什么动物的皮毛？对小辫组（用皱纹纸编小辫，系在头上做头饰）：三根纸绳怎样编成小辫？自己想一想、试一试吧！

4. 展示表现。幼儿设计制作，教师引导幼儿之间互相合作、帮助。

☆教师：小朋友们选择好自己喜欢的组，就可以开始制作了！

5. 结束。教师引导装扮好的幼儿表演《小格桑》。

⭐ 教师：我们都变成藏族小朋友了，大家一起跳个舞吧！

⭐ 教师：女孩子把白色套袖套上，就有长袖子了，跳舞时可以甩起来，就更漂亮了！

单元二 美丽的金孔雀

活动1 雀之灵（舞蹈欣赏活动）

活动目标

1. 了解孔雀的基本特征及其对傣族人民的意义。
2. 尝试模仿优雅的舞蹈动作与造型。

活动准备

葫芦丝音乐《月光下的凤尾竹》（施光南曲）、《金孔雀轻轻跳》（翁向新词，任明曲），舞蹈作品《雀之灵》（杨丽萍）及反映孔雀造型的照片若干，有关孔雀的视觉艺术作品如扇子、耳饰、服装、手绢、壁画、摆件等。

活动过程

1. 导入。教师播放音乐《月光下的凤尾竹》，引导幼儿观察孔雀的色彩及造型，了解孔雀是傣族人民心中的吉祥鸟。

⭐ 教师：今天老师要带小朋友参观一个展览，里面展出的全都是有关孔雀的手工艺品。

⭐ 教师：你最喜欢哪个工艺品？上面的孔雀是什么颜色的？身体的形状是怎样的？

⭐ 教师：哪个民族最喜欢孔雀？（傣族人民特别喜欢孔雀，孔雀是傣族人民心中的吉祥鸟）

2. 欣赏感知。教师请幼儿完整欣赏舞蹈视频《雀之灵》，引发欣赏与关注舞蹈的兴趣。

（1）完整欣赏舞蹈作品。

☆ 教师：刚才我们看到的是手工艺品上的孔雀，下面我们来欣赏一段关于孔雀的舞蹈表演。

（2）教师以幼儿进行交流讨论，引导幼儿简单了解作品的名称、作者、表演者，知道什么叫独舞。

☆ 教师：是由几个演员表演的？叫什么舞？

☆ 教师：舞蹈的名字叫什么？演员跳的舞蹈模仿和表现的是谁？

☆ 教师：你在哪儿见过孔雀？哪个民族把孔雀看作吉祥鸟？为什么？

3. 探索发现。幼儿欣赏图片，观察演员优美的动作造型。

☆ 教师：你们觉得这个舞蹈美吗？我们来看一看关于这个舞蹈的照片。

☆ 教师：在这些照片中你最喜欢哪个造型？这个造型表现孔雀在做什么事？你从哪里看出来的？

4. 展示表现。教师引导幼儿在音乐伴奏下自由模仿表现孔雀的造型，感受孔雀的美丽。

☆ 教师：欣赏了这么多美丽的孔雀舞蹈造型照片，你们想不想也来跳一跳，试一试自己摆一摆孔雀的造型呢？看看哪个小朋友的造型又美丽又形象？

☆ 教师：请小朋友听清要求，音乐响起来大家可以摆造型，当听到撞钟的声音后，就要换一个新的造型。

活动2　月光下的凤尾竹（音乐欣赏活动）

活动目标

1. 了解葫芦丝的音色特点。
2. 尝试通过语言和绘画表现乐曲欢乐、优美的情绪与意境。

活动准备

葫芦丝音乐《月光下的凤尾竹》，葫芦丝实物以及反映乐曲画面的图片若干；幼儿前期对傣族风土人情等有初步的了解。

活动过程

1. 导入。幼儿相互交流有关傣族民俗风情的感受与经验。

☆ 教师：你们知道傣族吗？你最喜欢傣族的什么？为什么？

2. 欣赏感知。幼儿欣赏葫芦丝乐曲《月光下的凤尾竹》，自由表达对乐曲的初步欣赏感受。

（1）幼儿完整欣赏音乐。

☆ 教师：今天老师请小朋友欣赏一段用傣族特有的乐器演奏的音乐。

☆ 教师：请小朋友安静认真欣赏，感受一下这段乐曲是什么样的音乐？

（2）交流讨论。

☆ 教师：这段音乐让你想到了什么？

3. 探索发现。幼儿再次欣赏乐曲，感受乐器的音色特点，体会音乐欢乐优美的情绪与意境。

（1）教师配合相关图片，介绍作品名称及内容。

☆ 教师：这是一首深受大家喜爱的傣族乐曲，名字叫《月光下的凤尾竹》，说的是在云南的傣家，美丽的姑娘穿着长长的筒裙，和自己喜欢的朋友在翠绿的凤尾竹林里和碧波荡漾的湖边轻声歌唱、漫步起舞的美丽幸福的情景。

（2）教师出示葫芦丝，引导幼儿认识主要乐器，感受乐器的音色特点。

☆ 教师：猜猜这首优美的音乐是用什么乐器演奏的？（傣族特有的乐器葫芦丝）

☆ 教师：猜猜这种乐器是怎么制成的？（葫芦里面的肉挖掉、掏空，洗干净后晾干。把三根竹子晾干后，插进葫芦里，装上簧片和塞子，再刻上图画）

☆ 教师：你知道葫芦丝怎样演奏才能发出声音吗？

☆ 教师：葫芦丝乐器的声音有什么特点？

4. 展示表现。幼儿再次欣赏，尝试运用语言、绘画的形式表达对音乐的体验与感受。

（1）再次欣赏乐曲。

☆ 教师：我们再来欣赏一遍这首乐曲！

（2）幼儿运用绘画的方式展示表现。教师播放葫芦丝《月光下的凤尾竹》，幼儿尝试用绘画的形式表现乐曲的情绪。

☆ 教师：听到这段音乐你想到了什么？为什么？

☆ 教师：请小朋友用简单的线条画，把你想到的画下来吧。

☆ 教师：谁来给大家介绍一下你画的是什么？

5. 结束。

☆ 教师：傣族的人民能歌善舞，以后小朋友一定要到美丽的傣乡去看一看！

活动3　美丽的孔雀（制作活动）

活动目标

1. 根据步骤图探索孔雀的折法。
2. 能合理添加生动有趣的背景画面，表达对孔雀的喜爱之情。

活动准备

孔雀折纸步骤图及成品，正方形废旧杂志、彩色正方形折纸每人一张，胶棒，正方形报纸每人一张，背景音乐《金孔雀轻轻跳》；幼儿有看步骤图折纸的经验。

活动过程

1. 导入。谜语引入，引发幼儿对孔雀造型特点的回忆。

☆ 教师：今天老师给小朋友们带来一个谜语，请你猜猜它是什么动物？说它像鸡不是鸡，尾巴长长拖到地，张开尾巴像把扇，花花绿绿真美丽。（谜底：孔雀）

2. 欣赏感知。教师出示折纸范例，幼儿观察折纸孔雀，激发折纸兴趣。

☆ 教师：这只孔雀是用什么方法制作的？

☆ 教师：你们想不想也来折一只孔雀呢？

3. 探索发现。幼儿尝试按步骤图学习折叠单菱形的孔雀尾巴。

（1）出示步骤图。

☆ 教师：今天，我给小朋友们请来了一位不说话的老师，它会用无声的语言教你折美丽的小孔雀。

（2）引导幼儿认识不同的折纸符号。

☆ 教师：请你看看这是什么线条？它代表什么意思？引导幼儿了解不同的线条代表不同的折纸方法，如直线虚线代表向里折，箭头代表折的方向等。

（3）幼儿用旧杂志的纸张试折。

☆ 教师：请小朋友们看着步骤图先试折一次。

（4）教师请幼儿总结在初次折纸的过程中遇到的问题和需要注意的地方，如折叠头部时需要压折，压折时注意不能太用力，以免纸张撕破。

4．展示表现。幼儿折叠孔雀并添画背景，表达对孔雀的喜爱之情（播放背景音乐《金孔雀轻轻跳》）。

（1）折纸。

☆ 教师：请你选择自己喜欢的颜色折孔雀，把它粘贴在画纸上。

（2）添加背景画面。

☆ 教师：小孔雀喜欢生活在什么地方？孔雀喜欢做什么事情？

5．结束。教师与幼儿进行作品交流评价。

☆ 教师：你最喜欢谁的作品，为什么？

活动建议

教师还可鼓励幼儿通过其他方式制作孔雀（如绘画、泥工等）。可在班级创设一个角落来展示幼儿创作的有关孔雀的作品。为了让同伴之间相互分享经验，可以在主题环境中创设"孔雀DIY"园地，整理幼儿的作品并进行分类，然后根据幼儿的兴趣与能力定期进行作品制作步骤介绍。

活动资料

[步骤图]　　　　　　　　孔　雀

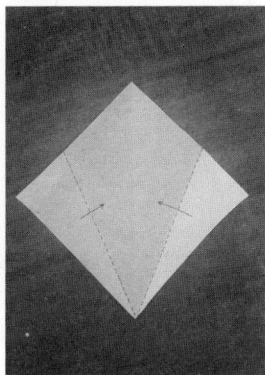

1. 将正方形纸对角折形成折痕，沿虚线向中心折

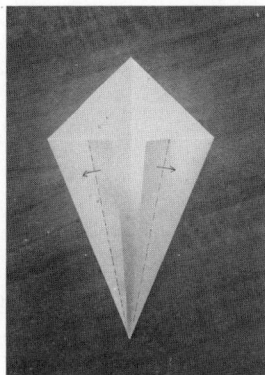

2. 向两侧对边折

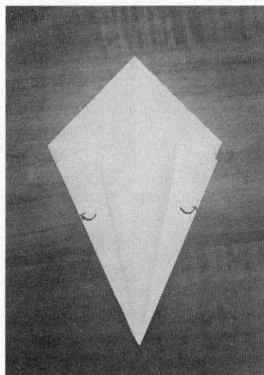

3. 向后折

4. 曲折

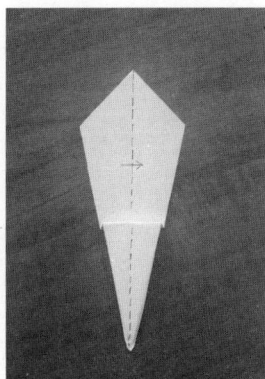

5. 沿箭头对折

6. 沿箭头对折后

7. 向左拉出

8. 再向上折

9. 完成

活动4　金孔雀轻轻跳（舞蹈创编活动）

活动目标

1. 了解、学习傣族舞蹈的基本舞步和手形，尝试用傣族基本舞步和手形表现歌曲。

2. 感受傣族舞蹈的基本特点。

活动准备

《金孔雀轻轻跳》舞蹈视频；幼儿熟悉傣族舞蹈基本舞步、手位，掌握歌曲《金孔雀轻轻跳》。

活动过程

1. 导入。教师和幼儿共同演唱《金孔雀轻轻跳》，复习歌词和曲调。

☆ 教师：前几天我们学习了一首关于小孔雀的歌，你还记得它叫什么名字吗？

☆ 教师：我们一起用优美、动听的声音演唱歌曲《金孔雀轻轻跳》。

2. 欣赏感知。教师进行傣族舞表演，引导幼儿感受傣族舞蹈的特点。

☆ 教师：今天老师给小朋友带来一支舞蹈，舞蹈的名字叫《金孔雀轻轻跳》，请小朋友认真欣赏，看看舞蹈中有什么动作？

☆ 教师：这支舞蹈给你最大的感受是什么？

3. 探索发现。幼儿了解傣族舞蹈的基本体态、手位、手形。

（1）讨论交流。教师引导幼儿描述自己喜欢的动作，鼓励幼儿大胆猜测该动作表现的形象。

☆ 教师：你最喜欢舞蹈中的哪个动作？

☆ 教师：你觉得这个动作表现的是什么？

☆ 教师：跳舞时的身体是什么样的？

（2）总结模仿。教师讲述傣族舞蹈的体态特点，并带领幼儿尝试学习其中的典型动作。

☆ 教师：傣族舞的典型体态是"三道弯"（头颈、腰胯、膝盖弯曲，身体重心在中间），我们一起来学一学。

☆ 教师：傣族舞有许多典型动作，我们来学一学（手位：合抱翅、平展翅、双抱翅等；掌形：立式掌、托式掌等；嘴形：大拇指、食指之间相碰，其余手指自然伸直并分开，形成孔雀头冠状；爪形：大拇指、食指弯曲，呈C形，其他手指并拢伸直）。

4. 展示表现。教师带领幼儿练习傣族舞蹈手位、手形，边唱边跳，体会傣族舞的特点。

☆ 教师：我们边唱边表演《金孔雀轻轻跳》，看看谁的歌声最动听，谁的舞姿最美妙？

☆ 教师：傣族舞的特点是音乐重拍时动作重心向下，我们再来跳一跳，请你感受一下并表现出来。

5. 结束。

☆ 教师：美丽的小孔雀，我们一起飞出教室去外面的世界继续游戏吧！

活动建议

1. 此活动还可以继续延伸到区角活动中，鼓励幼儿自由地表现，同时巩固已掌握的舞蹈动作。

2. 可以提供象角鼓的实物或图片，帮助幼儿了解认识傣族具有代表性的乐器，并在欣赏与尝试掌握象角鼓的基本节奏后，为其他的傣族乐曲如《月光下的凤尾竹》伴奏，体验与他人交流合作的快乐。

• 活动5 美丽的竹楼（区域活动）

活动目标

1. 了解傣族竹楼的结构特点，尝试运用多种材料表现傣家竹楼。
2. 学习分工、合作，体验成功的快乐。

活动准备

积木、废旧材料、竹楼半成品或图片模型等。

活动建议

1. 师幼共同收集、欣赏有关傣家竹楼的艺术作品，引导幼儿了解竹楼的特点，丰富艺术欣赏经验，产生对竹楼进行表现和创作的欲望。

2. 将收集到的有关傣家竹楼的图片资料分类投放到区域环境中，为幼儿的创作提供支持。

3. 让幼儿参与主题墙饰的创设，在美工区可投放多种材料（一次性筷子、卫生纸芯儿、薯片筒、报纸卷、凉席等），让幼儿以小组为单位自选材料共同制作竹楼，在制作活动中体验合作成功的喜悦。

4. 利用一次性筷子进行制作时，教师要注意检查筷子上是否有毛茬儿，提前用砂纸进行打磨确保安全。由于筷子比较细，不便直接往墙上粘贴，可以让幼儿先在纸上构好图，然后用筷子进行填充粘贴。粘贴时可选择乳胶，提醒幼儿用棉签或毛笔刷乳胶时不要刷得太多以免弄到手上，往纸上粘时多按一会儿。

5. 除了引导幼儿用积木搭建竹楼外，还可以发动家长、幼儿收集瓶瓶罐罐，利用身边的废旧材料进行搭建，增加游戏的乐趣。

活动6 欢乐的泼水节（舞蹈创编活动）

活动目标

1. 了解泼水节，尝试用肢体动作表现泼水节欢快的情景。
2. 感受傣族节日文化。

活动准备

葫芦丝乐曲《欢乐的泼水节》，傣族泼水节视频（内容既有泼水情景，又有跳舞情景），小水盆或盛水器皿人手一个；幼儿初步掌握傣族舞蹈的简单手位、舞步。

活动过程

1. 导入。幼儿欣赏傣族泼水节视频，体会傣族人民过节时的心情，了解泼水的含义，引发幼儿参与活动的兴趣。

☆ 教师：今天老师请你们欣赏一段傣族人民过节时的喜庆场面。

☆ 教师：傣族人民在干什么？人们的心情是怎样的？

☆ 教师：傣族人民为什么要相互泼水？

☆ 教师：除了泼水，傣族人民过节时还会用什么形式来庆祝节日？

2. 欣赏感知。幼儿欣赏《欢乐的泼水节》，尝试描述自己的感受。

☆ 教师：我们来听一首乐曲，乐曲的名字叫《欢乐的泼水节》。小朋友听一听这首乐曲是用什么乐器演奏的？听到这首乐曲时，你有什么感受？想做些什么？

☆ 教师：这首乐曲有什么特点？

☆ 教师：这是一首傣族乐曲，使用傣族的乐器葫芦丝演奏的，表现的是傣族人民泼水节的欢快场面。

3. 探索发现。教师引导幼儿尝试运用肢体动作表现泼水节的动作。

（1）引导幼儿讨论泼水时的动作。

☆ 教师：过泼水节手里一定要拿着什么？可以怎么拿？（端在胸前、顶在头顶、夹在手臂与身体之间，拿的方法多种多样）

☆ 教师：人们要去过泼水节了，心情会怎么样？怎样高兴地来到泼水节的广场上？

☆ 教师：从哪里接水？接水时是什么动作？

☆ 教师：泼水时有什么样不同的方法？（正面泼、侧面泼、从头顶泼）泼的水越多，就代表送给你的祝福越多。

☆ 教师：被泼的人们会有什么动作？用什么动作躲避太大的水？水迷了眼睛，会有什么动作？水湿了衣服，用什么动作把衣服上的水拧下来？

（2）引导幼儿将动作转变成舞蹈动作。

☆ 教师：刚才我们发现了泼水节中那么多的动作，怎样把这些动作变成舞蹈动作？

☆ 教师：用什么舞步能表现人们来到广场上举行泼水节的快乐心情？人们怎样拿着水盆？

☆ 教师：跑跳步、后踢步、小碎步等节奏欢快的舞步都可以表现快乐的心情，然后再加上不同的拿水盆的动作，就变成了一个漂亮的舞蹈动作。如果再用上傣族舞蹈中的典型的舞步和手形，就更有傣族舞蹈的特点了。

（3）教师对分解的动作进行多种组合示范。

☆ 教师：不同的上下肢的动作可以组合在一起，可以变成许多不同的舞蹈动作。看看老师都用了什么动作表现傣族人们去参加泼水节的快乐心情。

（4）鼓励幼儿分组，按照去参加泼水节的路上、接水、泼水、泼水后的时间顺序自编动作，教师巡回指导。

☆ 教师：小朋友们来试试，分成四组。第一组创编参加泼水节路上的动作，第二组创编接水的动作，第三组泼水时的动作，第四组创编泼水后的动作。最后，我们把小朋友创编的舞蹈连在一起，就是我们的泼水节舞蹈啦！

4. 展示表现。教师引导幼儿在葫芦丝音乐的伴奏下，以角色扮演的方式体验泼水节的喜庆场景。

☆ 教师：今天我们都来做一位傣族小朋友，女孩当"小卜少"，男孩当"小卜冒"，我们一起在葫芦丝的伴奏下过一个欢乐的泼水节。

☆ 教师：我们按照小组的顺序来跳舞。教师分别带领各小组舞蹈，对孩子创编的动作加以提炼，进行表现。

5、结束。幼儿为远方的朋友送祝福，活动自然结束。

☆ 教师：傣族人民是一个爱水、敬水的民族，他们用最洁净的水相互泼洒，互祝吉祥、幸福、健康。作为一名汉族小朋友，你有什么祝福的话语想送给傣族小朋友吗？

活动建议

1. 此活动内容较多，可以分两次活动。如有条件，第一次活动时可以组织家园亲子活动，参加傣族的泼水节活动，亲身感受傣族的节日文化带来的快乐，并从不同的视角记录活动过程，用摄影、录像、文字、绘画等加以表现。

2. 亲子活动或收集资料后应在班内开展一次交流活动，幼儿间互谈感想、收获。教师辅以动画片《泼水节的传说》或故事《泼水节的传说》，帮助幼儿了解泼水节的来历，了解傣家节日文化习俗，对多彩的少数民族文化产生兴趣，为情境表演奠定基础。

3. 经过了多次活动的感知与体验，可以引导幼儿用绘画形式将欢乐的泼水节表现出来，鼓励他们将自己的所想、所知、所闻充分表达。

单元三　民族娃

• 活动1　爱我中华（音乐欣赏活动）

活动目标

1. 理解歌曲内容，感受歌曲活泼、热情的情绪。
2. 尝试运用语言、动作等方式表达自己的情感。

活动准备

中国地图，歌曲《爱我中华》（乔羽词，徐沛东曲）及幻灯片（选用与歌词相匹配，反映中国56个民族和平相处、载歌载舞的图片），以往活动中装扮少数民族的道具、服饰；幼儿对蒙古族、傣族、维吾尔族、藏族四个民族的民风民俗、服装服饰、歌舞、建筑等各方面都已有所了解。

活动过程

1. 导入。教师引导幼儿看中国地图，引发幼儿对活动的兴趣。

☆ 教师：这是哪个国家的地图？

☆ 教师：你知道中国的哪些少数民族？在中国的什么地方居住？教师根据幼儿的表述，随机点击展示民族特征的图片，并在地图上指出相应位置，便于幼儿感知、理解。

2. 欣赏感知。教师播放歌曲《爱我中华》，引导幼儿欣赏、理解歌曲内容，体会歌曲中活泼、热情的情绪情感，为进行表现做准备。

（1）第一次欣赏。幼儿倾听歌曲，了解歌曲内容。

☆ 教师：请小朋友听一首歌曲，叫作《爱我中华》，听一听歌曲中唱了什么？

☆ 教师：为什么说56个民族是56朵花？"56个兄弟姐妹是一家"是什么

意思？

☆ 教师：听到这首歌，你有什么感觉？

（2）第二次欣赏。教师播放歌曲和幻灯片，视听结合。

☆ 教师：我们一边看图片一边听歌曲，看看这次你会有什么新的感受。

☆ 教师：你看到了哪些民族？

☆ 教师：各民族人民在一起手拉手，围成大圆圈跳起舞，会是什么心情？

☆ 教师：中国的56个民族是一家，大家都希望我们的祖国强大昌盛，每个中国人都要热爱我们的大中华。

3. 探索发现。教师引导幼儿自选喜欢的民族服装道具进行装扮，与教师共同舞蹈，体会歌曲的快乐、热情的情绪，表达对祖国的热爱。

（1）幼儿进行装扮。

☆ 教师：你愿意扮演哪个民族的小朋友？找一找有没有这个民族的衣服或饰物，快把自己变成少数民族小朋友吧！

（2）教师身穿民族服装，引导幼儿拉成大圆圈，跟随音乐节奏，运用简单的三步一跺、靠步、踵趾步等舞步，感受集体舞蹈愉快、向上的氛围。

☆ 教师：我们一起来跳舞吧！

活动2　小脚丫走天下（家园活动）

活动目标

1. 与同伴分享自己了解的中国不同地区的风土人情。
2. 感受中国丰富多彩的民族文化。

活动准备

教师创设展示空间（平面的和立体的均需要），活动倡议书。

活动建议

1. 教师向家长发放倡议书，引导家长带领孩子整理家庭出游时留下的有意义的、反映中国大好河山和民族文化的照片，并带领幼儿进行回忆：去过祖国的哪些地方？那个地方有什么特点？有没有什么少数民族？该少数民族有什么民族特点？在家长与幼儿的交流与回忆中，加深幼儿对少数民族以及祖国的认识。

2. 引导家长和幼儿共同将这些照片分类，然后带到班上进行展示。家长可记录照片拍摄的地点和背景，也可以收集各个地方或民族的手工艺品进行展示。

3. 教师带领幼儿开展"小脚丫走天下"的讲述活动，鼓励幼儿在集体中大胆对自己的照片资料进行介绍。

4. 活动后可将活动资料整理成册，放在班级的阅读区域，供幼儿在过渡环节时进行讲述，发展幼儿的语言能力。

活动3　各民族儿童幸福的家（歌唱活动）

活动目标

1. 准确表现切分音的节奏，感受四拍节奏歌曲优美、舒缓的特点。
2. 能运用歌声表达对中华民族的热爱之情。

活动准备

歌曲《中华，各族儿童幸福的家》（郭荣安词，张鸿翔曲）及相关幻灯片（包括居住的地方以及相关民族人物）；幼儿熟悉歌曲，对中国的少数民族以及中国地形有初步认识。

活动过程

1. 导入。教师运用图片介绍歌词中提到的地点，引发幼儿活动兴趣。

☆ 教师：我们的祖国有许多美丽的地方，我们一起来看看，小朋友们认识这些地方吗？教师可将图片放在上面，答案附在下面。当幼儿回答后，教师将图片拿开，正确答案；或利用中国地图上面进行展示，将图片放到相应的位置上。

⭐ 教师：各民族小朋友来自祖国的各个地方，祖国是我们共同的家。

2. 欣赏感知。教师示范歌曲，幼儿回忆歌词，感受歌曲优美、舒缓的情绪。

⭐ 教师：小朋友们原来听过一首关于民族的歌，叫《中华，各族儿童幸福的家》，现在听老师来唱一遍。

⭐ 教师：这是一首什么样的歌曲？给你什么感觉？歌词中都唱到了什么？

3. 探索发现。运用教师范唱、幼儿分句跟唱的形式，带领幼儿感受歌曲的切分特点，学习歌曲。

（1）教师再次范唱歌曲，感受歌曲优美的旋律。

⭐ 教师：请你听我唱一遍，找出你感觉最优美的地方。

（2）幼儿分句跟唱，注意歌曲中出现的前十六分、后十六分音符所展现的连音唱。跟唱的次数，教师以各班幼儿的能力发展和水平自由调整。在歌曲的学唱中注意提醒幼儿调整好气息，使唱出的歌曲连贯、自然、优美。

4. 创造表现。鼓励幼儿完整演唱歌曲，运用歌声和准确的节奏表现歌曲优美、舒缓的情绪。

⭐ 教师：请小朋友试着完整唱一遍，听听谁的声音最优美。

5. 结束。教师引出二声部合唱的演唱方式，丰富幼儿歌唱经验，延续幼儿兴趣。

⭐ 教师：你们知道吗？这首歌曲还有另一种演唱方式，我们在下次活动中欣赏。

活动建议

1. 可开展"幸福人家"的第二次活动。活动应以复习歌曲为主要内容，重点强调歌曲的切分节奏展现出的优美、舒缓。

2. 教师可通过欣赏、对比的方式，运用范唱、领唱、合唱、二声部合唱等引导幼儿自行发现多种演唱形式的特点，引发幼儿的演唱欲望。

3. 教师采用循序渐进的方式，带领幼儿尝试进行多种形式的演唱，体验

乐趣。首先，教师领唱；其次，幼儿与教师分别领唱；最后，两位幼儿分别领唱，其他幼儿独立完成二声部合唱。

4．教师运用欣赏范唱、分句跟唱的方式，带领幼儿学习二声部合唱的低声部，为进行二声部合唱做准备。

活动4　我是小鼓手（打击乐活动）

活动目标

1．尝试运用鼓点的强度、速度、节奏的变化表现不同的情绪。

2．体验做小鼓手的快乐。

活动准备

堂鼓（大、小），民乐《丰收锣鼓》。

活动过程

1．导入。激发幼儿对打击乐的欣赏兴趣。

☆教师：今天，老师给小朋友们带来一段好听的音乐，请你们仔细听。

2．欣赏感知。教师引导幼儿欣赏中国民乐《丰收锣鼓》，感受鼓的情绪，想象表现情景，激发幼儿创造与表现的愿望。

☆教师：听完这首乐曲你有什么感受？

☆教师：这首乐曲表现的是什么？

☆教师：这首乐曲运用了哪些乐器？

☆教师：你还知道什么鼓？请小朋友快看看我为大家带来的是什么鼓？这是我们中国才有的堂鼓，你们想不想做一名小鼓手？

3．探索发现。教师引导幼儿用鼓点表达情绪情感。

（1）教师设定情节，请幼儿尝试用鼓声表现欢快的情绪。

☆教师：刚才我们欣赏了一段欢快、热闹的鼓声，小鼓手们能尝试着用鼓点表现你欢快的情绪吗？教师引导幼儿掌握碎鼓点的敲打技巧——手腕放松。

（2）幼儿利用不同的鼓点表达自己的情绪情感。

☆ 教师：你们还想用鼓声来表现自己的什么情绪，如何来表现呢？教师引导幼儿用情感控制鼓点，用鼓点控制动作。

4. 表现与创造。师幼共同欣赏同伴表演。

（1）邀请排练好的幼儿进行表演。

☆ 教师：这些小鼓手的表演怎么样，和我们有什么不一样？教师引导幼儿正确评议同伴的表演。

（2）教师播放《丰收锣鼓》，引导幼儿根据音乐节奏尽情用锣鼓点表现激动、热烈的气氛。

☆ 教师：让我们一起来做个小鼓手，用鼓声传递心中的快乐吧！

主题十三

有趣的民间玩具

主题概述

　　民间玩具品种繁多，给一代又一代的孩子带来了欢乐。风筝、毽子、小泥人、不倒翁、布老虎等民间玩具，以它朴素自然的风格、多姿的形态、跳跃的色彩、有趣的玩法，吸引着幼儿。而其浓郁的乡土气息传递出独特的风土人情，更能激起幼儿无限想象。由此，我们设计了"有趣的民间玩具"主题。希望通过这一主题，把我们传统的民间玩具介绍给幼儿，让他们在玩的过程中了解一辈辈传下来的好玩的玩具以及这些玩具背后的故事。

　　在这个主题中，我们设计了"跳动的毽子""会飞的风筝"和"做个玩具大家玩"三个单元。"跳动的毽子"这一单元通过收集、欣赏、制作等方式，引导幼儿在玩毽子、做毽子的过程中，对毽子的质地、造型、玩法等产生兴趣，体验民间玩具带给他们的快乐。"会飞的风筝"是通过各种活动，引导幼儿关注风筝的不同样式、造型、构图、色彩以及制作方法，了解放风筝的习俗，感受风筝中蕴含的艺术元素及独特文化。"做个玩具大家玩"是在幼儿对民间玩具的色彩、造型、图案有了一定的了解后，通过对玩具的制作，引导幼儿探索玩具的不同玩法，体验集体游戏的乐趣，懂得相互欣赏和共同分享。

　　在组织此主题活动时，教师可以让家长走进幼儿园介绍他们小时候喜欢的玩具及玩法，还可以通过亲子活动来一场民间玩具玩法大比拼，相信孩子们一定喜欢。

主题活动网络图

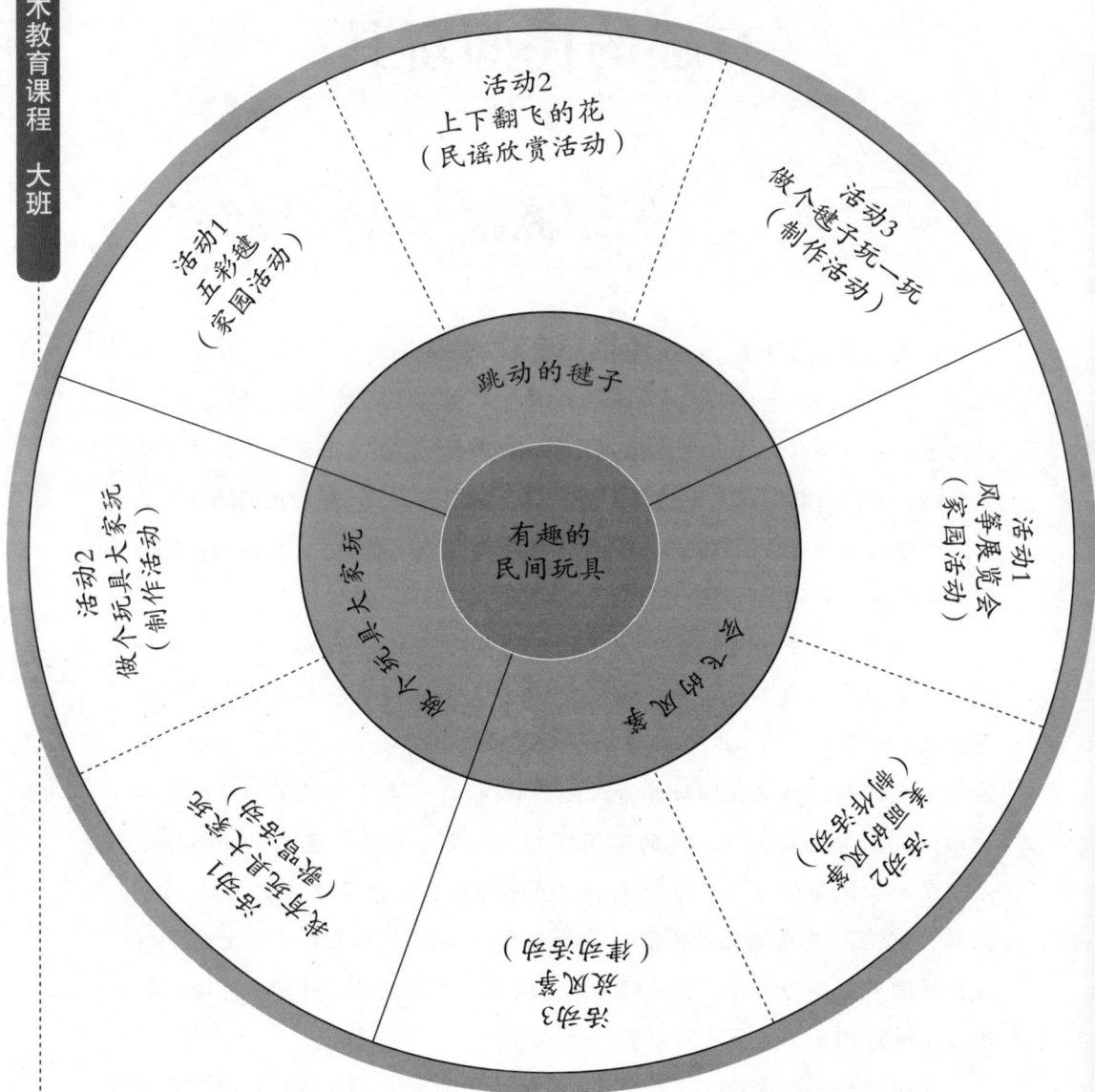

活动2
上下翻飞的花
（民谣欣赏活动）

活动3
做个毽子玩一玩
（制作活动）

活动1
五彩毽
（家园活动）

跳动的毽子

活动1
风筝展览会
（家园活动）

有趣的
民间玩具

活动2
做个玩具大家玩
（制作活动）

玩具大家玩

学古玩乐会

活动1
糖人儿谣
（民谣欣赏活动）

活动3
光头强
（律动活动）

活动2
美丽的风筝
（制作活动）

综合艺术活动

单元一　跳动的毽子

活动1　五彩毽（家园活动）

活动目标

了解毽子的色彩、造型、材质、玩法等特点，并对毽子产生兴趣。

活动建议

1. 向家长介绍本主题活动的目标、内容，取得家长的理解与支持。动员家长协助收集本单元民间玩具——毽子——的照片、图片、纪念品、工艺品、实物、文学作品（如故事、童谣、歌曲、谜语）等。

2. 在收集过程中，家长可有目的地引导幼儿，重点观察毽子的颜色、纹样、造型、材质等特点，鼓励幼儿积极表达；在亲子互动玩游戏（踢毽子、做毽子）的过程中，及时记录幼儿的真实体验，并带到班级中与同伴分享交流，相互丰富经验，引发进一步活动的兴趣。

3. 教师可先将幼儿收集的物品有选择地进行摆放，如可根据毽子的制作材料、方法进行分类展示，然后引导幼儿进行欣赏、交流。最后，可请幼儿选择喜欢的玩具，介绍简单的玩法或现场展示玩法，为下面的活动做铺垫。

活动2　上下翻飞的花（民谣欣赏活动）

活动目标

1. 喜欢模仿踢毽动作，并能随歌谣节奏自由律动。
2. 感知毽子的动态美，体会踢毽游戏的乐趣。

活动准备

民间童谣《踢毽歌》，系好绳子的毽子若干（布置在活动场四周），节奏轻快的乐曲；幼儿已对毽子的造型、颜色以及玩法技巧等有初步了解。

活动过程

1. 导入。教师朗诵民谣《踢毽歌》并出示毽子，引发幼儿对毽子的兴趣。

☆ 教师：请你们欣赏一首儿歌，听听儿歌中提到了什么活动？

☆ 教师：老师这里有毽子，大家看看毽子是什么样子的。

2. 欣赏感知。幼儿了解毽子的特点。

☆ 教师：我们一起来看看怎样踢毽子。

☆ 教师：人们在踢毽子时，毽子在空中是怎样动的？毽子飞起来像什么？

☆ 教师：我们一起踢毽子吧。

3. 探索发现。教师鼓励幼儿尝试探索毽子的玩法。

☆ 教师：毽子除了可以踢着玩，还可以怎么玩？你发现了哪些新玩法？（顶在头上玩、扔着玩、拿绳子拴上踢着玩）

4. 展示表现。教师根据幼儿的创意玩法，引导幼儿用新玩法试一试，并随机进行小型比赛。

☆ 教师：我们用新方法来比赛吧！看看哪个新玩法最有趣！

5. 结束。为幼儿提供多种材质的花毽，探索感知不同花毽的动态造型。

☆ 教师：看老师这里有不同的毽子，大家来尝试一下。

活动资料

［儿歌］

踢毽歌

一个毽，

踢两半儿，

打花鼓，

绕花线儿，

里踢

外拐，

八仙

过海，

九十九，

一百！

活动3　做个毽子玩一玩（制作活动）

活动目标

1. 尝试运用多种材料制作毽子。
2. 体验与同伴共同制作、玩耍的快乐。

活动准备

羽毛类、纸条类、布类、塑料绳类的毽子，羽毛、塑料绳、皱纹纸、彩色花纸、金属圈、胶皮圈、塑料片圈、地垫圈、废旧雪花插片、胶皮垫、矿泉水瓶瓶盖、2厘米长的吸管、双面胶、剪刀等做毽的材料和工具；幼儿学会童谣《踢毽歌》。

活动过程

1. 导入。幼儿表演童谣《踢毽歌》，引发活动兴趣。

★ 教师：我们学过一首关于踢毽的儿歌，一起说一说吧。

2. 欣赏感知。幼儿观察毽子，产生制作欲望。

☆ 教师：请小朋友们仔细看看，观察毽子都用什么材料做的？你最喜欢毽子的什么地方？

3. 探索发现。幼儿选择自己喜欢的材料进行尝试制作。

☆ 教师：请选择自己喜欢的材料试着做个毽子吧！

☆ 教师：谁能告诉我，这个毽子是怎么做的？这些绳子是怎样放到吸管里去的？在踢的时候会不会散？教师组织幼儿针对制作重点进行交流。

4. 展示表现。

☆ 教师：你最喜欢谁做的毽子？为什么？

5. 结束。幼儿拿着自己的毽子到户外游戏。

活动建议

1. 为便于准备材料和指导，建议此次活动以小组形式（10人一组）开展。

2. 导入环节，亦可运用猜谜语、看图片、欣赏实物等不同方式，引发幼儿回顾经验。

3. 教师结合各组的制作难点进行针对性的指导，注意与幼儿的互动，尽量启发幼儿自主寻找解决问题的方法。

4. 教师将各种制作材料投放到美工区，供幼儿继续制作。

5. 教师将幼儿自制的毽子展示在民间玩具欣赏区，供幼儿欣赏、游戏。

6. 教师可组织一次"翻飞的毽子"亲子活动，请家长与幼儿共同制作毽子、比赛踢毽，体验与家人共同参与游戏的快乐。

活动资料

[步骤图]　　　　　　　　　毽　子

1. 将红色的塑料绳剪成20厘米的小段若干份，排列整齐，在中间部分扎一个结

2. 将扎好的塑料红绳以中间为轴合拢

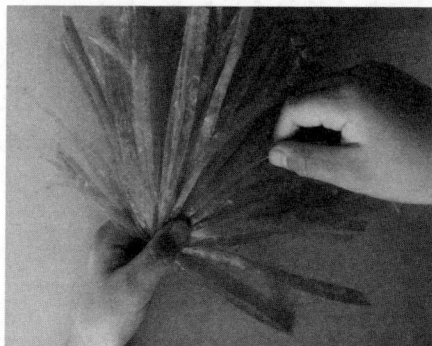

3. 用针或者其他较尖锐的物体将塑料红绳拆散变细丝

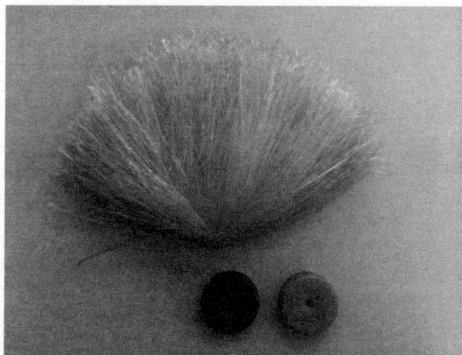

4. 用两个塑料瓶盖，其中一个瓶盖中间钻个孔，便于塑料红绳的中心轴部分能够插入

5. 将另一个塑料盖扣上，用胶条或双面胶固定即可

单元二　会飞的风筝

活动1　风筝展览会（家园活动）

活动目标

1. 感受风筝线条、色彩、图案的对称特点。

2. 理解风筝图案的特殊寓意。

活动准备

家长信。

活动建议

1. 活动的收集、交流过程借鉴本主题单元一。

2. 教师在引导欣赏时，重点突出风筝纹样、颜色的对称性；风筝图案的特殊寓意，如求福、长寿、喜庆、吉祥；风筝多样的造型等，发现风筝的美丽。通过各种方式，如绘画、文字、照片、视频等，记录幼儿的感受，放置欣赏交流区，供幼儿互动分享。

3. 可组织亲子放风筝，引导幼儿观察放风筝的过程，了解放风筝的方法，如单人摆放、拉线、跑动、提线、放线等，或两人合作，一人拿，一人放飞。

活动2　美丽的风筝（制作活动）

活动目标

1. 感受风筝色彩、图案及构图的美。

2. 尝试运用多种色彩、花纹和造型设计风筝，体验制作民间玩具的乐趣。

活动准备

风筝轮廓图（蝴蝶、沙燕及其他）、典型纹样，胶条、双面贴、彩笔、竹条、水粉颜料、毛笔、小线等制作风筝所需的材料与工具；幼儿已初步了解不同种类的风筝造型以及纹样、色彩特征。

活动过程

1. 导入。教师让幼儿猜谜语，引出风筝。

☆ 教师：老师带来一个谜语，请你猜猜是什么？天上一只鸟，用线拴得牢，不怕大风吹，就怕雨来浇。（谜底：风筝）

2. 欣赏感知。幼儿参观风筝轮廓图和典型纹样，观察风筝的对称美。

☆ 教师：老师准备了许多风筝，我们来一起欣赏！

☆ 教师：你喜欢哪只风筝？为什么？

3. 探索发现。教师引导幼儿从色彩、图案、构图中发现风筝的美。

（1）欣赏、观察沙燕。

☆ 教师：这只风筝是什么小动物？你从哪看出来的？（这是北京最传统的风筝，叫作沙燕。大大的眼睛、黑色的身体、彩色的花纹、尖尖的尾巴，和小燕子一样可爱）看看它的翅膀上都有什么花纹？（不同的花纹有不同的意义。蝙蝠代表着有福气，松树代表着健康长寿，凤凰牡丹代表着吉祥富贵）你们发现两边翅膀上的图案有什么规律吗？（左右对称，有一种对称美）

（2）观察蝴蝶风筝。

☆ 教师：这些风筝都是什么动物？它们哪里美？色彩鲜艳的风筝飘在空中，在蓝天的映衬下，会更加漂亮！

4. 展示表现。幼儿自选风筝轮廓图，进行绘画装饰。

☆ 教师：请你挑选一个最喜欢的风筝轮廓图，设计出最漂亮的风筝！

5. 结束。

☆ 教师：等到春游时，我们带着自己的风筝一起去放风筝！

活动建议

1. 在绘画环节，教师鼓励幼儿根据风筝的对称特点，创设不同的造型，如蜻蜓、鸟等；还可以引导幼儿共同合作设计一个风筝，如蜈蚣、巨龙等，体会合作游戏的乐趣。

2. 可组织风筝主题亲子活动，请家长与幼儿共做风筝或同放风筝，体验与家人共同参与游戏活动的快乐。

3. 组织放风筝活动，将幼儿自制的风筝在户外放飞，让幼儿体验成功的满足感，体会民间游戏的乐趣。

[步骤图]　　　　　　　　风　筝

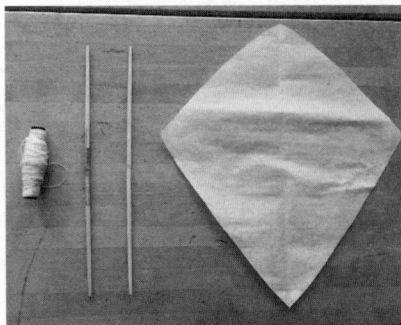

1. 准备毛线、废旧筷子、风筝面（宣纸）

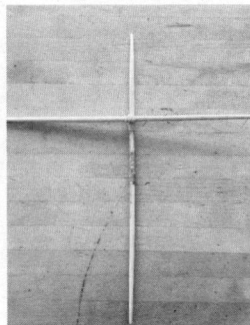

2. 把废旧筷子十字交叉固定住

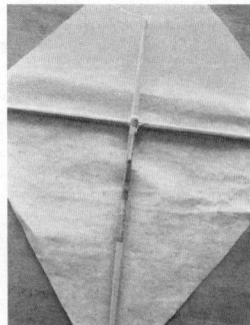

3. 把风筝面粘到固定好的十字上

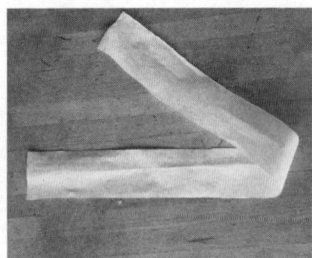

4. 用宣纸剪一长方形，用来做风筝的尾巴

5. 把剪好的风筝尾巴固定在风筝面上

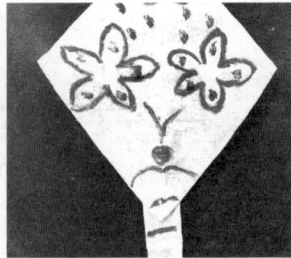

6. 在风筝面上画上好看的图案即可

活动3　放风筝（律动活动）

活动目标

1. 尝试运用动作与同伴合作表现风筝造型和放风筝的情景。
2. 体验放风筝的乐趣以及与同伴共同游戏的快乐。

活动准备

河北民歌《放风筝》，典型风筝图片如蝴蝶、蜈蚣、蜻蜓、沙燕等，放风筝视频；幼儿已积累了放风筝的相关经验。

活动过程

1. 欣赏感知。幼儿欣赏、观察放风筝视频，引发对放风筝游戏的关注与兴趣。

☆ 教师：我们一起来看一段视频，视频中的人们在做什么？

2. 探索发现。幼儿再次观看视频，观察放风筝的方法和动作。

☆ 教师：放风筝都需要什么？人们的手中都拿着什么？

☆ 教师：有几个人配合放风筝？每个人都做什么工作？

☆ 教师：怎样配合才能把风筝放起来？他们做了什么动作？我们来学一学！

3. 展示表现。教师引导幼儿进行动作模仿游戏"放风筝"。

（1）明确游戏角色（放风筝者、拿风筝者、组风筝者）、角色任务、角色间的配合等。

☆ 教师：我们来表演放风筝，都需要哪些角色？

（2）幼儿自由结组（两人一组或多人小组），自选角色，尝试组合风筝。

☆ 教师：你想扮演哪个角色？和你的好朋友结成一组。我们可以怎样用动作组合变成一个风筝呢？大家快来试一试（手拉手、肩并肩、臂挽臂、头对头、背对背等）。

（3）教师带领幼儿开始游戏。教师要关注幼儿之间的配合，并用语言随机引领幼儿表演游戏。

☆ 教师：握紧线，准备好；跑一跑，风筝飞；风来了，风筝动一动；风大了，动动线；风筝落下来了……收线啦！

4. 结束。幼儿随音乐《放风筝》，体验合作游戏的快乐。

☆ 教师：让我们听着音乐，把风筝放起来吧！

单元三　做个玩具大家玩

活动1　我有玩具大家玩（歌唱活动）

活动目标

1. 掌握歌曲的旋律和节奏，掌握歌曲中念白部分。

2. 体会与同伴共同歌唱的愉快情感。

活动准备

歌曲《我有玩具大家玩》（程逸汝词，陈红宇曲）及与歌词相关的玩具实物或图片；幼儿已熟悉歌词。

活动过程

1. 导入。幼儿欣赏歌曲中提到的玩具图片或实物，引发幼儿兴趣。

☆ 教师：这是一个小朋友的玩具，我们看看是什么玩具？

☆ 教师：布娃娃撑着什么？小猴子在干什么？火车会发出什么声音？熊猫玩具会做什么事？

2. 欣赏感知。幼儿欣赏教师范唱歌曲。

☆ 教师：这个小朋友邀请大家一起玩他的玩具，我们听听他是怎么唱的？歌曲的名字叫《我有玩具大家玩》。

3. 探索发现。教师引导幼儿理解歌词内容并发现歌曲的念白处理。

（1）引导幼儿理解歌词。

☆ 教师：小朋友是怎样招呼大家的？他说了什么？有哪些玩具？我们一起来说说歌词吧！（2—3遍）

（2）学习歌曲的念白。

☆ 教师：歌曲中有没有和平时我们唱的歌不一样的地方？这段是念出来的，不是唱出来的。老师是用什么节奏念的？我们来试一试。（两遍）

4. 展示表现。幼儿跟唱歌曲，并尝试有表情地演唱歌曲。

☆ 教师：老师大声唱，小朋友小声唱，我们一起来唱歌！（两遍）

☆ 教师：小朋友邀请大家玩玩具，他是怎样的心情？用什么样的声音来表现小朋友期待的心情？唱歌时会有什么样的表情？我们再来试一试。

5. 结束。鼓励幼儿将自己的玩具与大家分享。

☆ 教师：这个小朋友的玩具能与大家分享，那么你的玩具能和大家一起玩吗？

活动建议

1. 歌曲《我有玩具大家玩》有两个重点：一是为了表达小朋友欢迎同伴与自己一起玩玩具的迫切心情，在演唱"来吧，来吧，来吧，亲爱的小伙伴"时，可以采用一声比一声高的处理方法；二是"布娃娃撑花伞，小猴子爬竹竿，电动火车呜呜开，熊猫还会拍照片"这段歌词在念白处理时要注意咬字清楚，可以先慢一些念，熟悉后再加快速度。

2. 歌曲掌握后，可以将"布娃娃撑花伞，小猴子爬竹竿，电动火车呜呜开，熊猫还会拍照片"这段念白进行改编，如请幼儿尝试改编成自己喜欢的民间玩具如不倒翁、泥娃娃、捻捻转、风筝、拨浪鼓等，或者将念白的节奏进行改变，增加趣味性。

活动2　做个玩具大家玩（制作活动）

活动目标

1. 尝试利用废旧材料，合作制作喜欢的民间玩具。
2. 体验合作的快乐。

活动准备

幼儿认识的民间玩具的图片、照片等，羽毛、塑料绳、皱纹纸、彩色花纸、金属圈、胶皮圈、塑料片圈、地垫圈、废旧雪花插片、胶皮垫、矿泉水瓶瓶盖、2厘米长的吸管、处理过的藤条、胶条、双面胶、剪刀等制作材料和工具，水彩笔、毛笔、水粉、风筝图样、垫板等绘画工具；幼儿已欣赏过各种民间玩具，已有简单的制作经验。

活动过程

1. 导入。幼儿对民间玩具的名称、材质等进行回忆，引起参与活动的兴趣。

☆ 教师：你最喜欢哪个民间玩具？为什么？

☆ 教师：你会做吗？你想怎么做？

2. 欣赏感知。教师介绍制作材料，幼儿感知材料特点。

☆ 教师：这里有许多材料，你知道这些材料都可以制作什么玩具吗？

3. 探索发现。幼儿分组自选材料装饰制作，表现民间玩具独特的造型特点。

☆ 教师：你想做哪个玩具？选择合适的材料做一个吧！教师可引导幼儿分为不倒翁组、风筝组、花毽组、拨浪鼓组。

☆ 教师进行分组指导。（针对不倒翁组）如果要让不倒翁不倒，它的底座的泥应该什么样？（针对风筝组）请小朋友们想一想风筝可以怎么做，风筝藤条可以组合成什么造型，如何才能固定住？（针对花毽组）用铁圈做毽子时，塑料绳等材料往铁圈中穿时要弄齐。应该选择多少毽穗，最后还要记得用绳把穗系紧。（针对拨浪鼓组）拨浪鼓的线绳应该如何连接？

4. 展示表现。幼儿展示自己制作的民间玩具，体验成功。

☆ 教师：你做了哪个玩具？你能介绍一下你是怎么做的吗？

5. 结束。

☆ 教师：我们大家拿着自己做的玩具到外面玩一玩吧！

活动建议

1. 玩具制作环节，教师应指导不同小组选择适当的材料。如面人（不倒翁）组可选择橡皮泥、胶泥、乒乓球、海洋球、木条、泥塑玩具等，风筝组可选择各类纸、水粉颜料、毛笔、藤条、胶条、吸管、曲别针、大头针等工具材料，花毽组可选择羽毛、塑料绳、铁圈、地垫、各类纸等，拨浪鼓组可选择各类纸、牙签、塑料盒（圆）、木棒、珠子、线绳、剪刀等工具材料。

2. 玩具展示环节，可采取个别展示和小组展示相结合的形式，让幼儿在对比欣赏中，加深对民间玩具独特的造型、丰富的色彩、多样的纹样的感知，丰富制作经验。也可结合学习的民间童谣《放风筝》《踢毽歌》等伴奏进行展示，增加游戏性。

3. 本活动的开展可灵活多样、因地制宜。教师可针对幼儿兴趣，深入挖掘本地区传统艺术元素，从多种视角取材，自行设计有特色的玩具制作活动，使幼儿了解民间玩具中的文化，感受民俗、民风、民情，体会民族情感，培养他们从小喜爱、珍视民族艺术文化的情怀。

4. 还可以进行"带个玩具一起玩"的活动，倡导家园共同收集自制玩具，特别是那些有明显地域特色、民族风情的民间传统玩具，如空竹、布老虎、地陀螺、拨浪鼓等。在共同欣赏过后，组织亲子一起玩玩具，交流玩玩具的趣闻和故事，引导幼儿懂得爱惜玩具，体会生活乐趣与亲情，了解民间玩具是不断变化发展的。

5. 将自制民间玩具的材料投放在区域活动中，将制作好的民间玩具投放在户外玩具中，供幼儿日常游戏。

活动资料

[步骤图]　　　　　　　拨 浪 鼓

1. 准备胶棒、剪刀、彩纸、毛线、小盒，珠子两颗

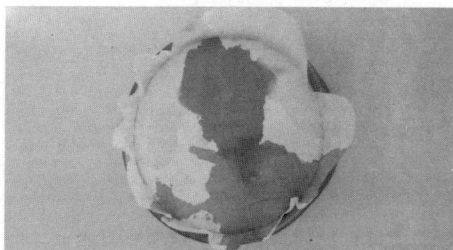

2. 在小盒的盖上涂上胶，把彩纸粘上，将多余的彩纸剪去，底部同

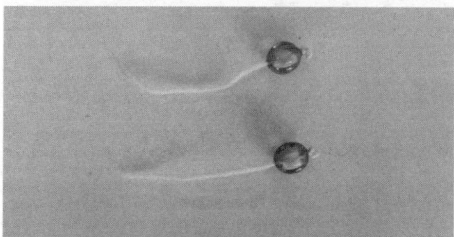

3. 取适当长度的毛线将小球穿在毛线上，将毛线的一头系成死结，固定小珠

4. 在盒子两边各钻一个小洞，将小珠穿进去，固定好

5. 将准备好的笔杆或者筷子插入小盒，固定拨浪鼓即可

不 倒 翁

1. 准备彩纸、剪刀、胶棒、彩泥、半圆形底座（或乒乓球）

2. 将彩纸剪裁成正方形或扇形，由一边向内卷起，用于制作小帽子

3. 将蛋液清空，留下完整蛋壳，将橡皮泥放在蛋壳中，找到平衡

4. 将小帽子用胶棒粘在蛋壳上

5. 用水彩笔为不倒翁添画上表情即可

主题十四

快乐的小剧场（下）

主题概述

　　戏剧是一门综合的舞台艺术，具有知识传递、道德教化、群体娱乐、艺术审美等多维的功能。戏剧与幼儿更有一种天然的、和谐的联系。幼儿天生喜欢装扮和幻想，对他们而言，将身体和声音作为表达和沟通的工具，尝试扮演不同的角色、想象情境、揣摩故事的方式就是体验社会、体验生活。为此，我们设计了"快乐的小剧场"这一主题，希望通过戏剧主题活动引导幼儿认识戏剧，喜欢戏剧，感受戏剧带来的成长与快乐。

　　本主题围绕我国传统动画片《九色鹿》及迪士尼动画片《白雪公主和七个小矮人》，设计了"九色鹿"和"白雪公主"两个戏剧单元活动。在"九色鹿"单元里，我们首先让幼儿了解敦煌莫高窟，感受壁画及舞蹈作品中飞天形象的线条及造型流畅飘逸的美，感受异域文化风情，开阔幼儿的艺术视野。其次，通过对动画片《九色鹿》尤其是其中重点片段的欣赏，让幼儿感知九色鹿色彩、光芒、造型的艺术形象特点，了解其神奇、善良、勇敢的性格特征。最后，在模仿表演中探究耍蛇人心理活动，感受九色鹿的善良和耍蛇人的丑恶，引导幼儿学会诚信，彼此尊重。在"白雪公主"这一单元，主要通过经典对白，以白雪公主的美丽、七个小矮人的顽皮可爱、王后的阴险狡诈为线索，帮助幼儿了解故事内容、情节、角色之间的关系，尝试分析人物角色的主要特点，激发他们参与表演的愿望。

　　这两个单元戏剧故事中的角色都是有明显的善恶之分，教师也可以组织幼儿对故事的内容或结局进行创造性的改编、表演，让幼儿体验故事不一样的发展与结局。

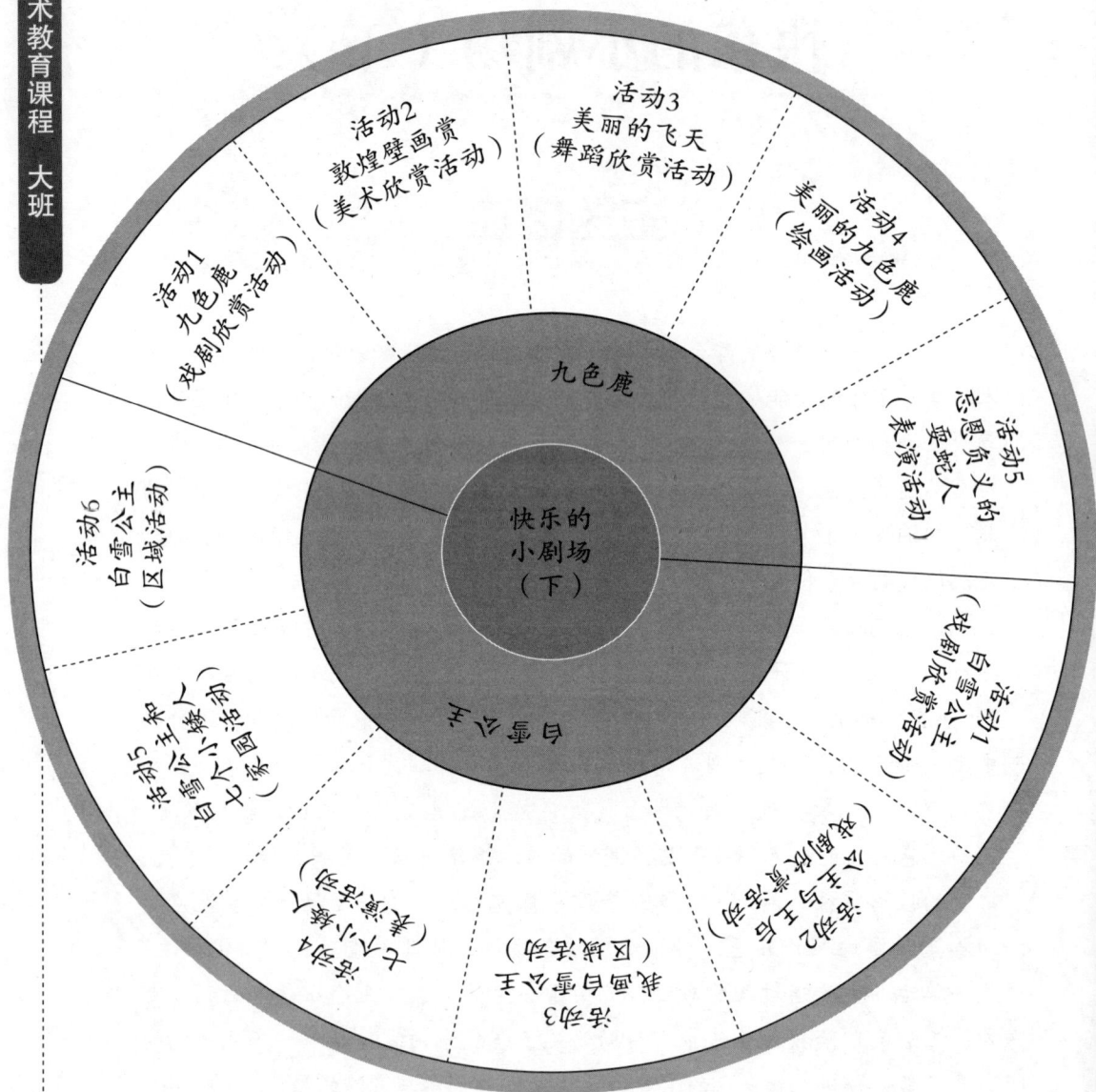

幼儿园综合艺术教育课程 大班

活动2
敦煌壁画赏
（美术欣赏活动）

活动3
美丽的飞天
（舞蹈欣赏活动）

活动1
九色鹿
（戏剧欣赏活动）

活动4
美丽的九色鹿
（绘画活动）

活动5
忘恩负义的
要蛇人
（表演活动）

九色鹿

快乐的
小剧场
（下）

活动1
白雪公主
（戏剧欣赏活动）

白雪公主

活动6
白雪公主
（区域活动）

活动5
白雪公主和
七个小矮人
（家园活动）

活动4
七个小矮人
（表演活动）

活动3
我爱白雪公主
（区域活动）

活动2
白雪公主与后母
（戏剧表演）

综合艺术活动

单元一 九色鹿

活动1 九色鹿（戏剧欣赏活动）

活动目标

1. 感知九色鹿动画艺术形象特点，了解九色鹿神奇、善良、勇敢的性格特征。

2. 养成安静欣赏观影的文明习惯。

活动准备

"九色鹿第一次出场""九色鹿勇救落水人""九色鹿被迫离开人间"这三个片段的视频；幼儿前期完整欣赏过动画片《九色鹿》，对故事情节和主要人物比较熟悉。

活动过程

1. 导入。教师引导幼儿回忆动画片《九色鹿》的主要人物与情节，唤起幼儿对活动的兴趣。

☆ 教师：最近我们欣赏了一部动画片叫《九色鹿》，故事里都有谁？说了什么事？

2. 欣赏感知。幼儿欣赏动画片片段，深入感知九色鹿神奇、善良、勇敢的性格特点。

（1）完整欣赏"九色鹿第一次出场"片段，感受九色鹿的神奇与温和的性格特点。

☆ 教师：九色鹿是怎么出现的？有什么神奇的地方？

（2）定格欣赏九色鹿出场的画面。

☆教师：看到这样的九色鹿，你有什么感觉？想到了什么？

☆教师：你觉得这是一头怎样的鹿？

（3）完整欣赏"九色鹿勇救落水人"片段，感知九色鹿善良、富有爱心的性格特点。

☆教师：这个片段说了什么情节？

（4）定格欣赏落水人跪谢九色鹿镜头。

☆教师：这个镜头在说什么事？落水人叩谢九色鹿并答应九色鹿什么要求？

☆教师：这段镜头中的九色鹿是怎样的？

（5）分段欣赏"九色鹿被迫离开人间"的片段。

☆教师：我们继续往下看，又发生了什么事情？（落水人带国王找鹿，射鹿。定格在九色鹿光环出现）

☆教师：落水人是个什么样的人？

☆教师：九色鹿被射死了吗？她是怎么保护自己的？

☆教师：你觉得这是一个什么样的光环？

☆教师：看到九色鹿的光环，落水人、国王、士兵都怎么了？

☆教师：落水人的表情怎么样？为什么？

☆教师：别人的表情怎么样？（学一学生气的样子）

☆教师：九色鹿去哪了？（九色鹿离开人间）看她飞走你心情怎么样？为什么？

3. 结束。再次欣赏九色鹿图片，引导幼儿表达对九色鹿的情感。

☆教师：我们再来看看善良、美丽的九色鹿，小朋友喜欢它吗？为什么？你有什么话想对她说吗？

活动2 敦煌壁画赏（美术欣赏活动）

活动目标

1. 了解敦煌壁画，学习用动作进行模仿。

2. 萌发对民族传统文化的兴趣。

活动准备

《神秘的敦煌》幻灯片，《九色鹿》动画形象的画面定格；幼儿欣赏过动画片《九色鹿》。

活动过程

1. 导入。幼儿欣赏《九色鹿》画面，教师引导幼儿关注敦煌壁画。

（1）欣赏动画片中的画面。

☆ 教师：你熟悉这个画面吗？这是哪个故事中的角色？

☆ 教师：你们知道《九色鹿》的故事最早出现在什么地方？

（2）欣赏壁画故事《九色鹿》。

☆ 教师：这就是敦煌壁画中的九色鹿的故事，我们一起来欣赏！

☆ 教师：这些壁画看起来是怎样的？给你什么感觉？

☆ 教师：让我们一起到神秘美丽的敦煌去游览吧！

2. 欣赏感知。教师引导幼儿欣赏《神秘的敦煌》幻灯片。

（1）教师边播放幻灯片边用语言配合图片的放映，激发幼儿对敦煌的向往。

☆ 教师：跨上高大的骆驼，我们开始了探寻宝藏的神奇旅程。阵阵悠扬的驼铃声伴随我们穿越一望无际的沙漠。在广阔荒凉的戈壁中，突然出现了一抹绿色，清澈的月牙泉啊，为我们指引着方向。那是个怎样美丽的地方？我心中充满向往。我们快快去吧，快快去探寻那充满神秘的宝藏！走啊，走啊，终于，我们来到了敦煌莫高窟，这个美丽的地方。

（2）继续播放幻灯片，欣赏敦煌石窟中的壁画、塑像等艺术品，初步感知敦煌石窟的特点，发现敦煌中的壁画与塑像。

☆ 教师：我们一起来看看敦煌石窟中有什么宝贝？

☆ 教师：敦煌莫高窟内的绘画在什么地方？（墙壁上）除了绘画，还有什么？（塑像）

☆ 教师：壁画就是画在墙上的画，是由古代的人们用颜料画上去的。壁画中有许多故事，《九色鹿》就是其中的一个。敦煌石窟艺术是我国的国宝，是一处由建筑、绘画、雕塑组成的博大精深的综合艺术殿堂，是世界上现存规模最宏大、保存最完好的佛教艺术宝库，被誉为"东方艺术明珠"。

3. 结束。

☆ 教师：敦煌壁画中还有许多美丽的事物，我们下次再来欣赏！

活动3　美丽的飞天（舞蹈欣赏活动）

活动目标

1. 了解飞天是敦煌壁画中常见形象。
2. 尝试用肢体动作模仿表现飞天的美丽与飘逸。

活动准备

长条彩色飘带人手一条（可用皱纹纸，也可用长纱），《九色鹿》动画片中飞天的定格画面，舞蹈《飞天》（2008年中央电视台春节晚会节目），飞天演员图片幻灯片；幼儿在前期活动中对敦煌石窟艺术有一些了解。

活动过程

1. 导入。教师引导幼儿观察《九色鹿》中的"飞天"形象，引发幼儿活动兴趣。

☆ 教师：我们来看看这张图片，图中的人物你们认识吗？猜猜它是谁？

☆ 教师：它的名字叫飞天，是飞在天上的神仙，是敦煌壁画中常见的形象。

2. 欣赏感知。幼儿欣赏舞蹈《飞天》，引发对"飞天"的关注。

☆ 教师：我们一起来欣赏一个舞蹈，舞蹈的名字就是《飞天》。

3. 探索发现。幼儿发现、欣赏飞天造型的美。

（1）整体欣赏，获得对舞蹈的初步感知印象。

☆ 教师：《飞天》这个舞蹈给你什么感觉？

（2）欣赏舞蹈的飞天画面定格。

☆ 教师：你喜欢哪个动作？为什么？

（3）欣赏幻灯片，重点欣赏服饰美、姿态美、神态美。

☆ 教师：飞天穿什么样的衣服？飘带为什么是飘起来的？飘带是朝哪个

方向飘的？那么飞天是朝哪个方向飞的？

☆ 教师：飞天都有哪些动作？我们来学一学！

☆ 教师：看看飞天都是什么样的表情？她们的眼睛为什么朝下看呢？她们看见了什么？

4. 展示表现。请幼儿披上飘带，在飞天舞蹈音乐的伴随下自由模仿飞天的典型动作及姿态。

☆ 教师：我们一起带上飘带，也来做个美丽的飞天吧，看看谁的动作最优美。

5. 结束。

☆ 教师：今天我们欣赏的敦煌莫高窟里的艺术品只是很少的一点点，希望有机会小朋友可以到真正的敦煌莫高窟去看看，去那里发现更多的艺术宝藏。

活动建议

1. 将幼儿和家长收集到的艺术品在班级内布置成展览，在区域活动、环节欣赏活动中相互交流欣赏。

2. 因敦煌莫高窟内艺术品众多，教师可根据幼儿的理解水平和欣赏经验分几次欣赏。如按艺术形式，可分为壁画欣赏、雕塑欣赏、装饰欣赏、飞天形象欣赏等。本次活动我们是以飞天形象为主要欣赏内容的欣赏活动。

活动4 美丽的九色鹿（绘画活动）

活动目标

1. 能用各种线条和传统纹样装饰九色鹿。
2. 感受装饰绘画的美和乐趣。

活动准备

动画片《九色鹿》及其中五个画面（开山、救人、温暖小动物、射箭、飞天）；幼儿已掌握一些传统纹样（如火纹、水纹、云纹等）的绘画，有过用线条进行装饰绘画的经验。

活动过程

1. 导入。教师引导幼儿回顾《九色鹿》的故事。

⭐ 教师：我们都欣赏过《九色鹿》的动画片，你们觉得九色鹿是什么样的鹿？

2. 欣赏感知。请幼儿逐一欣赏"开山""救人""温暖小动物""射箭""飞天"五个画面的定格并交流感受。

⭐ 教师：这是动画片中的哪个片段？

⭐ 教师：在这段情节中的九色鹿给你什么感觉？

⭐ 教师：如果请你用一种线条或纹样来表现九色鹿的神奇本领，你想用什么呢？

3. 探索发现。引导幼儿感受装饰纹样与性格之间的关系。

⭐ 教师：除了上面说到的纹样和线条，你还可以用什么线条或纹样来装饰九色鹿？为什么？

⭐ 教师：这些花纹可以装饰在鹿的什么地方？

4. 展示表现。幼儿自由装饰、绘画九色鹿。

⭐ 教师：请你们来为九色鹿进行装饰吧，想一想你都可以用哪些线条或纹样来表现九色鹿的性格和神奇？

⭐ 教师：为什么用这个花纹进行装饰？鹿在做什么的时候身上会有这样的花纹？

5. 结束。幼儿进行作品欣赏与评价。

⭐ 教师：你喜欢哪只九色鹿身上的装饰纹样？你觉得出现这些纹样时九色鹿在做什么？

活动5　忘恩负义的耍蛇人（表演活动）

活动目标

1. 观察耍蛇人面部表情的变化，探究其心理活动。

2. 感受九色鹿的善良和耍蛇人的丑恶。

活动准备

《九色鹿》动画片及其中耍蛇人（失足落水、虔诚谢恩、左右思量、贪心窃喜、恐惧害怕、失信的下场这六个画面定格）；幼儿已完整欣赏过《九色鹿》。

活动过程

1. 导入。教师引导幼儿回忆主要角色，引发幼儿活动兴趣。

☆教师：《九色鹿》动画片中，你对哪个角色印象最深？为什么？

2. 感知欣赏。幼儿观察耍蛇人的表情，引导幼儿分析其心理活动。

（1）教师逐一引导幼儿观察耍蛇人定格图片中丰富的表情，引导幼儿讨论耍蛇人在不同情节中的不同表情代表的不同心情。

☆教师：看看这张图片中耍蛇人是什么表情？他为什么有这样的表情？猜猜他在想什么呢？

（2）教师组织幼儿玩游戏"看表情、猜心情"。

☆教师：哪位小朋友来表演一个表情，我们来猜一猜你的心里在想什么？

3. 结束。

☆教师：今天，我们知道了从一个人的表情中看他的心理。以后，我们小朋友在表演的时候，要注意运用自己的表情进行表演，这样你的表演才会更加生动，更加精彩！

活动资料

[画面分析]　　　　　　**六个定格画面**

1. 失足落水：耍蛇人在水中使劲挣扎，手臂举起呼救，眼睛紧闭，嘴巴张得大大的，像在呼救，表现出内心的恐惧。

2. 虔诚谢恩：耍蛇人双膝跪地，双手合十，眉毛下垂，眼角上扬，脸部线条柔和，表现出心中对九色鹿的感激之情。

3. 左右思量：耍蛇人眉毛呈一字，眼白较多，黑眼珠极小并朝斜下方，像在思考，很忐忑，显得丑陋和龌龊，表现出他内心中守信与失信、善良与邪恶的两种力量的斗争。

4. 贪心窃喜：耍蛇人想到了金银财宝收入囊中，不禁喜形于色。他的眉毛抬起，眼珠向斜上方看，嘴角上扬露出牙齿，眼神充满着得意和贪婪。

5. 恐惧害怕：耍蛇人被九色鹿揭发，不禁想到了自己曾立下的誓言，脸色沉重了，眼睛充血，舌头突出嘴外，脸部线条扭曲，出了一头的冷汗，表现出他内心极度的恐惧。

6. 失信的下场。耍蛇人再一次落入水中，他知道这次没有人救他，眼睛睁得又大又圆，在惊恐的同时表现出真正的绝望，而这时，他的手中依然攥着那张告示，表现出耍蛇人贪婪的本质。

单元二　白雪公主

活动1　白雪公主（戏剧欣赏活动）

活动目标

了解故事内容、情节、角色之间的关系，尝试分析人物角色的主要特点。

活动准备

《白雪公主》故事和动画片；幼儿已欣赏过动画片或看过图书，对情节人物有初步的了解。

活动过程

1. 导入。教师说谜语，幼儿猜，引发幼儿参与活动兴趣。

☆ 教师：我请你们猜一个人。唇红如玫瑰，发黑如乌木，皮肤白嫩如雪。猜猜她是谁？

2. 欣赏感知。教师有表情地讲述故事，引导幼儿用语言表达感受。

（1）教师绘声绘色地讲述故事。

☆ 教师：听老师给你们讲一讲《白雪公主》的故事，请安静倾听。

（2）请幼儿用简单又恰当的语言和动作分别描述一下白雪公主、王后、小矮人的样子与说话时的语气、神态。

☆ 教师：故事的名字叫什么？你最喜欢哪一个角色？为什么？

☆ 教师：这个角色的主要特点是什么？她（他）爱说什么话？爱做什

么事？

3. 探索发现。欣赏动画片《白雪公主》中的人物造型，教师引导幼儿对主要人物的性格特点进行总结。

☆ 教师：看看这些图片都是谁？他们的服装是什么样的？

☆ 教师：你喜欢谁的样子？为什么？

☆ 教师：白雪公主美丽、善良；小矮人顽皮、可爱而勤劳；王后凶狠、恶毒！

4. 结束。

☆ 教师：下次我们来欣赏由大哥哥大姐姐表演的《白雪公主》。

活动2　公主与王后（戏剧欣赏活动）

活动目标

1. 对比感知白雪公主和巫婆的角色特点，尝试运用表情、动作表现人物性格。

2. 了解舞剧的表演形式，萌发参与表演的兴趣。

活动准备

自排童话舞剧《白雪公主》，表现白雪公主、王后两种角色不同性质的音乐（教师可自选）；幼儿欣赏过动画片，了解人物典型动作。

活动过程

1. 导入。

☆ 教师：我们都听过了《白雪公主》的故事。今天，我们一起来欣赏舞剧《白雪公主》，看看和动画片的《白雪公主》故事一样不一样？

2. 欣赏感知。幼儿欣赏童话舞剧《白雪公主》，交流舞剧与动画片的区别。

☆ 教师：舞剧和动画片有什么不同之处？

☆ 教师：舞剧演员是在舞台上用跳舞的方法为我们表演故事。演员们在音乐的伴奏下会用表情和舞蹈动作表现角色。

3. 探索发现。进行"公主与王后"片段欣赏，教师引导幼儿挖掘两个主要人物的不同。

（1）每到一个展现人物心理活动状态的动作时，教师就将画面定格，并引导幼儿观察王后和白雪公主的动作、表情、神态以及动作代表含义等。

☆ 教师：这是哪个片段，出现了谁？

☆ 教师：这是谁？她的表情是什么样子的？

☆ 教师：这又是谁？她和白雪公主在动作表情上有什么不同？她的眼神是什么样子的？

☆ 教师：白雪公主在和王后交流时用了什么动作，表达了什么意思？

（2）教师可以边叙述故事对话，边引导幼儿用动作进行模仿表现。

☆ 教师：巫婆说"白雪公主你吃一个苹果吧"，白雪公主说"我不吃，我不能吃陌生人的东西"。巫婆说："这可不是一个一般的苹果哟！这是一个能许愿的苹果，只要你咬上一口，愿望就能实现。"白雪公主拿过苹果，咬了一口，就躺在了地上。

4. 展示表现。教师引导幼儿展示"吃苹果"的片段。

☆ 教师：哪两位小朋友来尝试一下，表演白雪公主吃苹果的片段？

5. 结束。

☆ 教师：今天我们尝试表演了一下，以后我们可以平时在表演区穿上漂亮的演出服再继续表演！

活动建议

1. 公主与王后的对比欣赏，还可以从舞剧中两段不同性质的音乐入手，体验音乐中所塑造的人物形象及性格特点。请幼儿仔细听一听、辨一辨两段音乐有什么特点，不同之处在哪里。

2. 教师可采用分段欣赏的方法请幼儿分别倾听公主与王后的音乐，说一说她们在做什么？心情怎么样？鼓励幼儿调动已有经验，能够随音乐大胆地表现人物的造型、情绪特征。在幼儿模仿过程中，教师要注意以点带面，随机指导，多为幼儿提供支持。

活动3 我画白雪公主（区域活动）

活动目标

1. 能够抓住故事中人物的突出特征，尝试运用流畅的线条及色彩等进行绘画。

2. 体验合作绘画及制作图书的乐趣。

活动准备

动画片《白雪公主》主题曲，白雪公主故事梗概幻灯片和故事主要人物图片，大小不同的画纸、水彩笔、彩色铅笔、签字笔等；幼儿了解故事大意，已欣赏有关公主、王子、巫婆、王后及小矮人的各种服饰。

活动建议

1. 教师可以引导幼儿观察不同人物的突出特征，要针对人物角色的服装、样貌、动作、表情等方面，对幼儿进行引导，为绘画活动做准备。如：白雪公主美在哪？她的衣服什么样子？头上有什么装饰？她的皮肤是什么颜色的？王后穿的什么样子的衣服，变成巫婆后她的脸是什么样子？穿的衣服是什么颜色的？手指的指甲是怎样的？

2. 教师为幼儿准备多种绘画工具，供幼儿选用自己喜欢的绘画方法制作图书。

3. 教师可引导美工区的幼儿对故事主要情节进行分析，计算出需要绘画多少页，每页绘画内容，并进行分工。

4. 教师可根据本班幼儿的绘画水平，针对能力较弱的幼儿，为他们提供印有造型轮廓的绘画纸，进行绘画装饰。另外，在幼儿协商绘画人物的时候，可适当引导能力强的幼儿画较难的任务，能力弱的幼儿画较简单的任务。

5. 待幼儿合作完成后，教师可用工具将幼儿绘画装订成册，放在表演区供幼儿表演参考用。

活动4　七个小矮人（表演活动）

活动目标

1. 了解七个小矮人的造型及动作特点。
2. 运用动作表现七个小矮人的可爱与顽皮。

活动准备

律动音乐，动画片《白雪公主》中"七个小矮人"定格画面，各色的皱纹纸，七种颜色的各式帽子，不同造型的胡子道具（圆形的、尖长的），幼儿睡衣，眼镜等。

活动过程

1. 导入。欣赏"七个小矮人"定格画面，了解七个小矮人有趣的形象特点。

☆ 教师：小朋友们你们知道白雪公主的好朋友是谁吗？你们知道当白雪公主遇到困难时是谁帮助了她吗？

☆ 教师：让我们一起再来看一看七个小矮人，感受他们每个人的可爱与幽默吧！

2. 欣赏感知。教师引导幼儿欣赏后进行交流。

☆ 教师：在七个小矮人中你最喜欢哪一个，为什么？教师鼓励幼儿运用语言来描述自己喜欢的"小矮人"的形象特点，突出每个角色人物的独有特征，为后面的装扮做铺垫。

3. 探索发现。幼儿分组协商，选择适宜的材料进行角色装扮。

☆ 教师：老师这里准备了许多装扮材料，请你们七人分为一组，自由选择把你或者你的伙伴装扮成七个小矮人吧！

4. 展示表现。幼儿自由进行律动表演。

☆ 教师：小矮人要出场了，看看哪个小矮人最可爱？

☆ 教师：我们想什么办法，让自己变得矮一些？

☆ 教师：小矮人在做什么事情？有什么样的动作？

5. 结束。教师抓住幼儿独特的创意进行评价。

☆ 教师：这个小矮人好可爱，让大家看一看小矮人可爱在哪里？

活动建议

教师可充分发挥幼儿的想象，抓住人物的独特特征，运用不同的材料进行装扮。如小矮人的帽子可用真实的帽子，也可运用不同颜色的纸张折叠成三角形后戴在头上。小矮人的鼻子可运用乒乓球、扭蛋玩具、海洋球、纸球等进行制作，小矮人的胡子可用棉花、白线、白毛线、白纸等制作。

活动5　白雪公主和七个小矮人（家园活动）

活动目标

体验亲子制作、装扮的喜悦。

活动准备

家长信，制作、装扮的材料。

活动建议

1. 活动前，教师要取得家长的支持与配合，发放家长信，如我们班正在进行"快乐的小剧场"的主题教育活动，为了让孩子充分参与戏剧表演、获得表演的快乐和成功感，请配合我们与孩子共同为故事《白雪公主和七个小矮人》的主要角色寻找装扮道具，并请孩子进行自我装扮。装扮前，请您了解孩子选择的角色，尊重孩子的意愿，制订计划，在制作中让孩子学会分工合作。

2. 建议家长将活动过程记录下来（文字、照片、录像等形式均可），带到班中与同伴进行分享与交流。

3. 教师也可以将家长邀请到班上，开一个服装造型展示会，家长们将自己与孩子装扮起来，共同表演舞剧中感兴趣的片段，让孩子在集体面前尽情地展示，获得愉悦及成功。

4．请家长将共同收集的道具带到幼儿园，如眼镜、帽子、胡子等材料，供幼儿在表演区自由装扮后共同表演。

5．教师还可以引导幼儿在美工区自己制作道具，将各区域活动联动起来，不断地丰富幼儿的表演道具。

活动6　白雪公主（区域活动）

活动目标

1．能够运用表演区的道具进行角色装扮，与伙伴合作表演《白雪公主》舞剧片段。

2．愿意参与戏剧表演活动，感受欢快的情绪。

活动准备

童话舞剧《白雪公主》。

活动建议

1．教师可请幼儿在美工区活动时为表演区制作、设计演出票和海报，演出的海报可以围绕幼儿感兴趣的片段，能够突出戏剧冲突、便于本班幼儿表演的情节进行设计。如白雪公主与王后、七个小矮人、白雪公主与王子等。

2．教师要注重提醒台下欣赏的小朋友做文明观众，认真观看表演，欣赏小演员的表演。

3．教师还可组织幼儿到各班发放自己设计的演出票，将排演的节目在全园演出。

4．在游戏中，要鼓励幼儿有个性的创作表演，不拘形式。

5．评价活动可采用自评和他评相结合的方式，重点是能够跟随音乐的节奏和情节变化，大胆运用动作、表情、神态等进行表演。

主题十五

小戏迷（下）

主题概述

　　京剧是中国艺术的瑰宝，是世界戏剧艺术宝库中的一颗璀璨明珠。京剧中有精彩传奇的故事，丰富生动的角色形象，美轮美奂的脸谱造型、戏服道具，是集音乐、舞蹈、文学、美术、表演于一身，具有深厚中国历史文化底蕴的综合表演艺术。为了让幼儿了解京剧艺术，让优秀的传统文化艺术代代相传，我们根据幼儿认知特点，设计了"小戏迷"的主题，引导幼儿在听、看、画、演的艺术活动中，对京剧产生兴趣。

　　本主题设计了"漂亮的花旦"和"娃娃学武艺"两个单元，旨在通过经典的剧目片段欣赏，引导幼儿了解京剧中的旦角和武生的特点。"漂亮的花旦"是在欣赏《拾玉镯》《卖水》《天女散花》《霸王别姬》等京剧花旦戏的基础上，引导幼儿重点欣赏水袖舞、剑舞、棋盘舞等戏剧舞蹈表演，帮助其理解不同性质的舞蹈语言所表现的内容和情感。教师会在区域游戏中提供适宜的材料，供幼儿自制道具、服装、头饰并进行装扮，有创意地运用表情、肢体语言表演花旦戏中的舞蹈动作，从中感受旦角特点，获得愉悦的情感体验。"娃娃学武艺"这一单元利用舞台上鲜活的武生角色，帮助幼儿感知历史人物，丰富他们对京剧行当的了解，引导他们抓住人物特点（兵器、拳法、服装等）进行角色创造与表演。另外，"娃娃学武艺"作为本主题系列的最后一个单元，以游戏的形式对京剧内容进行回顾与复习，加强幼儿对京剧这门艺术的整体认识。

　　在开展京剧欣赏活动时，教师要认真甄选、分析适合幼儿欣赏与了解的内容，激发幼儿自主探究的兴趣。

261

主题活动网络图

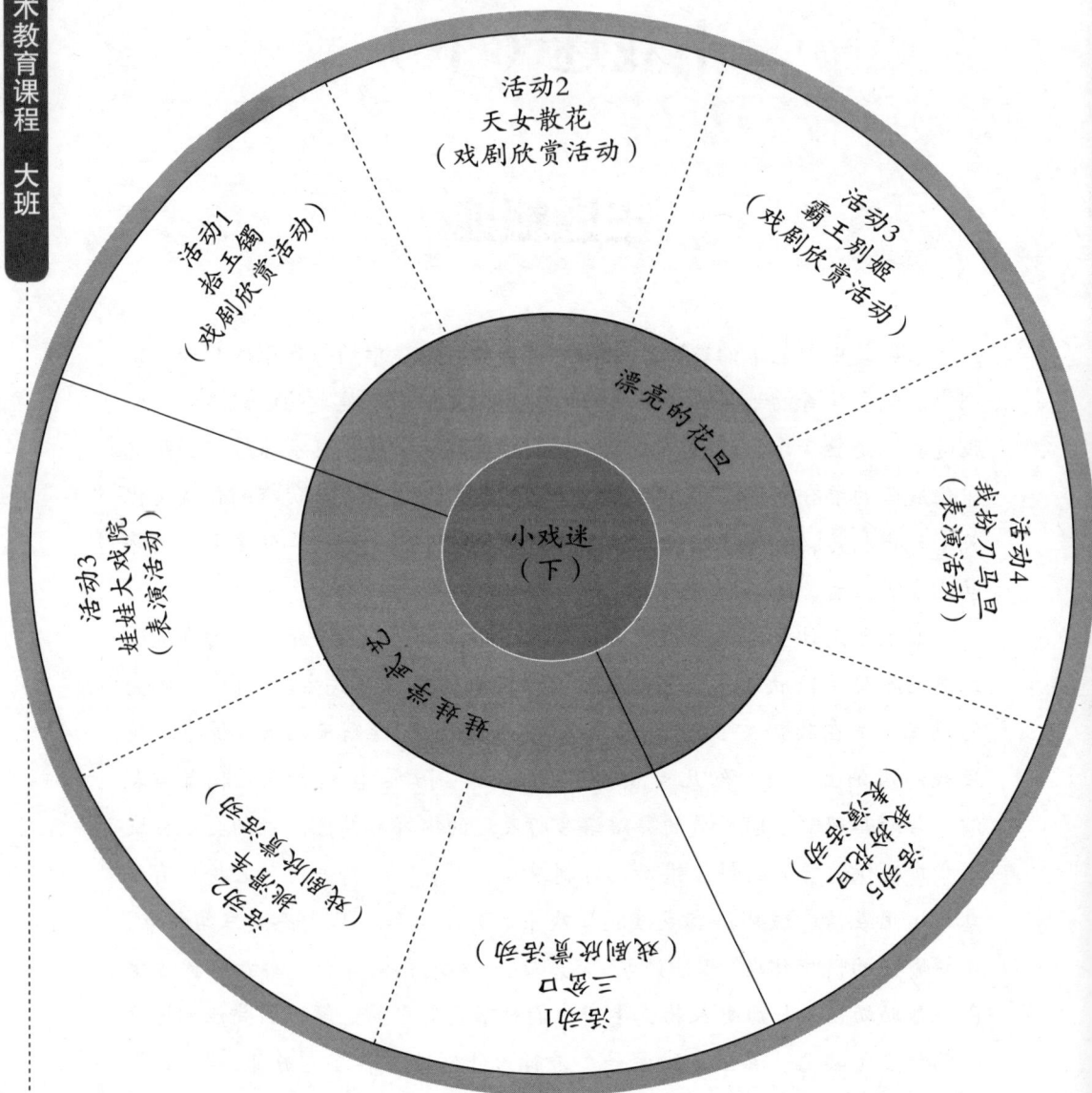

活动2
天女散花
（戏剧欣赏活动）

活动1
拾玉镯
（戏剧欣赏活动）

活动3
霸王别姬
（戏剧欣赏活动）

漂亮的花旦

小戏迷
（下）

活动4
我扮刀马旦
（表演活动）

活动3
娃娃大戏院
（表演活动）

好看的脸谱

活动5
漂亮的花旦
（表演活动）

活动2
拾玉镯
（戏剧欣赏活动）

活动1
三岔口
（戏剧欣赏活动）

262

综合艺术活动

单元一　漂亮的花旦

活动1　拾玉镯（戏剧欣赏活动）

活动目标

1. 初步感知花旦美丽、可爱、俏皮、活泼的角色特点。
2. 尝试模仿花旦念白、动作，并创编简单的舞蹈动作。

活动准备

京剧《拾玉镯》视频，展现剧中主人公孙玉娇捻针、哄鸡、关门等动作的图片各一张，剧中展现主人公性格特点的锣鼓经音乐一段；幼儿欣赏过京剧折子戏，对京剧《拾玉镯》的故事已有所了解。

活动过程

1. 导入。教师出示《拾玉镯》中主人公孙玉娇的剧照，引导幼儿观察旦角的装扮特点，引发幼儿参与活动的兴趣。

☆ 教师：小朋友们，你们都知道京剧中有哪些行当吗？

☆ 教师：今天我们要来认识一个新行当，你们看！她的装扮有什么特点？

2. 欣赏感知。幼儿完整欣赏剧目，初步感知花旦活泼、俏皮的性格特点。

（1）观察孙玉娇的剧照，介绍花旦装扮特点。

☆ 教师：这是京剧中的旦角，主要表现女性。这个人物叫孙玉娇，是一名小花旦，表演的是小女孩。她们一般都穿短衣裳、裤子或裙子等，在化妆上，也是以素面为主，就是勾画眉毛，用胭脂揉面。

（2）完整欣赏《拾玉镯》的剧目。

☆ 教师：你觉得孙玉娇是个怎样的小姑娘？

3．探索发现。鼓励幼儿积极交流对花旦的性格特征的体会，为花旦的模仿表演做准备。

☆ 教师：你喜欢孙玉娇吗？为什么？她都做了哪些事情呢？教师根据幼儿的表述，随机出示剧照图片，便于幼儿模仿表现。

4．创造表现。教师鼓励幼儿运用肢体动作，大胆模仿、创编花旦的动作。

（1）喂鸡动作，重点学习圆场步。

☆ 教师：孙玉娇是怎么喂鸡的？她都做了哪些动作？我们一起来学一学。你还会怎么表演喂鸡？

（2）捻线动作，重点学习双手无物配合表演。

☆ 教师：谁能模仿孙玉娇捻线的动作？她是先用兰花指的样子拿起针，另一只手快速捻线、认针、拉线、打结。好了！我们来试一试。你会怎么表演捻线？

（3）高兴时的动作。学习快速摆头、拍手动作，表现小姑娘活泼的性格。

☆ 教师：孙玉娇高兴时是怎样表演的？你可以怎样表演高兴？

5．结束。教师鼓励幼儿随着锣鼓经音乐的伴奏，大胆进行花旦动作的表演，体验戏曲表演的乐趣。

☆ 教师：请小演员们听着锣鼓经的音乐，我们一起来表演一位聪明、活泼又能干的小花旦！

活动建议

本活动可根据教师的自身特长、幼儿的兴趣，自由选择剧目进行欣赏表演，如可选择《卖水》里面的"报花名"为主要欣赏、模仿、表演的内容。

活动2　天女散花（戏剧欣赏活动）

活动目标

了解京剧花旦水袖表演的特点，尝试模仿简单舞蹈动作，体验旦角表演

的快乐。

活动准备

京剧《天女散花》，各种材质长布条每人一条。

活动过程

1. 导入。教师出示《天女散花》的京剧图片，引导幼儿关注图片中演员的服装及动作。

☆ 教师：小朋友看看这张图片中的京剧演员在做什么？

2. 欣赏感知。教师简单介绍故事内容，为幼儿欣赏京剧做准备。

☆ 教师：今天，请小朋友们欣赏一出京剧花旦折子戏——《天女散花》。这段剧目讲的是天上的一位神仙病了。如来佛祖知道后，命令天女到神仙居住的地方去散花。天女遵照如来佛祖的旨意，带着花篮来到神仙的家中抛撒花朵，祝他身体早日康复。请小朋友安静认真地欣赏，看看自己最喜欢天女的什么地方？

3. 探索发现。教师引导幼儿感知水袖舞蹈飘逸、流畅的表演特点。

☆ 教师：你们喜欢天女吗？喜欢她的什么地方？教师可根据幼儿的兴趣点，随机渗透知识点，例如彩绸舞是花旦角色的特有的一种表演形式等。

4. 展示表现。再次欣赏水袖舞，教师鼓励幼儿对天女散花中自己喜欢的动作进行模仿。

（1）教师播放水袖舞动作片段，提示幼儿运用上肢动作的变化，展现多样线条，如弧线、螺旋线、直线、曲线、环形线等，并随机提示水袖的舞蹈表演手法，如甩、抖、扬、挑、勾等。

☆ 教师：你最喜欢天女的哪个动作？这个动作甩出的彩绸是什么样的线条？请你来学一学。

（2）教师运用自制或戏曲水袖进行典型动作的现场表演，如收袖、打袖等，进一步激发幼儿尝试水袖表演的兴趣。

☆ 教师：水袖表演太漂亮了，我也想表演几个水袖的动作，看看老师都做了什么动作，好不好？

（3）教师提供各种颜色材质布料的水袖，供幼儿装扮、模仿表现自己喜欢的水袖动作。

☆ 教师：老师这里有很多漂亮的布条，请小朋友装扮好水袖，我们一起听音乐来学天女跳舞，看看谁的动作最漂亮好不好？

5. 结束。教师提示幼儿道具进行装饰，结合美工区及表演区设计动作及水袖纹样。

☆ 教师：小朋友刚刚表演得都很漂亮。在美工区还有很多不同的布条材料，我们可以在上面装饰漂亮纹样，然后放在表演区和户外去表演。看看美工区谁设计、装饰的水袖最美丽，看表演区谁表演的水袖舞的更漂亮，好不好？

活动建议

1. 此活动重在感知戏曲水袖飘逸流畅的表演特点，教师还可以根据幼儿兴趣和自身特点组织幼儿进行设计、装饰旦角服装。

2. 在区域活动中，引导幼儿利用废旧物制作水袖，如将布条、塑料袋等裁剪成符合幼儿臂长的长条形，鼓励幼儿利用彩纸、即时贴，运用剪、贴、画等不同手段，进行装饰。

活动3 霸王别姬（戏剧欣赏活动）

活动目标

1. 了解京剧中霸王、虞姬的角色。
2. 尝试模仿、表现虞姬剑舞的基本动作。

活动准备

曲牌《夜深沉》，《霸王别姬》舞剑片段视频，梅兰芳照片两张（生活照、剧照）；幼儿欣赏过项羽（霸王）的故事，了解花旦和花脸服装、化妆的特点。

活动过程

1. 导入。

☆ 教师：今天我们一起欣赏京剧《霸王别姬》中的一个片段。

2．感知欣赏。教师播放剑舞的片段，引发幼儿对故事中主要角色的服饰、脸谱、故事、性格的关注和理解。

☆ 教师：故事里的霸王和虞姬你喜欢谁？为什么？

☆ 教师：霸王的表情是什么样子的？他为什么会这样？

☆ 教师：虞姬在做什么？

3．探索发现。教师请幼儿再次欣赏舞剑片段，同时渗透剑指、挡剑等戏曲动作知识，并引导幼儿理解虞姬悲伤、难舍的心境。

☆ 教师：请小朋友仔细看一看虞姬舞剑都做了什么动作？你喜欢里面的哪个动作？学一学。

☆ 教师：虞姬为什么要舞剑给霸王看？她舞剑的时候是什么样的表情和心情？

4．展示表现。教师请男孩、女孩分别模仿扮演虞姬，体验戏曲表演的乐趣，并渗透介绍反串。

（1）教师请女孩扮演虞姬，男孩扮演霸王。

☆ 教师：霸王坐着看虞姬表演时是什么样子的？

☆ 教师：男孩子来扮演霸王看虞姬表演，仔细看看谁扮演的虞姬剑舞得好！

（2）教师出示梅兰芳照片，介绍反串。

☆ 教师：你们知道刚刚表演的虞姬是男的扮演还是女的扮演的吗？

☆ 教师：由男人扮演女人的角色或女人扮演男人的角色就叫反串。

（3）教师请男孩扮演虞姬，女孩扮演霸王，引导幼儿尝试体验反串。

☆ 教师：请男孩子来反串表演虞姬舞剑，女孩子来反串表演霸王，看看哪位小演员表演得最精彩。

5．结束。教师总结活动，鼓励幼儿延伸表演。

☆ 教师：小朋友表演得真好，希望小朋友能在表演区把虞姬这段剑舞的动作表演给大家看。

活动资料

［故事］　　　　　　　　霸 王 别 姬

古时候，有两个人。一个叫项羽，号称西楚霸王，另一个叫刘邦。他们为了争夺领地，进行了许多年的战争。项羽因为骄傲自满，打了败仗，被刘邦追杀到乌江边。项羽的妻子虞姬从没见过丈夫打败仗，心中十分难受，但她竭力克制情绪，安慰大王。可是他们的粮库早已被刘邦的队伍烧毁了，军队没有了粮草，战士们无力打仗，只能渡过乌江保存自己的实力。虞姬担心自己拖累霸王，就穿戴起华贵漂亮的衣饰，手持宝剑，边舞边歌，最后自杀了。而项羽失去了心爱的妻子，又被刘邦追杀，最后在绝望中死在了乌江边。

活动4　我扮刀马旦（表演活动）

活动目标

1. 初步感知京剧武旦演员造型及动作特点。
2. 喜欢模仿刀马旦动作，并在活动中获得愉悦体验。

活动准备

刀马旦图片1—2张，制作刀马旦所需道具服装的各种废旧材料，京剧曲牌《柳青娘》等；过渡时间幼儿通过欣赏《铁弓缘》《挡马》《虞家庄》《昭君出塞》《穆柯寨》等以刀马旦行当为主的剧目片段，对刀马旦角色有一定的了解。

活动过程

1. 导入。教师出示一或两张刀马旦图片，引发幼儿对其服饰的关注。

☆教师：请小朋友们看一看这是哪个戏曲角色？

2. 欣赏感知。教师出示一或两幅戏曲武生图片，引起幼儿对武生角色服装道具的观察。

☆教师：这个角色是戏曲中的什么行当？

☆教师：武生行当的戏曲你还知道哪些？

☆教师：武生的戏曲服装身上都有什么行头？你喜欢他们身上的什么行头？

3. 探索尝试。教师鼓励幼儿用废旧物制作刀马旦装扮的行头。

☆ 教师：刀马旦的装扮都需要什么行头？（刀马旦的装扮行头有靠背旗、雉鸡翎、兵器等）

4. 展示表现。教师鼓励幼儿运用自制的角色道具进行自我组合装扮，在音乐的伴奏下进行表演展示。

☆ 教师：小朋友都把自己装扮好了，我们来展示一下看看大家都做了哪些武旦的行头。幼儿听曲牌分组出场亮相。

5. 结束。教师将自制的道具服装，投放表演区，供幼儿日常表演使用，体验表演的乐趣。

☆ 教师：我们把这些道具都放在表演区，希望小朋友在表演区里把自己装扮起来进行表演。

活动5　我扮花旦（表演活动）

活动目标

1. 尝试利用各种材料制作旦角服装、道具，展现花旦的行当特点。
2. 喜欢模仿、创编旦角动作，体会装扮的乐趣。

活动准备

彩绸、扇子、手巾花、彩色皱纹纸、即时贴、塑料袋、竹竿、木条、布条报纸等，京剧曲牌《柳青娘》《南锣》《夜深沉》等，旦角折子戏的主要人物照片或图片；幼儿欣赏过旦角戏，对花旦的装扮、动作表演、念白、故事等有所了解。

活动过程

1. 导入。教师引导幼儿玩"猜猜猜"游戏，引发幼儿的兴趣。

☆ 教师：今天，老师要和你们玩一个"猜猜猜"的游戏，请你们认真欣赏，猜猜这是京剧中的哪个行当？教师可结合本班幼儿的兴趣，准备已欣赏过的旦角折子戏的主要人物照片、图片等，带领幼儿游戏。

2．欣赏感知。教师引导幼儿欣赏人物图片、听经典唱段、模仿动作，帮助幼儿进一步理解花旦。

☆教师：请你们听一听，这是谁的唱段？她是哪个行当？

☆教师：你们看，这是谁？是哪个行当？

☆教师：请你看我的动作，是模仿了京剧中哪个行当的人物？

3．探索发现。教师鼓励幼儿根据提供的材料，进行自主装扮，并选用自己喜欢的方式，表演一个花旦人物。

☆教师：今天我们也来装扮成漂亮的花旦，你想表演谁？想怎样表演？

☆教师：请你去选择需要的道具，把自己装扮起来，变身为活泼、俏皮的花旦吧！

4．创造表现。教师鼓励幼儿运用念白、唱段、动作、自我介绍等方式，创造表现自己喜欢的花旦人物，体会装扮活动的乐趣。

☆教师：今天我们来模仿"卖水"片段中报花名的韵白的方式创编自我介绍，看看哪位小花旦最伶俐可爱。

5．结束。

☆教师：你们表演得开心吗？回家后也演给爸爸妈妈看看吧！

活动建议

1．在自由表演时，可为幼儿提供不同性质的京剧曲牌，供幼儿选择使用。

2．可在活动前引导幼儿欣赏"卖水"片段中报花名的韵白，鼓励幼儿体会京剧韵白的节奏特点，表现花旦的活泼性格，如：我的名字是 ×××，我最最喜欢×××，为活动中的创编做准备。

3．幼儿表演后教师的评价重点应放在幼儿的装扮、表演的手段等方面是否符合花旦的行当特征。

单元二 娃娃学武艺

活动1 三岔口（戏剧欣赏活动）

活动目标

1. 了解短打武生的装扮特点。

2. 能运用肢体动作大胆模仿、再现黑暗中的对打场面，尝试进行配合表演，体验表演的乐趣。

活动准备

展现剧中人物任堂惠和刘丽华装扮的图片一张，京剧《三岔口》；幼儿活动前整体欣赏过京剧《三岔口》，了解戏剧故事及主要人物角色。

活动过程

1. 导入。教师引导幼儿欣赏剧中主要角色图片，辨别主要角色行当，巩固幼儿的丑角经验，感知生角装扮特点。

☆ 教师：请小朋友们看看图片中都有谁？

☆ 教师：这是哪个剧目里的人物？分别是京剧中的哪个行当？怎么看出来的？

☆ 教师：任堂惠是京剧中的短打武生，外穿褶子，内穿箭衣，使用短兵器，表演马下短兵相接、近身搏斗的情节。他身手矫健敏捷，打斗起来动作利落、漂亮，不拖泥带水。刘丽华是一个丑角，动作有趣灵活。

2. 欣赏感知。引导幼儿回忆剧中最喜欢的精彩片段，激发幼儿活动兴趣，为配合模仿表演做准备。

☆ 教师：刚才看的那两个角色是哪出剧目中的人物？

☆ 教师：你觉得哪个片段最有意思，为什么？

3. 探索发现。幼儿再次进行剧目片段欣赏，教师鼓励幼儿运用肢体动作进行模仿。

（1）欣赏片段一：原地配合——两人同时观望。幼儿尝试进行无肢体接

触的原地配合，重点体验演员间眼神、动作的相互配合。

☆ 教师：这个片段中的两个人在做什么？是怎样表演的？

☆ 教师：我们一起配合着演一演，好吗？谁知道要注意什么？

（2）欣赏片段二：行走中配合——两人相互寻找。幼儿尝试进行有肢体接触的行走中的配合表演，重点体会演员间动作的配合（重点指导：动作方向相反，相互配合）。

☆ 教师：这个片段中的两个人在做什么？他们在表演时有什么特点？（动作相反）

4. 创造表现。教师带领幼儿进行游戏"黑夜寻人"，鼓励幼儿大胆运用肢体动作进行双人表演，深入体会、感受配合表演的乐趣。

☆ 教师：我们一起来玩"黑夜寻人"的游戏，好吗？

5. 结束。

活动建议

在表演行走中配合——两人相互寻找时还可采用幼幼配合的形式，模仿片段，配以教师的拟声鼓点、音频鼓点等，进行合作表演。

活动资料

[游戏玩法]　　　　　　　　**黑 夜 寻 人**

两名小朋友一组，听到"当"的声音时，两人开始用配合的动作进行黑夜寻人。"当"的声音又一次响起，两人相互碰到了，开始激烈的打斗。再次听到"当"的声音时，继续寻人。当听到"当当当"时，游戏结束，所有小朋友亮相。

活动2　挑滑车（戏剧欣赏活动）

活动目标

1. 了解长靠武生的装扮及表演特点。

2. 模仿剧中典型的武生动作，体验表演的快乐。

活动准备

京剧《挑滑车》，京剧角色任堂惠、高宠的剧照图片各一张；幼儿已了解《挑滑车》京剧故事，完整欣赏过京剧《挑滑车》，了解短打武生的装扮特征。

活动过程

1. 导入。教师采取对比欣赏的方式，引导幼儿了解长靠武生的装扮特点。

☆教师：请小朋友们看一看图片上是谁？你是从哪儿看出来的？（任堂惠）

☆教师：大家再看看这又是谁？（高宠）他是京剧中的哪个行当？你是怎样看出来的？他是哪个剧目里的人物？

☆教师：高宠和任堂惠的装扮有什么不同？（高宠是生角行当中的武生，以靠背旗、高靴等作为自己的装扮行头，多表现英勇的将领。任堂惠是短打武生，外穿褶子，内穿箭衣，使用短兵器）

2. 欣赏感知。教师引导幼儿欣赏《挑滑车》片段，感知长靠武生的精彩动作。

☆教师：你最喜欢这个片段中的什么？为什么？

☆教师：高宠是怎样表演骑马动作的？学一学。

☆教师用同样的方式，引导幼儿表演舞枪、挑滑车等，为每位幼儿参与表演提供平台。

3. 探索表现。教师结合幼儿兴趣创设情境，引导幼儿模仿剧中展现对手戏的表演，进一步引发幼儿对表演长靠武生的兴趣。

☆教师：你最喜欢剧中的哪个场面？

☆教师：我们都来扮演高宠，现在飞来了好多战车，你会怎么办？

☆教师用同样的方式，结合幼儿喜欢的表演场面，如高宠单人独马力挑许多辆金兵车等，创设情境，加入锣、鼓、镲的伴奏，引导幼儿大胆表现，生动感知武生戏特有的壮观场面，进一步引发幼儿对武生戏模仿、表演的兴趣。

4. 结束。教师引导幼儿对活动进行总结。

☆教师：今天，我们表演了京剧中的哪个行当中的哪个人物？你们觉得他是个怎样的人？

活动3 娃娃大戏院（表演活动）

活动目标

1. 能够与同伴合作表演熟悉的京剧剧目片段。
2. 体验共同表演的快乐。

活动准备

将大的活动教室布置成"娃娃大戏院"的活动场地，设置售票处、舞台、观众座椅等，幼儿自制戏院门票、折子戏海报等；幼儿已了解京剧剧场的场景布置等特点，幼儿活动前进行讨论分工，包括工作人员（收票人、剧务）、主持人、演员等。

活动过程

1. 导入。担任剧场工作人员的幼儿请小观众凭票入场。

☆教师：请小观众们将票交给工作人员，然后对号入座。

2. 请小观众们观看各组小演员表演的京剧剧目。

☆教师：小朋友，今天我们来到了娃娃大剧院，在这里我们将欣赏到小朋友表演的折子戏，你们高兴吗？

☆教师：那我们就有请主持人。

☆教师：请小观众们在观看演出时遵守剧场秩序，演出过程中保持安静。

3. 请小观众对小演员的表演进行评价。

☆教师：你喜欢哪组演员的表演？为什么？

☆教师：请你们为小演员提一些建议吧。

4. 结束。将幼儿表演的剧照布置到主题墙上。

活动建议

1. 这是一次综合活动。事先可以组织家长与幼儿去剧院同看一出戏，在欣赏京剧艺术的同时，丰富幼儿对京剧戏院的感受，引发幼儿参与游戏的兴

趣,为"娃娃大戏院"角色游戏奠定基础。

2. 在对京剧剧院有了认识与感知后,可以组织幼儿讨论如何开展"娃娃大戏院"角色游戏活动,如分配角色,收集适宜的材料与工具,创设游戏环境,邀请园内小朋友,制作有京剧特色的入场券等。

3. 这种表演活动,可以增强幼儿的自信心和自我价值感,有效提高其表演水平。在不干预幼儿游戏的前提下,教师可以角色的身份适时参与到游戏中,帮助幼儿明确角色身份,肯定和接纳幼儿的表演,提示幼儿主动友好地与其他角色合作游戏,懂得尊重别人意愿,引领幼儿有兴趣、深入地开展活动,解决问题。

附录

艺术欣赏十分钟案例

案例1　古筝

欣赏内容介绍

古筝是中国最古老的弹弦乐器之一，多为21根弦。古筝音色秀丽，温柔委婉，用不同的方法弹奏会表现出丰富多彩的音乐效果和古筝特有的音韵。

欣赏目标

感受古筝音色特点，对古筝产生兴趣。

欣赏准备

古筝；幼儿了解过一些中国乐器知识。

欣赏过程

1. 引导幼儿猜乐器，引出古筝。
2. 用多种方法弹奏古筝，启发幼儿自由想象，描述音乐的情绪或情境。
3. 介绍1—2种简单弹奏方法，师幼互动探索感受奏法与音色的关系。
4. 简述乐曲描述的自然情景，欣赏教师弹奏的《渔舟唱晚》片段。

案例2 皮影

欣赏内容介绍

皮影戏是中国民间的一门古老艺术。皮影不仅属于傀儡艺术，还是一种地道的工艺品。皮影制作考究，工艺精湛，表演起来兴趣盎然，活灵活现。"盘丝洞"是皮影戏《西游记》完整剧目的一个片段。

欣赏目标

知道皮影戏是中国独特的民间艺术之一，了解皮影道具的特点。

欣赏准备

"盘丝洞"片段视频，唐僧师徒皮影道具，表演台；幼儿初步了解《西游记》故事。

欣赏过程

1. 欣赏皮影戏《西游记》"盘丝洞"片段视频，让幼儿感受皮影的特殊艺术表现形式。

2. 教师出示自制皮影道具，简单介绍制作材料和主要工艺，让幼儿知道皮影道具的主要特点。

3. 请个别幼儿在教师指导下操作皮影道具，体验乐趣。

案例3 沙画

欣赏内容介绍

沙画顾名思义就是用沙子作画。沙画是转瞬即逝的一种艺术，表演形式变化万千，具有极高的观赏价值。沙画采用产自神奇大自然的天然彩沙，极

具视觉冲击效果，达到了独特的艺术概念与观赏效果的完美结合。

欣赏目标

知道、了解、感受一种神奇有趣的绘画——沙画。

欣赏准备

（匈牙利）沙画大师沙画表演视频，彩沙，玻璃板。

欣赏过程

1. 欣赏大师如匈牙利沙画大师（Ferenc Cako）的沙画表演视频，感受沙画的神奇有趣（可完整欣赏，也可根据幼儿兴趣进行片段欣赏）。

2. 教师根据视频小结出沙画作画的基本手法，如撒、漏、点、勾等。

3. 欣赏教师现场创作沙画，如花朵、侧面人、帆船等，让幼儿感受沙画奇妙的变化，进一步了解作画的基本手法。

4. 将沙画制作材料放置到美工区，提出常规要求，引导幼儿自主探索尝试。

后　记

　　北京市第一幼儿园的综合艺术教育课程终于要与大家见面了。我有幸从"九五"开始，便一直参与这一课程的实践与研究。

　　十余年间，一幼在实践、反思、再实践的过程中，了解、领悟、践行先进的艺术教育理念，观察、发现、了解幼儿的学习特点与需求，有效反思，清晰总结，最终不断丰富、发展、完善了幼儿园的特色课程。

　　十余年间，一幼参与这一园本课题研究的教师达430余人次，专题研究累计360余次，发表专题论文约500篇，先后20人被评为市区骨干教师，约4800名幼儿在实践研究过程中受益。

　　十余年间，一幼孜孜不倦地探究"如何从幼儿的需要、兴趣、发展出发，开展适合幼儿的艺术教育"，经历了艰辛，接受了挑战。我们共同努力了，坚持了，奉献了。今天，我们快乐幸福地收获了！

　　在此，由衷地向研发幼儿园综合艺术教育课程的主力军——一幼的全体教师道一声："你们辛苦啦！"同时，感谢成就了我们的幼儿和家长，感谢对一幼园本课程实践研究给予支持和关怀的领导和专家们，特别是北京师范大学霍力岩教授及其博硕团队的付出。最后，衷心感谢教育科学出版社的领导和编辑的辛勤付出。

李　军

出版人　所广一
策划编辑　白爱宝
责任编辑　王春华
版式设计　杨玲玲
责任校对　贾静芳
责任印制　叶小峰

图书在版编目（CIP）数据

幼儿园综合艺术教育课程．大班／冯惠燕，刘金玉
主编．— 北京：教育科学出版社，2015.4
　　ISBN 978-7-5041-9296-7

Ⅰ．①幼…　Ⅱ．①冯…②刘…　Ⅲ．①艺术教育–学
前教育–教学参考资料　Ⅳ．①G613.5

中国版本图书馆CIP数据核字（2015）第019220号

幼儿园综合艺术教育课程　大班

YOUERYUAN ZONGHE YISHU JIAOYU KECHENG　DABAN

出版发行	教育科学出版社				
社　址	北京·朝阳区安慧北里安园甲9号	市场部电话	010-64989009		
邮　编	100101	编辑部电话	010-64989395		
传　真	010-64891796	网　址	http://www.esph.com.cn		
经　销	各地新华书店				
制　作	北京八度出版服务机构				
印　刷	保定市中画美凯印刷有限公司				
开　本	169毫米×239毫米　16开	版　次	2015年4月第1版		
印　张	20	印　次	2015年4月第1次印刷		
字　数	280千	定　价	55.00元（含光盘）		

如有印装质量问题，请到所购图书销售部门联系调换。